权威·前沿·原创

皮书系列为

“十二五”“十三五”国家重点图书出版规划项目

中国私营企业发展报告（2017~2019）

ANNUAL REPORT ON CHINA'S PRIVATE ENTERPRISES (2017-2019)

主　编／陈光金
副主编／毛　丹　吕　鹏

社会科学文献出版社
SOCIAL SCIENCES ACADEMIC PRESS (CHINA)

图书在版编目(CIP)数据

中国私营企业发展报告. 2017~2019 / 陈光金主编
. --北京：社会科学文献出版社，2019. 12
（私营企业蓝皮书）
ISBN 978-7-5201-4925-9

Ⅰ. ①中… Ⅱ. ①陈… Ⅲ. ①私营企业-经济发展-研究报告-中国-2017-2019 Ⅳ. ①F279. 245

中国版本图书馆 CIP 数据核字（2019）第 102117 号

私营企业蓝皮书
中国私营企业发展报告（2017~2019）

主　　编 / 陈光金
副 主 编 / 毛　丹　吕　鹏

出 版 人 / 谢寿光
责任编辑 / 谢蕊芬
文稿编辑 / 黄　丹

出　　版 / 社会科学文献出版社 · 群学出版分社（010）59366453
地址：北京市北三环中路甲 29 号院华龙大厦　邮编：100029
网址：www. ssap. com. cn
发　　行 / 市场营销中心（010）59367081　59367083
印　　装 / 天津千鹤文化传播有限公司

规　　格 / 开 本：787mm × 1092mm　1/16
印 张：19. 25　字 数：288 千字
版　　次 / 2019 年 12 月第 1 版　2019 年 12 月第 1 次印刷
书　　号 / ISBN 978-7-5201-4925-9
定　　价 / 128. 00 元

本书如有印装质量问题，请与读者服务中心（010-59367028）联系

感谢以下研究机构的资金支持

中国社会科学院登峰计划优势学科项目“中国社会结构与社会分层”

浙江大学一流骨干基础学科（社会学）建设计划

主编简介

陈光金　现任中国社会科学院社会学研究所所长，中国社会学会副会长。主要研究领域有农村社会学、城乡社会发展、社会分层与社会流动、私营企业主阶层。

毛　丹　哲学博士，现任浙江大学求是学院特聘教授、浙江大学社会学系党总支书记兼副主任、浙江大学公管学院副院长、中国社会学会常务理事兼农村社会学专业委员会副理事长、浙江省乡村社会史学会会长、浙江省社会学学会副会长、民政部全国城乡社区建设专家委员会委员，长期从事农村社会学、基层社会与基层组织等研究，研究成果曾获陆学艺社会学奖，以及多项省部级一等奖。

吕　鹏　中国社会科学院社会学研究所研究员、中国社会科学院私营企业主群体研究中心秘书长、中国民营经济研究会家族企业委员会顾问、吉林大学中国企业社会风险与责任研究中心兼职研究员、中国下一代教育基金会继创者联盟副主席。2000～2004年，在吉林大学社会学系学习，2004～2010年在清华大学社会学系学习，获法学博士学位，其间于2007～2008年在耶鲁大学社会学系从事访问研究助理工作。2011～2012年在纽约大学阿布扎比分校从事博士后研究与教学工作。主要研究兴趣为政商关系、企业家成长与传承、社会分层与流动、营商环境评估研究。

摘　要

《中国私营企业发展报告》是由中国社会科学院社会学研究所、中国社会科学院私营企业主群体研究中心组织编写的一本“皮书”性质的报告，自1999年出版发行以来，至今已经出版了6本。作为一部学术资料性皮书，本书力求忠实地记录私营企业的发展过程，客观地描述私营企业的发展状况，全面地分析私营企业的发展特点，努力做到资料翔实、数据系统、事例典型。本书是《中国私营企业发展报告》的第7本，并得到了浙江大学社会学系的支持。编辑、出版《中国私营企业发展报告》这个系列报告的目的在于加深对私营企业的了解和研究，提高对私营企业在我国社会主义市场经济建设过程及社会结构中的地位和作用的认识。

《中国私营企业发展报告》不仅能够为各级管理部门制定政策、法规提供基本依据，也可成为理论工作者进行专题研究的参考资料，还可作为人们了解、认识私营企业的参考读物。自出版以来，本系列报告受到了学术界和实务界的一致好评，多篇文章被广泛报道和引用，获得了很好的社会反响。

《中国私营企业发展报告》与众多关注私营经济发展的皮书不同，除了关注私营经济发展的经济层面，更侧重关注私营经济和私营企业主的社会和政治层面的议题，因而在众多相关资料中一直能够脱颖而出。《中国私营企业发展报告》依托了全国工商联、中央统战部组织的大型调查数据，同时采用了中国社会科学院社会学研究所各类调查所采集的数据，在数据的权威性和及时性上也走在了国内相关皮书的前列。

中国的私营经济已经成为国民经济中重要的组成部分，私营企业的蓬勃发展也催生了私营企业主这一新的社会群体。他们不仅在经济实力上日益壮大，而且在社会和政治领域也提出了越来越多的新诉求；更重要的是，他们表达诉求的方式也在近些年发生了一定的变化。对私营经济、私营企业以及私营企业主的发展做出总结、归纳和预测，不论在经济学、社会学还是政治学领域都有着重大的理论意义，更重要的是，对于我国经济发展和社会进步也将起到重要的政策借鉴作用。

关键词：私营企业　私营经济　私营企业主　高质量发展

目　录

Ⅰ　总报告

Ⅱ　专题报告

Ⅲ　地方研究

皮书数据库阅读**使用指南**

总 报 告

General Report

B.1
中国私营经济是怎样发展壮大的？

张厚义*

摘 要： 本文回顾了从改革开放一直到2007年《物权法》通过这段时间以来，中国私营经济从无到有、发展壮大的历史进程。文章重点回答了中国私营经济合法化的艰难过程，强调了在改革开放早期党和国家领导人的开明态度和政治智慧对于私营经济发展壮大的关键作用。本文还分析了私营经济发展史上关于雇工问题的三次争论，对这三次争论的前因后果进行了详尽的分析。

关键词： 私营经济 私营企业 产权保护

* 张厚义，中国社会科学院社会学研究所。

党的十一届三中全会以来，中国私营经济从无到有、由少到多。截止到2016年底，在全国工商行政管理部门登记的私营企业投资者（及私营企业主）为4200万人，他们拥有注册资本（金）总额42146万亿元，雇用工人17997.1万人，经营各类企业2309.2万家。更有甚者，全国私营企业注册资本（金）额，占同期全国企业注册资本（金）总额的68.8%。足见他们发展速度之快，企业规模之大。那么为什么一种被消灭了20多年的经济形式，在它重新产生后只有40年的时间，发展壮大得这么快呢？

众所周知，同任何社会经济形态的产生发展一样，私营经济的产生与发展也是一种自然历史过程，而不是一次特殊事件。它不会突然产生也不会蓦地消失，它的产生有其继承性，不会凭空而来，它的发展有其阶段性，不会一蹴而就。除非有不可抗拒的非经济原因，否则是不会中途夭折的。即使中途夭折了，它也会在一定的社会经济条件下重新产生。[①]

1950年代初中期，在社会主义改造的政治运动中，中国的私营经济被迫中途夭折了。到了改革开放的1980年代，在社会主义初级阶段的社会经济条件下，它又重新产生。尽管它们之间没有任何的渊源和继承关系。但是，1950年代初中期的社会主义改造运动和1980年代的社会主义初级阶段的产生，都不是由社会生产力发展水平的高低所决定的，而只是国家领导人对中国国情的认识和社会发展阶段的把握，是他们对什么是社会主义，怎样建设社会主义，以及在社会主义建设中怎样认识和理解资本主义的结果。因此，私营经济的产生发展过程，与其说是“自然历史过程”，倒不如说是“思想认识过程”，是中共领袖们不断解放思想、实事求是的过程，不断深化“资本主义与社会主义的关系和如何处理这种关系的过程”。在此过程中，中共的指导思想方针是否符合中国的实际情况，对私营经济发展壮大尤为重要。过去40年的实践反复证明，正确的指导方针对中国私营经济的健康发展是何等重要。

---

① 张厚义：《私营企业主是中国社会阶层结构的重要组成部分》（2002年1月），载《中国私营经济与私营企业主阶层研究》，社会科学文献出版社，2016，第271页。

一　农村改革初期，在认识、处理资本主义与社会主义关系的过程中，中共中央逐步摸索出“看一看，不能动”的指导方针，并把它贯穿到认识、处理这种关系过程的始终

在解放思想、实事求是方针的指导下，中共中央极其谨慎地推行包产到户实践。由于吸取了历史上的经验教训，这一次没有搞全党动员，更多的是省、市、区党委掌握，按照各自理解贯彻执行，群众自由选择，放弃命令似的硬推或硬纠。最早在安徽省主持实践的万里说：包产到户可以不宣传、不推广，利大于弊。看一看，秋后总结再说。他特别强调：省委没有决定的，只要符合情况的就去办，将来省委追认。各级领导处理问题都要按照这种精神办。[①] 后来邓小平在总结经验时说：搞家庭联产承包责任制，开始并不踊跃，好多人在看。我们的政策是允许看，不搞强迫，不搞运动。允许看，但要坚决地试。不争论，大胆地试，大胆地闯。[②]

到了 1981 年包产到户问题的争论接近尾声，各地出现了一些雇工大户。5 月 29 日至 9 月 19 日，《人民日报》就一位农民雇主承包鱼塘的问题，在报纸上展开了专题讨论。同年，9 月 12 日，安徽省《芜湖日报》在显著位置报道了《货真价实的“傻子瓜子”》。对这些雇工大户是不是承认，是否肯定其合法地位，当时认识上并不一致，一度有过极其激烈的争论。中央没有贸然处理这个问题，而是借鉴历史上的深刻教训和包产到户实践的新鲜经验，充分尊重实践，尊重群众的选择。

1982 年初，中央书记处农村政策研究室发出通知，将于 7 月中旬在北京召开农村经济政策座谈会，讨论农村经济发展过程中需要解决的政策问题，如私人能否购买拖拉机、汽车及其他大中型农机具，私人能否长途贩

---

① 万里：《应该让山南进行包产到户的试验》（1979 年 2 月 6 日），载《万里文选》，人民出版社，1995，第 121～122 页。

② 《邓小平文选》第三卷，人民出版社，1993，第 374 页。

运。对于私人或合股能否经营商业、服务业以及私人能否雇工等问题，进行座谈讨论，要求各地有关部门在调查研究的基础上，提出对策建议。

1982 年 6 月 19 日，国务院总理赵紫阳在山西调查时，就专业户问题发表谈话说：农村有些问题我们要沉住一些气，看一看。凡事有对的，又有不对的，有些虽然看来不是发展方向，但社会又需要的，最好多看看，将来能找到一个存利去弊的方法。他举了承包鱼塘和“傻子瓜子”的两个例子后说：这些事给我们以启示，这样会经营的人才，为什么 30 多年来不能发挥作用？我们能不能找出一条路子，既能发挥人才的作用，又能克服消极的东西。要寻找解决问题的途径，取其利除其弊，因势利导。有些东西可能要允许，但要加强管理。①

7 月中旬，中共农村经济政策座谈会如期召开。据会议签到席统计，共有 10 个省农村政策研究人员 31 人，国务院有关部门涉农人员 35 人。杜润生主持会议。座谈中，与会者根据真理校准问题和包产到户实践的经验，敞开思想、畅所欲言，进行了热烈的讨论，并就有关问题提出了初步的政策建议。

11 月初，中央农村工作会议在北京召开。出席会议的安徽代表还带来一份“傻子瓜子”问题的调查报告。该报告从改革发展的高度，基本肯定了“傻子瓜子”雇工的做法，提出应该允许他们存在和发展。安徽代表将这份报告呈送杜润生。杜润生阅后认为很好，很有典型意义，决定报送邓小平审阅。邓小平看后，表示要“放一放”和“看一看”。②

11 月 5 日，万里在中央农村工作会议上讲话时，进一步强调放宽政策的问题。他指出：对于不少地方，目前已经出现的超出国家现行规定的经营活动，应当采取什么政策，这个问题牵涉面广、关系重大，必须慎重对待，反复研究。7 月间召集十个省的有关同志开了个座谈会，提出了一些初步意

---

① 赵紫阳同志在山西考察时就专业户问题的谈话（1982 年 6 月 19 日至 26 日），载国家工商行政管理局个体经济司编《个体工商业政策法规汇编》（二），经济科学出版社，1987，第 268～270 页。

② 田柏强：《纪念邓小平诞辰 100 周年·邓小平与“傻子瓜子”》，《决策咨询》2004 年第 7 期。

见。这次会议请大家进一步讨论研究。我们一切政策、法令的着眼点，就是要有利于充分发挥生产者的积极性和创造性，有利于促进商品的生产和流通。对重点户和专业户超出国家现行规定的经营活动，是简单地加以禁止呢？还是适当放宽，因势利导呢？权衡利弊之后，中央书记处认为，采取适当放宽、因势利导的方针利多弊少。所谓因势利导，就是要采取适当的形式和方法，把这些经营活动引导到社会主义的道路上去，不让它们向着违反社会主义的方向发展。[①]

12 月 31 日，中央政治局讨论《当前农村经济政策的若干问题（草案)》（即 1983 年中央一号文件），邓小平建议对雇请较多帮工的企业采取“看一看”的方针。他当时便举了“傻子瓜子”的例子。[②] 陈云也说：雇工问题还要“看一看”。报纸上不要大张旗鼓地宣传，慢慢来。我们还有时间，看看再说。十一届三中全会以后，农村变化很大。有许多问题要等一下，看看再说，你不要去干涉它。我们看一段时间以后再说比较稳妥。[③]

1983 年 1 月 1 日，中央下发的一号文件，从我国的具体国情出发，提出了解决农村新情况、新问题的指导性方针。文件指出：我国是社会主义国家，不能允许剥削制度存在。但是，我们又是一个发展中的国家，尤其在农村，生产力水平还比较低，商品生产不发达，允许资金、技术、劳动力一定程度的流动和多种形式的结合，对发展社会主义经济是有利的。因此，对农村中新出现的某些经济现象，应当区别对待。对于超过上述规定雇请较多帮工的，不宜提倡，不要公开宣传，也不要急于取缔，而应因势利导，使之向不同形式的合作经济发展。

中央一号文件还明确规定：允许农民购置农副产品加工机具、拖拉机、车、船，发展和扶持农村个体工商业和各种服务业，允许长途贩运。[④]

---

① 《万里文选》，第 238 页。

② 吴晓波：《激荡三十年》（上），中信出版社，2007，第 42 页。

③ 陈云：《中共中央关于印发〈当前农村经济政策的若干问题〉的通知》（1983 年 1 月 2 日），载《中国新时期农村的变革》（中央卷上），中共党史出版社，1998，第 226～227 页。

④ 陈云：《中共中央关于印发〈当前农村经济政策的若干问题〉的通知》（1983 年 1 月 2 日），载《中国新时期农村的变革》（中央卷上），第 226～227 页。

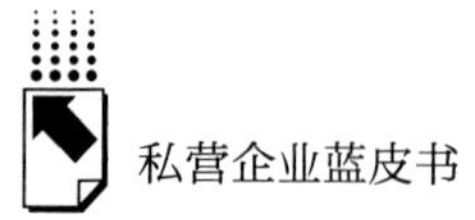

1月12日，邓小平在同有关负责人谈话时说：一号文件很好，政策问题解决了。有个别户超过了国务院的规定，这冲击不了社会主义，只要方向正确，头脑清醒，这个问题容易解决。十年八年以后解决也来得及，没有什么危险。①

那么，对于雇请较多帮工的企业，如何适当放宽，因势利导呢？胡耀邦、万里等中央领导人以“傻子瓜子”为典型，做了具体的指导工作。1983年3月的一天上午，胡耀邦一行在芜湖市视察，陪同的市委书记介绍说：“这就是‘傻子瓜子’的摊位。他雇了三十几个人，群众有些反映。”胡耀邦却没有说话。来芜湖前，安徽省委领导已经汇报过这个问题了。他指示：“三十几个人嘛，不要动他，先看一看。”市委书记接着汇报：“年广久的偷税问题，群众反映很大。”胡耀邦严肃地说：“偷税当然不行。”芜湖市政府责成工商、税务等几家组成工作组，检查“傻子瓜子”经营中的不法行为，追补其偷漏的税款。7月，安徽召开全省个体户表彰大会，年广久这个全省最有影响的个体大户，没有邀请列会。

12月6日，国务院副总理万里、姚依林听取国家行政管理局负责人汇报。他们反映：“年广久偷税问题发生后，有一部分同志对他目前的经营规模很担心，提出要限制他。”姚依林说：现在全国个体户600万户，不到1000万户。我们是不主张限制的，现在比1949年（当年全国有724万户）少多了。”他接着说：“‘傻子瓜子’偷税不对，但他把瓜子炒起来了。以前有不少人炒，‘文化大革命’搞光了。‘傻子瓜子’不是坏了，是遗失补缺。再看一看，财政部门的税收要跟上。”工商局的同志继续说道：“还有些同志建议，考虑用国营或集体的形式逐渐代替个体。”万里摆摆手：“不要急急慌慌去代替。”当他听说年广久目前已不在芜湖，而去外地经营时，不禁动容了：“这是对我们工作的讽刺。共产党为什么不出‘傻子’，出了‘傻子’为什么不用起来？‘傻子瓜子’不能成为商品，是芜湖市政府不研究社会需要。”②

---

① 《邓小平思想年编》，中央文献出版社，2011，第449页。

② 张嵩山：《一个“傻子”和一个瓜子市场的兴起》（1985年春、夏、秋），《解放军文艺》（报告文学专号）1986年第1期，第77～78页。

从我国具体情况看，当时中央关于“看一看，不能动”的方针，实际上对私营企业起了允许存在的保护作用。

二　对于雇请较多帮工的企业，坚决执行“看一看，不能动”的指导方针，一时看不准的，也不要急于草率地肯定或否定，而要尊重群众的创造与选择

1. 一时看不准的，也不要急于草率地肯定或否定，经过一段时间的“看一看，不能动”，中央感到不能长期这样下去，认为应当有领导、有区别地解决私营经济的问题，要使私营企业公开化、合法化。但是由于还拿不准，只能进行理论探讨，试点试验。按照中央领导的指示和国家工商行政管理局向国务院关于《登记管理发现工作中遇到的几个政策性问题的请示报告》提出的问题，1985 年 7 月，国务院经济研究中心召开了一次座谈会。会议由薛暮桥、于光远等学者主持。经过讨论，参会者认为，当前我们采取一种不承认的政策，不让私营经济公开化、合法化，或者暂时把它当作个体经济或集体经济对待，这反而对国家不利。应该承认它在一定范围内的存在，并使其公开化、合法化，并允许各地进行试点。但试点必须经过地方党委批准，在试点中摸索受理办法。

从那时的基调看，总的态度是不把私营经济按资本主义的雇工经营看待，此点从 1984 年中央一号文件的规定中可以看出来。中央一号文件指出：“目前雇请工人超过规定人数的企业，有的实行了一些有别于私人企业的制度，例如，从税后利润中留一定比例的积累，作为集体公有财产；规定股金分红和业主收入的限额；从利润中给工人以一定比例的劳动返还等等。这就在不同程度上具有了合作经济的因素，应当帮助它们继续完善提高，可以不按资本主义的雇工经营看待。”①

① 《中共中央关于 1984 年农村工作的通知（1984 年 1 月 1 日）》，载《中国新时期农村的变革》（中央卷上），第 287 页。

1985年中央一号文件《中共中央、国务院关于进一步活跃农村经济的十项政策》，没有再谈相关内容。1984年10月，邓小平在中央顾问委员会上，明确提出了对“傻子瓜子”问题的处理方针，把“傻子瓜子”上升到发展私营经济的高度上来。他在讲话中说：“我们的同志最担心的是会不会变为资本主义。恐怕我们有些老同志有这个担心。”他接着说：“前些时候那个雇工问题，相当震动呀，大家担心得不得了。我的意见是放两年再看。那个能影响到我们的大局吗？如果你一动，群众就说政策变了，人心就不安了。你解决了一个‘傻子瓜子’，会牵动人心不安，没有益处。让‘傻子瓜子’经营一段，怕什么？伤害了社会主义吗？”① 那么，怎样在中国特色社会主义道路上前进呢？“我们要在改革中走一步，看一步；走一步，总结一步经验。走的当中发现某一点有问题，不对，我们就改，不是方针政策改，而是在具体措施方面协调一下，这是一个大胆的行动，在大胆的行动中要采取谨慎步伐。”②

1987年4月，邓小平在会见香港特别行政区基本法起草委员会委员时，在讲话中指出：“现在我们国内人们议论雇工问题，我和好多同志谈过，犯不着在这个问题上表现我们在‘动’，可以再看几年。开始我说看两年，两年到了，我说再看看。……要动也容易，但是一动就好像政策又在变了。动还是要动，因为我们不搞两极分化。……动也就是制约一下。”③

正如万里后来总结的那样：“有中国特色的社会主义怎么搞？谁知道！还不得‘摸着石头过河’。石头是什么？就是实践，就是群众，就是要到实践中去摸群众的意愿，群众的要求。摸清历史的脉搏，历史的趋势。”“农村改革看起来容易，实际上并不容易，斗争非常尖锐，只不过没有公开化，不使它公开化。我们吸取过去的教训，没搞那些‘左’的做法，不强制，不压服，而是让大家从实践中受教训，逐步提高自己的思想认识。”我们说

① 邓小平：《在中央顾问委员会第三次全体会议上的讲话》（1984年10月22日），《邓小平文选》第三卷，第91页。

② 《邓小平年谱》（1975～1997）（下），第1016页。

③ 《邓小平文选》第三卷，第216页。

允许改革犯错误，不允许不改革。对看不准的事情，比如雇工问题，可以先看一看，经过实践，比较利弊，再作处理。这也可以说是领导方法的一种政策。①

2. 妥善地处理了共产党员的雇工问题。据杜润生回忆，拟议中的1984年中央一号文件，应围绕进一步发展农村生产力这个中心，梳理流通渠道，实行国家、集体、个人一齐上的方针，各种经济并存，创造一个以市场竞争促发展的新局面。我们提出的具体建议中，有“允许私人办企业雇工经营”一条。在中央书记处讨论时，胡乔木提出一个如何对待党员雇工的问题。经过讨论，意见未能取得一致，不好做结论。大家同意，看不清的问题，可以放下再看一个时期，搞清楚再处理，这也是一种政策。会后，请示邓小平，他说：“不急于限制，看三年再说。”②

12月27日，万里将1984年一号文件送审稿送给邓小平、陈云。12月29日，陈云审阅时对农村雇工问题提了两条意见：“一、雇工政策还可以再看几年，即使出一点问题也不可怕。二、对党员雇工要慎重。”党内对此存在不同意见，中纪委也有了意见，准备报告书记处。因此，这个文件是否先不做规定，由书记处再讨论，这是一个原则问题。邓小平在八大党章报告上讲：“党员必须是从事劳动而不剥削他人劳动的人。现在形势虽然比那时有很大发展，但对党员的基本要求还应当坚持。看这个问题的利弊，不仅要从现在看，而且要从若干年后来看。”③

1984年一号文件指出，关于雇工问题，应继续依照1983年一号文件执行，工商管理部门要及时办理登记发证工作。“各有关部门要认真调查研究，以便在条件成熟时，进一步做出具体的政策规定。”④

2月23日，中央书记处会议听取中央纪律检查委员会常委书记王鹤寿

---

① 万里：《农村政策是怎么搞起来的?》（1997年11月10日），载周日礼《农村政策理论与实践》，中共党史出版社，1998，第17～18页。

② 杜润生自述《中国农村体制变革重大决策纪实》，人民出版社，2005，第141页。

③ 《陈云传》（下），中央文献出版社，2005，第1730页。

④ 《中共中央关于1984年农村工作的通知》（1984年1月1日）。

作中纪委《关于加强党的纪律的若干规定》的说明时，就《规定》中提出的共产党员不准雇工剥削的问题进行了讨论，认为：从当前我国经济生活中的实际情况看，雇工有种种情况，十分复杂，涉及一些重大的理论和实践问题。只有调查研究，才能对党员雇工问题做出合理的规定。①

2月28日，邓小平同薄一波谈话。对上述雇工问题提出两点意见：(1) 农村雇工，我说看两三年，没有什么了不起，将来经济发展了，如果有了偏差，一个命令就可以收回来。(2) 我们是搞社会主义的，要提倡党员搞合作生产，我们终归是要搞社会主义的。②

1986年一号文件强调：要鼓励各类专业户勤劳致富，但不可人为地“垒大户”。指出：农村整党正在逐步展开。“在整党中，对于积极带领群众一道致富的党员，要予以表扬；对于个人勤劳致富的党员，要予以保护；对于少数以权谋私，采取不法手段牟取暴利的干部、党员要分别情况，严肃处理。”③

5月18日，赵紫阳在听取了关于农村整党情况汇报以后，就农村党员雇工和农村经济发展战略问题发表了讲话。他说：农村中的雇工问题究竟如何解决，必须提到议事日程上来。但是，要在这次农村整党期间把这个问题搞清楚，还有一定的困难。因为这个问题不是几句话就能说清楚的，如果在这次整党中就对有雇工问题的党员不予登记，势必引起大的震动。所以，这次农村整党不要涉及这些问题，不解决党员雇工问题。这次农村的文件、指示，要避开雇工这个问题。因为这个问题现在还说不清楚；同时，这个问题并不是广大群众最迫切要求解决的问题。现在要同时做两件事：一是在理论上进行研究、探讨、百家争鸣；二是开始进行试点，希望有所突破，“闯出一条新路来”。④

---

① 《邓小平年谱》(1975～1997)(下)，第964页脚注。

② 《邓小平年谱》(1975～1997)(下)，第964页。

③ 《中共中央、国务院关于1986年农村工作的部署》(1986年1月1日)，《中国新时期农村的变革》(中央卷上)，第398页。

④ 《关于农村党员雇工和农村经济发展战略问题》，《理论工作商报》1986年6月18日。

从此以后，关于共产党员雇工问题的讨论，渐趋平静。

3. 对于“看一看，不能动”指导方针进行干扰、阻碍的领导人，坚决地阻止、调换。据邓力群自述，到了 1979 年，允许个体经济发展起来。从我们的政策和邓小平的意见来看，是要他们成为社会主义的补充。因此，在政策上给予放宽，在财政上予以支持。开始时，他们乐得、愿意当补充。可当其发展到一定程度，就不能不和公有制企业发生矛盾了。他们就不安于现状。他们就要与公有制企业分庭抗礼、平起平坐。最后，他们要从各个领域挤掉公有制企业，从补充地位变为主体地位。

1985 年 11 月 24 日，邓小平同薄一波谈话。薄一波谈到农村党员干部在发展经济中有三种情况：第一，带领群众共同致富；第二，带头个人致富；第三，依仗特权谋私致富。其中有的是雇工经营者，得到上边特殊扶植，占用公共资源，大量贷款。邓小平指出：“对第三种，要控制，可以收累进税。贷款也应有区别政策。雇工，我说看两三年是必要的。三中全会以来……农村形势是好的，这一点必须肯定，不承认不对。这几年所采取的各项办法是对头的，是为了保护前两种发展，如果不保护就会乱，这必须认真注意。但对后一种要管一下，是管一下的时候了。占用国家的资源、国家的贷款，不管一下不行。……不能说总的形势不好，如果不采取这一套政策办法，试问农村出路何在？……有一个报告说，雇工经营出现是必然趋势，不可避免的，现在要考虑如何纳入轨道。这个意见对。①

经过几年“看一看，不能动”和少数地方的试验，对私营经济的存在，已经得到党内外和社会上的普遍认可。特别是 1986 年《光明日报》、《经济日报》联合召开了“我国私人经济发展问题”座谈会，中央与国家的重要研究单位和有关部门都派代表参加了会议。经过讨论，在这次会议上形成了三点共识：②

（1）私营经济的存在不可避免。因为只允许个体经济有一定程度的发

---

① 《邓小平年谱》（1975～1997）（下），第 1096～1097 页。

② 王林昌主编《非公有制经济管理》，武汉大学出版社，1998，第 42 页。

展，而不允许私营经济存在是很难办到的。个体经济是一种变化的经济，它发展到一定程度就要扩大生产规模，进一步取得规模效益，必然形成私营企业。

（2）私营经济的存在利大于弊。会议认为，作为社会主义经济结构的一种形式，私营经济虽然存在不少弊端，带来一些问题，但其积极作用方面对社会主义是有利的，而且是主要的，所以不能盲目限制，否则就可能限死。

（3）私营经济的发展可控可塑。会议认为，今天的私营经济产生于我国的社会主义大环境之中，它不可能不与公有制经济发生各种经济联系，也不可能不受到社会主义政治关系准则的影响，因而对私营经济的某些消极作用是可以控制和可以限制的。

同时，社会主义初级阶段理论还在形成过程中。人们对私营经济的认识，也在不断深化。它不是社会主义经济的对立面，而是社会主义公有制经济的必要补充。我们以公有制为主体发展多种经济成分，以至允许私营经济的存在和发展都是由社会主义初级阶段生产力的实际状况决定的。

正是基于上述认识，1987 年中央文件第一次明确提出了私营企业的管理方针，即“允许存在，加强管理，兴利抑弊，逐步引导”①。不过，这时的“逐步引导”不再是“使之向不同形式的合作经济发展”，而是引导私营经济自身健康发展。在同年 10 月 25 日召开的中共十三大上，赵紫阳做大会报告强调：我国正处在社会主义初级阶段，个体私营经济不是发展得太多了，而是还很不够，私营经济是存在雇佣劳动关系的经济成分。但在社会主义条件下，它必然同占优势的公有制经济相联系，并受公有制经济的巨大影响。实践证明，私营经济一定程度的发展，有利于促进生产，活跃市场，扩大就业，更好地满足人民多方面的生活需求，是公有制经济必要的和有益的

① 《把农村政策引向深入》（中共中央政治局 1987 年 1 月 22 日通过），《中国新时期农村的变革》（中央卷上），第 463 页。

补充。必须尽快制定有关私营经济的政策和法规，保护他们的合法利益，加强对他们的引导、监督和管理。[①]

1988年4月12日，全国人大会议通过《中华人民共和国宪法修正案》，增加规定："国家允许私营经济在法律规定的范围内存在和发展。"同年6月25日，国务院发布《中华人民共和国私营企业暂行条例》，对私营企业的管理做了具体规定。这样，私营经济有了明确的法律地位，成为我国一种合法的经济成分。

三　政治风波的影响和私营经济发展的乱象

1989年的政治风波发生后，首先，社会环境发生了大的变化。在社会舆论方面，讲私营经济的"弊"多了，而讲它的"利"则少了。报刊上充斥着："个体户私营企业的高收入，都是坑蒙拐骗，靠偷税漏税得来的"；"发展私营经济就是搞私有化"。8月28日，中共中央下发《关于加强党的建设的通知》，《通知》强调："私营企业主同工人之间实际上存在着剥削与被剥削的关系，不能吸收私营企业主入党。"已经是党员的私营企业主，除了照章纳税，领取作为经营管理者应得的收入，而把企业税后利润的绝大部分用作生产发展基金……"做不到这些的，不能再当党员"。[②]

为什么不能吸收私营企业主入党呢？在讨论上述文件的全国组织部长会议上，中央政治局常委宋平说："私营企业主同工人之间实际上存在着剥削与被剥削的关系，他们不是我们党的阶级基础。因此，不能吸收他们入党。"[③] 稍后几天，江泽民也在会议上讲道："这次会议的文件里面讲，私营

---

① 赵紫阳：《沿着有中国特色的社会主义道路前进》（1987年10月25日），《中国共产党第十三次全国代表大会文件汇编》，人民出版社，1987，第31~32页。

② 《中共中央关于加强党的建设的通知》（1989年8月28日），《十三大以来重要文献选编》（中），人民出版社，1991，第50页。

③ 宋平：《在全国组织部长会议上的讲话》（1989年8月18日），《十三大以来重要文献选编》（中），第25页。

企业主不能入党，我赞成这个意见。如果让不愿放弃剥削，依靠剥削生活的人入党，究竟要造成一个什么党？个体经济、私营经济只能是公有制经济的补充，是拾遗补缺，不能本末倒置，不能把个体经济、私营经济强调到不适当的地位。"①

几乎在同一时间，国家税务总局下发《整顿城市个体工商户税收秩序的通知》，强调"加强个体户税收刻不容缓"，"要有突破性进展"。《通知》要求个体工商户在20天内自查并如实上报，各地工商和税务部门则全面出击，重点是"个体工商业中的大户，名为集体实为个体的承包户和个体经营中的重点行业"。于是，一个全国性的打击偷税漏税的行动开始了。在这次税收大检查中，不少地区都出现了一些过激行为，错抓了一些先富起来的人。群众称他们为"上半年戴'花'（参加表彰会），下半年戴'枷'（手铐）"。

在农村特别是开展"社会主义教育运动"的地区，工作队员在报告中宣称：集体经济是"苗"，个体私营经济是"草"，杂草不除，苗就长不起来。有的基层党委负责人给党员企业主提出一个两难问题："要'党'（就得把企业交公）还是要'个（体私营经济）'（就是不能做党员）。"有的负责人在报告中称："苏联解体的教训，就是个体私营经济发展多了，我们就是要把他们整得倾家荡产，干不下去。"这种情况，给人们造成了"再来一次（社会主义改造）"的错觉，本来就疑虑重重，如今更是成了惊弓之鸟。为了不被批评，他们忍痛割爱，纷纷戴上"集体企业"的"红帽子"或者隐形于个体工商户之中，于是获得了合法地位的私营经济在发展中出现了一些很不正常的现象。

在大问姓"社"姓"资"的喧嚣声中，1990年5月，中共中央宣传部向全国县团级下发《关于社会主义若干问题学习纲要》（以下简称《学习纲要》）。其中说中国的阶级斗争相当尖锐和激烈。该书第九条为"坚持经济

① 江泽民：《在全国组织部长会议上的讲话》（1989年8月21日），《十三大以来重要文献选编》（中），第37页。

体制改革的社会主义方向划清两种改革观的界限”，写道：“在经济体制改革问题上两种改革观的对立主要表现在：坚持公有制为主体，还是实行私有化；坚持计划经济和市场经济相结合，还是实行完全的市场经济。”“所谓市场经济，就是以私有制为基础，一切经济活动经过市场，由价值规律的发展调节的经济。”①

《学习纲要》通篇是反对和平演变，只字不提十三大报告，不提社会主义初级阶段的基本路线，尽管邓小平刚刚说过：“要继续贯彻执行十一届三中全会以来的路线、方针、政策，连语气都不变。十三大报告是经过党的代表大会通过的，一个字都不能动。”“十三大制定的路线不能改变，谁改变就垮台。”②

1990 年 2 月 22 日，《北京日报》上发表了一篇《关于反对资产阶级自由化》的署名文章。文章很长，但其实只想回答一个问题，今天中国那些标榜资产阶级自由化的人，“有没有经济上的根源？有没有一种经济上的力量支持他们？”文章郑重地告诉读者，资产阶级自由化的经济根源，正是中国正在出现的中产阶级、私营企业主和个体户。

作为私营经济标本的年广久面临厄运。1990 年 8 月，联营公司关门歇业。不久，芜湖市新芜区检察院以年广久犯有贪污罪、挪用公款罪及流氓罪，向市中级人民法院起诉。后来，市中院认为年广久经济犯罪证据不足，两项罪名不能成立。1991 年 5 月 11 日，市中院以流氓罪判处年广久有期徒刑 3 年，缓刑 3 年③（1992 年 3 月 13 日释放）。

这一时期，由于政治风波的影响，出现了上述不正常现象，私营企业基本上处于徘徊的发展阶段（1989 ~ 1992）。

---

① 中共中央宣传部：《关于社会主义若干问题学习纲要》（试用本，发到县团级），1990 年 5 月，第 44、46 页。

② 《邓小平文选》第三卷，第 296、324 页。

③ 陈武昌、余耀中：《“傻子瓜子”与创造人年广久》，载《中国私营企业发展报告》（1978 ~ 1998）创刊号，社会科学文献出版社，1999，第 338 ~ 339 页。

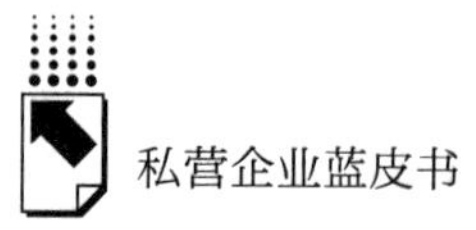

表1　全国私营企业发展状况表（1989～1997）

		1989	1990	1991	1992	1993	1994	1995	1996	1997
私营企业户数比上年增长（万户）	户数	9.1	9.8	10.8	14.0	23.8	43.2	65.5	81.9	96.1
	比上年增长	—	8.4	9.9	29.5	70.4	81.7	51.4	25.2	17.3
私营企业主数比上年增长（万人）	主数	21.0	22.4	24.1	30.3	51.4	88.9	134.0	170.5	204.2
	比上年增长	—	6.7	7.6	25.7	69.6	73.0	50.7	27.2	19.8
雇用工人数比上年增长（%）	工人数	142.6	147.8	159.8	201.5	321.3	559.4	822.0	1000.7	1145.0
	比上年增长	—	3.7	8.1	26.1	59.5	74.0	46.9	21.7	14.4
注册资本额比上年增长（亿元）	资本额	84.5	95.0	123.0	221.0	681.0	1448.0	2622.0	3752.0	5140.0
	比上年增长	—	13.1	29.5	79.7	208.1	115.6	81.1	37.0	37.0

资料来源：国家工商行政管理总局办公室编《工商行政管理统计汇编》（1989～1997）。

私营经济处于徘徊阶段，国有企业的处境也很不妙。那时，国有企业占据了全国80%的生产资源，却连续三年利润下降。据国家统计局资料，1989年国有企业实现利润下降1.88%，1990年下降5.8%，1991年下降14.2%。[①] 1990年夏天，《人民日报》社论说："所有国有企业1/3严重亏损，1/3亏盈相当，只有不足1/3的企业盈利。"到了这年年底，全国企业实现利润下降67%，亏损总额高达310亿元。这一数字，比1988年还多3.9倍。[②]

1989年11月12日，邓小平出席军委扩大会后，宣布正式退休了，可他脑子里还装着整个国家经济"翻两番"的宏伟战略。看到眼前的局面，不免担心。1990年3月，他同中央领导人谈话时谈到经济发展时说："纵观全局，不管怎么变化，我们要真正扎扎实实地抓好这十年建设，不要耽搁。现在特别要注意经济发展速度滑坡问题，我担心滑坡。"

世界上一些国家发生问题，从根本上说，都是因为经济上不去，没有饭

① 凌志军：《变化：1990－2002年中国实条》，中国社会科学出版社，2003，第99页。

② 凌志军：《变化：1990－2002年中国实条》，第99页。

吃，没有衣穿，工资增长被通货膨胀抵销，生活水平下降，长期过紧日子。这不只是经济问题，实际上是个政治问题。加强思想政治工作，讲艰苦奋斗，都很重要，但只靠这些也还是不够。最根本的因素，还是经济增长速度，而且要体现在人民的生活逐步地好起来。总之，经济能不能避免滑坡，翻两番能不能实现，是个大问题。使我们真的睡不着觉的，恐怕长期是这个问题，至少十年。[①] 在当时的情况下，所有人听到这些话都会心头一震。11年后，江泽民还说道：很多话，小平同志当时不说，我们这些人是很难说的。[②]

在邓小平眼里，中国最可怕的事情不是“和平演变”，而是经济搞不上去，社会主义的最危险的敌人，不是资本主义，而是自己的事情没有办好。1991年初，邓小平到上海过春节。他说：“改革开放还要讲，我们的党还要讲几十年。光我一个人说话还不够，我们党要说话，要说几十年。”[③] 到了这一年8月，他同中央负责人谈话时指出：“这一段总结经济工作的经验，重点放在哪里？我看还是放在坚持改革开放上。强调稳是对的，但强调得过分就可能丧失时机。”“老祖宗不能丢啊！问题是要把什么叫社会主义搞清楚，把怎么样建设和发展社会主义搞清楚。”[④]

邓小平苦口婆心，一而再，再而三，强调改革开放要抓住经济建设这个中心，在做了充分准备后，在1992年春节前后，到南方视察一个多月，发表了重要谈话，让全国人民都听见。

四　邓小平南方谈话和私营经济发展的新阶段

邓小平到南方视察，“他一边走，一边不停地说，既平和又尖锐，谁都

① 邓小平：《国际形势和经济问题》（1994年3月3日），《邓小平文选》第三卷，第338页。

② 江泽民：《科学对待马克思主义》（2001年8月31日），《江泽民文选》第三卷，人民出版社，2006，第338页。

③ 邓小平：《视察上海时的谈话》（1991年1月28日到2月18日），《邓小平文选》第三卷，第367页。

④ 邓小平：《总结经验，使用人才》（1991年8月20日），《邓小平文选》第三卷，第368～369页。

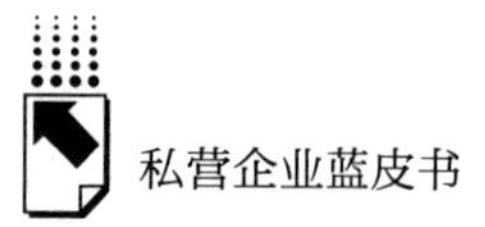

听得出他心里有一股怨气，一股不满”。“他是冲着1989年下半年，1990年和1991年，发生的那些事情来的。”① 他说：“要坚持党的十一届三中全会以来的路线、方针、政策，关键是坚持‘一个中心，两个基本点’。不坚持社会主义，不改革开放，不发展经济，不改善人民生活，只能是死路一条。基本路线要管一百年，动摇不得……谁要改变三中全会以来的路线、方针、政策，老百姓不答应谁就会被打倒。”②

“一变就人心不安，人们就会说中央的政策变了。农村改革初期，安徽出了个‘傻子瓜子’问题，当时许多人不舒服，说他赚了一百万，主张动他。我说不能动，一动人们就会说政策变了，得不偿失。像这一类的问题还有不少，如果处理不当，就很容易动摇我们的方针，影响改革的全局。”

“改革开放迈不开步子，不敢闯，说来说去就是怕资本主义的东西多了，走了资本主义道路。要想是姓‘资’还是姓‘社’的问题。”

“计划和市场都是经济手段。社会主义的本质，是解放生产力，发展生产力，消灭剥削，消除两极分化，最终达到共同富裕。”

“现在，有右的东西影响我们，也有‘左’的东西影响我们，但根深蒂固的还是‘左’的东西。有些理论家、政治家，拿大帽子吓唬人的，不是右，而是‘左’。中国要警惕右，但主要是防止‘左’。把改革开放说成是引进和发展资本主义，认为和平演变的主要危险来自经济领域，这些就是‘左’。”③

全国人大常委会委员长万里说：“防止‘左’，这是邓小平的一贯主张。”他说：“‘左’的干扰的最突出的表现，是凡事都在问一个姓什么。”

政治局委员田纪云说：“干什么事他都要问一个姓‘社’还是姓‘资’，让你什么都不敢干，什么都不能干。”④

---

① 凌志军：《变化：1990－2002年中国实条》，第105、102页。

② 《邓小平文选》第三卷，第370～375页。

③ 邓小平：《在武昌、深圳、珠海、上海等地的谈话要点》（1992年1月18日～2月21日），《邓小平文选》第三卷，第373、375页。

④ 凌志军：《变化：1990－2002年中国实条》，第118～119页。

3 月下旬，中共中央召开专门会议，并下发党内文件，传达邓小平南方谈话精神，形成学习邓小平南方谈话的热潮。5 月，中共中央下发了《关于加快改革，扩大开放，力争经济更好更快地上一个新台阶的意见》，提出了一系列加快改革，扩大开放的新措施。

6 月 19 日，江泽民在中央党校省部级干部进修班上讲话，指出：加快经济体制改革的根本任务，是要建立社会主义市场经济体制，并指出社会主义市场经济体制的主要特征。

10 月 12～18 日，中共第十四次全国代表大会召开。江泽民在报告中提出："我国经济体制改革的目标是建立社会主义市场经济体制。""这个问题的核心，是正确认识和处理计划和市场的关系。"社会主义市场经济体制是同社会主义基本制度结合在一起的。在所有制结构上，以公有制包括全民所有制和集体所有制经济为主体，个体经济、私营经济、外资经济为补充，多种经济成分长期共同发展，不同经济成分还可以自愿实行多种形式的联合经营。国有企业、集体企业和其他企业都进入市场，通过平等竞争发挥国有企业的主导作用。①

社会主义市场经济体制的确定，从根本上解决了纠缠不清的姓"资"姓"社"的抽象争论，为私营经济的发展创造了宽敞的外部环境，私营经济从此取得了市场经济主体的地位，使私有经济进入快速发展的新阶段。

从上述表 1 可以看出，从 1992 年到 1997 年，私营企业发展速度很快，同上个年度比较，私营企业的户数每年增长，1993 年 70.4%，1994 年 81.7%，1995 年 51.4%，1996 年 25.2%，1997 年 17.3%，更有甚者，许多地区把发展私营企业作为繁荣地区经济、增加财政收入、促进社会稳定的一种政府行为。发展私营企业由个人行为、部门行为，提高到一种自觉的政府行为，这说明人们在思想认识上的深刻变化。

---

① 江泽民：《加快改革开放和现代化建设步伐，夺取有中国特色社会主义事业的更大胜利》(1992 年 10 月 12 日)，《江泽民文选》第一卷，第 227 页。

五　共产党员雇工问题的第三次讨论

在新民主主义建设时期，1950 年 1 月 22 日后，高岗收到刘少奇关于共产党员可以雇工的意见，在北京面交毛泽东，毛对刘的谈话不满，这次讨论就结束了。第二次讨论是 1983 年底，在中央书记处会议上讨论 1984 年中央一号文件时，提到关于共产党员的雇工问题。第三次，从 1989 年 8 月 28 日起，这次时间最长，争论最为激烈。

1990 年 10 月，宋平在一次讲话中说：关于私营企业主不能入党的问题，中央文件已经做出过明确规定。现在看来，在一些基层组织，对这个问题在认识上和工作中还没有完全解决，有的连文件也不敢传达，怕得罪那些“财神爷”。这也暴露出一些同志在坚持党的工人阶级先锋队性质上认识模糊。如果允许私营企业主入党，让他们在党内形成一种政治力量，发展下去，党的工人阶级先锋队性质就势必发生变化。①

1980 年代初中期，许多县、市，为了摆脱贫困，发展经济，基层党组织动员大队干部（其中许多是共产党员）带头兴办联产企业（实质是私营企业），现在这些企业千辛万苦办起来了，你又要他们把私有财产交给集体才能当党员。这于情于理不便说出口。

1990 年中期，不少地方的村级组织中就有私营企业主担任村长和党支部书记，而且他们是经过村民或党员选出来的，同时还得到上级党员的批准。

更有甚者，许多乡镇企业在“二次改革”后，当时的厂长、经理（他们中大部分是共产党员）立即变成了私营企业主，据我们进行的全国私营企业的抽样调查，1993 年占 13. 1%，1995 年占 17. 1%，1997 年占 16. 6%，2000 年占 19. 8%，2002 年占 29. 9%，2004 年占 33. 9%，在全国私营企业中，大约有 1/3 左右的私营企业主是共产党员，这是经济体制改革的结果，

---

① 宋平：《坚持和发展马克思主义建党原则，把我们党建设得更好》（1990 年 10 月 17 日），《十三大以来重要文献选编》（中），第 639 ~ 640 页。

是现行政策允许的。

所以，这份文件从下发之日起，就一直没被认真地执行。这是十一届三中全会后绝无仅有的。这种尴尬局面一直持续到2001年7月1日，在中国共产党成立80周年大会上，江泽民郑重宣布：私营企业主也是有中国特色社会主义事业的建设者，他们中间的优秀分子也可以申请加入中国共产党组织。

7月20日，以邓力群为代表的17人发表了一封公开信。信中坦言："我们认为，'七一讲话'不是什么重大的理论创新，而是重大的理论修改。它涉及到根本改变党章学说，共产党基本性质，严重违反党章规定和组织原则等大是大非问题。"①

共产党员雇工问题，实质上有两个方面。一方面是私营企业主的变化，另一方面是共产党员的入党标准。关于私营企业主的社会属性，江泽民在讲话中指出：改革开放以来，我国的社会阶层构成发生了新的变化，出现了私营企业主等社会阶层。而且，许多人在不同所有制、不同行业、不同地域之间流动频繁，人们的职业、身份经常变动，这种变化还会继续下去。在党的路线方针政策的指引下，这些新的社会阶层中的广大人员，通过诚实劳动和工作，通过合法经营，为发展社会主义社会的生产力和其他工作做出了贡献。他们与工人、农民、知识分子、干部和解放军指挥员团结在一起，他们也是有中国特色社会主义事业的建设者。②

8月31日，江泽民补充道：据不完全统计，2000年全国私营企业已达176万户，从业人员2000多万。无论是从经济实力来看，还是从人数来看，分量都不轻。如果我们不正视这个现实，不争取这支社会力量，却有意无意地把他们推到对立面上去，那在政治上对党是很不利的。我们也没有任何理由把他们与工人、农民、知识分子分割开来，推到对立面上去。第一，他们是在党和国家开放政策的允许下出现的；第二，他们是在社会主义公有制和

---

① 马立诚：《交锋三十年》，江苏人民出版社，2008，第202页。

② 江泽民：《在庆祝中国共产党八十周年大会上的讲话》，《江泽民文选》第一卷，第286页。

社会主义上层建筑主导国家经济政治生活的条件下存在和发展的；第三，他们原先大都是一直受党教育的工人、农民、干部、知识分子，或者他们的子弟；第四，他们的经营活动，要遵守国家的法律法规和政策。总之，他们不同于社会主义改造前的私营工商业者。所以我们说，他们也是中国特色社会主义的建设者。[①] 不过，还要补充一点，私营企业主阶层中还有不少是“改制”前的国有企业、集体企业的厂长、经理们。

关于共产党员的入党批准问题，江泽民指出：重视在思想上入党是我们党的一条重要政治结论。能否自觉地为实现党的路线和纲领而奋斗，是否符合党员条件，是吸收新党员的主要标准。首先，明确了来自工人、农民、知识分子、军人、干部的党员是党的队伍最基本的组成部分和骨干力量，这是大前提。其次，要承认党的纲领和章程，自觉为党的路线和纲领而奋斗，经过长期考验，符合党员条件的社会其他方面的优秀分子被吸收到党内来，并通过党这个大熔炉不断提高广大党员的思想政治觉悟。这里规定了严格的条件，一共有九条。也就是说，吸收他们中的优秀分子入党，要求和程序都要更严一些。[②]

六　坚持和完善“看一看，不能动”的指导方针，保护、规范、引导私营经济健康发展

通过立法对其经营行为和私有产权进行保护和规范，是私营企业健康发展的重要条件。对私营企业主结合实施后的重大修改，都必须遵循坚持和完善“看一看，不能动”的指导方针。规范企业经营行为，保护投资人的合法利益，维护社会主义经济秩序，促进私营经济健康发展，稳步推进中国特色社会主义的建设事业。

在私营企业立法过程中，为其健康发展不断清除体制性障碍，创造公平

① 江泽民：《科学对待马克思主义》（2001 年 8 月 31 日），《江泽民文选》第三卷，第 341 页。
② 江泽民：《科学对待马克思主义》（2001 年 8 月 31 日），《江泽民文选》第三卷，第 342 页。

竞争的市场环境；同时构造完善的保护私有财产的法律制度，创造一个鼓励创造财富、爱护财富、积累财富的制度环境，对私营经济的健康成长尤为重要。这两项法律法规，经过激烈的争论，在 2005 年 2 月和 2007 年 3 月，被国务院常务会议和全国人民代表大会通过。

（一）“非公经济36条”：私营经济发展里程碑式的政策

中共十五大后，特别是十六大以来，中央提出了一系列促进非公有制经济发展的方针政策。但是，非公有制经济发展还面临一些困难和问题。主要是：部分地方、部分观念转变滞后，相关法律不完善；市场方面还存在一些不适当的限制，企业融资渠道狭窄；社会服务体系不健全，政府监督、管理、服务不到位，部分企业行为不规范，自身素质有待提高等。

2003 年 10 月，中共十六届三中全会做出了《关于改善社会主义市场经济体制若干问题的决定》。《决定》第二部分主题就是：“进一步巩固和发展非公有制经济，鼓励、支持和引导非公有制经济发展。”从着力消除体制性障碍和完善制度的角度，提出了主要的法制规定。其内容是：“清理和修订限制非公有制经济发展的法律法规和政策，消除体制性障碍。放宽市场准入，允许非公有资本进入法律法规未禁入的基础设施、公用事业及其他行业和领域。非公有制企业在投融资、税收、土地使用和对外贸易等方面，与其他企业享有同等待遇。”

2004 年 2 月，温家宝总理批示，组成了一个促进非公有制经济发展的重大政策主题工作组。

2004 年 7 月下旬，国务院在山东青岛召开主题会议，重点讨论有关允许民营资本进入国家未禁入的基础领域和其他产业的内容，意在解决私营经济发展的贷款难、审批难、用地难等主要瓶颈问题。

8 月下旬，温家宝总理在温州召开主题会议，他提出了五点意见：一是国家依法保护非公有制企业的权益；二是国家制定鼓励、支持和引导非公有制经济发展的政策；三是国家为非公有制企业创造公平的市场环境；四是国家为非公有制企业发展创造宽松的融资环境；五是社会营造支持非公有制经济的舆论环境。

在两次座谈会上传达的《关于促进非公有制经济政策的框架思路》方案共40条。这一文件经过酝酿、起草、修改，历时近一年。有26个部门参与了研究和讨论，中央领导同志对文件进行了审定。最后，经国务院常务委员会讨论，由40条变成了36条，最终确定为《关于鼓励支持和引导个体私营等非公有制经济发展的若干意见》（简称“非公经济36条”）。2005年1月24日，“非公经济36条”被国务院全体通过，2月24日，经国务院批准正式发布。

“非公经济36条”是新中国成立以来第一部以促进非公有制经济为主题，包含7大措施36条的文件，把鼓励、支持和引导非公有制经济的发展，提高到了一个战略高度，明确了促进非公有制经济发展的总体要求，放宽了非公有制经济市场准入条件，强调要消除影响非公有制经济发展的体制性障碍，进一步引导非公有制企业不断提高自身素质等。

随着“非公经济36条”以及一系列保障和鼓励私营经济的行业性政策法规相继出台，私营经济获得了一个前所未有的良好发展环境。但是，私营企业仍然面临“玻璃门”现象，尽管体制上的障碍消除了，但是实际上存在的非体制性障碍还大量存在。

（二）《中华人民共和国物权法》：公私财产一体承认，平等保护

财产保护是宪法的基本原则。但是，1979年宪法删去了1954年宪法中规定的法律面前人人平等的原则和公民的国家赔偿请求权、继承权、居住和迁徙的自由等。这就使得我国宪法关于公民财产权的范围仅仅局限在维持生存、繁衍后代所必需的生活资料所有权，这样一个极其狭小的范围内，不仅否定了法律意义上完整的公民财产权，而且对公民生产资料所有权的保护也很不彻底。

1982年，第一次修改宪法。宪法第13条，将“国家保护公民的合法收入、储蓄、房屋和生活资料的所有权”中的“生活资料的所有权”改为“其他合法财产的所有权”。这条规定存在下列问题：第一，这条规定是放

在第一条总纲而没有放在第二章“公民的基本权利和义务”中，并不能表明宪法将财产权视为基本人权，这就导致“我国所有宪法学教材和著作中在列举我国公民的基本权利时都没有包括公民个人财产权这一项”。第二，这条规定只包括了公民的合法收入、储蓄、房屋和其他合法财产的所有权。从法律概念上说，财产所有权只是物权的一种主要形式，但不能囊括其他物权的种类，更不包括债权、知识产权等其他财产权。这种保障对象的限定性，显然与市场经济的要求也是不相适应的。第三，与公民财产相比，该宪法对公有财产的保障存在明显的倾斜。因为该宪法第 12 条第 1 项就明确规定“社会主义的公共财产神圣不可侵犯”，而对私有财产，却没有这样的表述，这意味着对两种财产的保护仍然不平等。

改革开放以来，一部分先富起来的人，积累了较多的生活资料和生产资料。私有财产的增加，反映了经济的发展和人们生活水平的提高。社会各界对私有财产保护的呼声越来越高，理论界就这个问题展开了长期的研究和讨论。

关键性的突破是在中共第十六次全国代表大会上实现的。为了坚持和完善公有制为主体，各种所有制经济共同发展的基本经济制度，报告明确指出“海内外各类投资者在我国建设中的创业活动都应该受到鼓励。一切合法的劳动收入和非劳动收入，都应该得到保护”，并强调“要保护私人财产的法律制度”。

2003 年 12 月 12 日，全国人大常委会提议修改宪法。2004 年 3 月 4 日，全国人大常委会通过了宪法修正案，并于当日发布。宪法修改的具体内容如下。宪法第 11 条第 2 款：“国家保护个体经济、私营经济的合法的权利和利益。国家对个体经济、私营经济实行引导、监督和管理。”修改为：“国家保护个体经济、私营经济等非公有制经济的合法的权利和利益。国家鼓励、支持和引导非公有制经济的发展，并对非公有制经济依法实行监督和管理。”这个修改的关键，是把“引导、监督和管理”改为“鼓励、支持和引导”，并且强调用“依法”实行监督和管理。

宪法第 13 条：“国家保护公民的合法的收入、储蓄、房屋和其他合法财产的所有权”“国家依照法律规定保护公民的私有财产的继承权”，修改为：“公民的合法的私有财产不受侵犯”“国家依照法律规定保护公民的私有财产权和继承权”“国家为了公共利益的需要，可以依照法律规定对公民的私有财产实行征收或者征用并给予补偿”。

1998 年，物权法的起草工作开始。2000 年 1 月，全国人大常委会法律工作委员会提出《中华人民共和国物权法（征求意见稿）》，在内部广泛征求意见。2005 年 7 月，全国人大常委会办公厅向全国发布了《中华人民共和国物权法（草案）》，广泛征求意见，以便进一步研究修改。

2007 年 3 月 5 日，十届人大五次会议开幕。开幕前一天，大会新闻发言人姜恩柱感叹地说：“一部法律草案由全国人大常委会审议 7 次，这在我国立法史上确实是创纪录的。”

2007 年 3 月 16 日，全国人民代表大会高票通过了《物权法（草案）》。这部法律经过 13 年酝酿讨论，创造了新中国立法史上单部法律草案花费时间最长、精力最大、争论最为激烈的纪录。《物权法》是调整有形财产关系的最重要法律，在中国特色社会主义法律体系中起着支架作用。几经修改的物权法草案，将国家、集体和私人所有权并列为一章，着重突出对公有财产和私有财产予以同等保护。

物权法的直接作用体现在两个方面：一是定分止争，二是物尽其用。制定物权法，是要通过法律来巩固劳动者、建设者和各类企业的物质利益，保护他们的财产权不受侵犯，调动人们创造财富、珍惜财富、积累财富的积极性，让一切生产要素的活力竞相迸发，让一切创造财富的源泉充分涌流，造福于人民。

从此，在中国特色社会主义的社会结构中，私营经济的经济地位重要、政治地位明确、法律地位平等，走上健康、持续的发展道路。

专题报告

Special Reports

B.2 私营企业主与个体工商户的结构与行动

吕 鹏　范晓光　孙 明*

摘　要： 本文利用了国家工商行政管理总局的官方数据、全国个体私营经济与就业关系调查数据、中国私营企业调查数据等多方面资料，描绘了中国个体私营经济从诞生到爆发式增长这一历史过程中企业主和个体工商户的数量与结构变化。在企业主的行为方面，文章分析了私营企业主的互联网行为特点，对互联网环境下如何做好私营企业主的统战工作提出了建议。文章还介绍了私营企业主和个体工商户对一系列商事制度改革政策的态度，强调了提高市场主体获得感的重要性。

* 吕鹏，中国社会科学院社会学研究所、中国社会科学院私营企业主群体研究中心；范晓光，浙江大学社会学系、浙江大学地方政府与社会治理研究中心；孙明，同济大学国际关系与公共管理学院。

关键词： 私营企业主　个体工商户　结构　行动

一　从艰难诞生到跨越式增长

个体私营经济是我国社会主义市场经济的重要组成部分。从 1956 年“公私合营”到今天，个体工商户和私营企业主群体经历了一个从“消失”到重新崛起的过程。在改革开放初期，个体工商户和私营企业主的出现伴随着大量争议。经过近 40 年的发展，个体工商户和私营企业主作为“中国特色社会主义的建设者”已不断发展壮大，数量逐年增长：根据国家工商行政管理总局的最新数据，截至 2016 年底，全国私营企业实有 2309.19 万户，比 2014 年底（1546.37 万户）增长了 49.3%，比 1995 年底（65.5 万户）增长了 34 倍，是 1988 年（4.06 万户）的 569 倍。全国个体工商户有 5930 万户，是 1980 年（47.3 万户）的 125 倍。

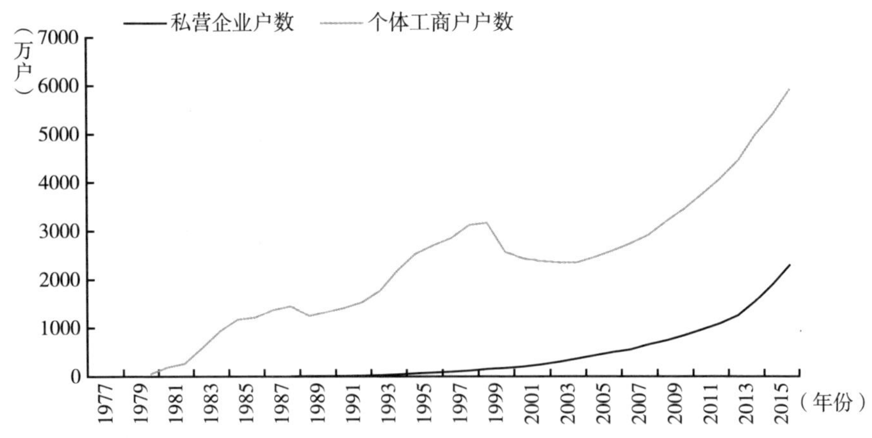

图 1　个体私营经济户数历年分布（1977～2016）

资料来源：1. 私营企业户数（1992～2015）和个体工商户户数（1992～2015）来自国家统计局网站（data.stats.gov.cn）；2. 2016 年数据来源于国家工商总局发布的《2016 年市场环境形势分析报告》；3. 1992 年之前的数据来源于国家经济体制改革委员会、国家工商行政管理局《中国个体私营经济调查——经营、利润、收入》，军事谊文出版社，1993。

对不太了解中国个体私营经济发展史的人来说，这里有必要解释一下个体工商户与私营企业的统计起始年为何不同，分别为 1980 年和 1988 年，相差了 8 年。1978 年改革开放之后，我国个体私营经济的重新合法化经历了两个主要阶段：（1）1978～1986 年。严格来说这一时期，在法律意义上只存在“个体工商户”。早期的个体工商户大多是城镇中原来就从事个体经营的“老个体工商户”；1978 年以后，主要为解决城镇待业青年和社会闲散人员就业问题，个体经济得到很快恢复，一些雇工超过 7 人的“大户”开始出现。可以说，早期的私营企业就是在这些“个体工商大户”、“合作经济组织”、“集体企业”的形式下自发萌生出来的。1987 年 8 月 5 日，《城乡个体工商户管理暂行条例》发布，个体户的管理进入法制化轨道。（2）1987～1992 年。1987 年初，中共中央在《关于把农村改革引向深入的决定》中正式提出允许私营经济存在①；11 月召开的十三大明确提出鼓励私营经济发展；1988 年 6 月，私营经济的法律地位写入宪法修正案，同月 25 日，国务院颁发《私营企业暂行条例》，才把私营企业纳入了法制轨道。自此以后，各地工商行政机关办理私营企业登记注册的数量大大增加。

事实上，个体私营经济的统计口径一直在与时俱进。比如，一些新型的私营经济部门（如网络电商）雇用的人数以及一些无证经营的从业者尚未纳入统计口径②，这就大大低估了个体私营经济的规模。这一情况在未来很有可能发生改变。2016 年 12 月提请人大常委会初审的《电子商务法草案》，为个人开网店需不需要工商登记这个老问题提供了一个原则性的答案。虽然这项法案在最终表决通过前可能还会综合各方意见，但电子商务经营主体原则上应该办理工商登记是大势所趋。这也意味着市场主体数量在统计上会有

① 改革开放后中国的第一个私营企业营业执照是 1985 年 4 月 13 日，以国务院特批的形式颁发的。当时的主要背景是一名叫姜维的个体工商户为了与外商合资办企业，必须将个体户变成私营企业获得法人资格（黄孟复，2010）。但这份私营企业执照是通过高层介入以特批形式颁发的，中国的私营企业并没有完全走上法制的轨道。

② 全国电商解决的就业人数并无官方统计数字。一个可供参考的是，据中国电子商务研究中心（100EC. CN）监测数据显示，截至 2016 年 6 月，由电子商务间接带动的就业人数，已超过 2100 万。

一个显著的增长。国家统计局的高官甚至表态，传统的统计调查方法难以完整采集生产数据，数字化经济下的新商业模式造成了GDP规模的漏统和增速低估。国家正在制定新经济增加值核算方法，研究建立新经济统计指标体系。个体私营企业主要集中在批发和零售业、交通运输、仓储和邮政业、住宿和餐饮业等领域，近年来，文化、体育和娱乐业、信息传输、软件和信息技术服务业等也增长较快。这里面有很多都属于新经济的范畴。

经过40年的发展，个体私营经济已经成为我国解决就业的主要经济领域。目前国家统计局公布的就业人口数据只到2015年。从表1中可以看到，随着人口总量的增加和经济社会的快速发展，我国就业人员的总数逐年增加，从1990年的6.4749亿人，增长到了2015年的7.7451亿人，增长了19.6%。与此同时，个体私营经济的从业人员总数也逐年增加，从1990年的2263万人，增长到了2015年的近3.2亿人，增长了13倍。这两组数字对比说明了两个很有意思的问题。首先，个体私营经济吸纳的就业人口总数有了质的增长。其次，个体私营经济从业人数增长的速度明显高于总就业人数的增长速度，这说明很大一部分就业人口（包括新增就业人口）越来越多地是在个体私营经济中就业。

表1　全国就业人数与个体私营经济从业人数统计表

单位：万人

年份	就业人员	城镇就业人员	个体私营经济合计	个体经济从业人员	私营经济雇工人数	私营经济投资者人数
1990	64749	17041	2263.0	2092.8	147.8	22.4
1991	65491	17465	2441.8	2258.0	159.7	24.1
1992	66152	17861	2699.2	2467.7	201.5	30.0
1993	66808	18262	3311.9	2939.3	321.2	51.4
1994	67455	18653	4424.2	3775.9	559.4	88.9
1995	68065	19040	5569.6	4613.6	822.0	134.0
1996	68950	19922	6188.3	5017.1	1000.7	170.5
1997	69820	20781	6791.2	5441.9	1145.1	204.2
1998	70637	21616	7843.0	6114.4	1445.3	283.3
1999	71394	22412	8263.0	6240.9	1699.2	322.9

续表

年份	就业人员	城镇就业人员	个体私营经济合计	个体经济从业人员	私营经济雇工人数	私营经济投资者人数
2000	72085	23151	7477.0	5070.0	2011.1	395.9
2001	72797	24123	7474.1	4760.3	2253.0	460.8
2002	73280	25159	8152.2	4742.9	2786.5	622.8
2003	73736	26230	8935.6	4636.5	3526.3	772.8
2004	74264	27293	9604.3	4587.1	4068.6	948.6
2005	74647	28389	10724.5	4900.5	4714.1	1109.9
2006	74978	29630	11746.0	5159.7	5314.6	1271.7
2007	75321	30953	12749.3	5496.2	5856.6	1396.5
2008	75564	32103	13680.4	5776.4	6396.6	1507.4
2009	75828	33322	15239.0	6632.0	6956.4	1650.6
2010	76105	34687	16425.2	7007.6	7623.6	1794.0
2011	76420	35914	18298.9	7945.3	8367.9	1985.7
2012	76704	37102	19924.3	8628.3	9096.0	2200.0
2013	76977	38240	21857.2	9335.7	10035.8	2485.7
2014	77253	39310	24963.1	10600.0	11400.0	2963.1
2015	77451	40410	31637.6	11682.2	16394.8	3560.6

资料来源：全国就业人数、城镇就业人数均来自国家统计局，其中全国就业人数为城镇就业人数与乡村就业人数之和。个体与私营经济从业人数数据来自国家工商行政管理总局（对原数据千位以后进行了四舍五入）。

进一步分析可以看到，2015 年与 1990 年相比，个体经济从业人数增长了 4.58 倍，私营经济雇用人数增长了近 110 倍，私营经济投资者人数增长了近 158 倍。这说明如果以 1990 年为基点，私营经济雇工人数的增长速度快于个体经济增长速度，私营经济投资者增长速度快于私营经济雇工人数增长速度。私营经济投资者实际上绝大多数为私营企业主。如果说私营企业主不光是解决了自己的就业问题，而且是创业者的话，那么，创业者的增长速度着实令人刮目相看。

图 2 显示，从 1990 年到 2015 年，个体私营经济从业人数占就业人数的比例也基本上呈现逐年上升的趋势。2000 ~ 2002 年这个比例有所下降，但到了 2003 年则超过了 1999 年的水平然后一路上扬。与此类似，个体经济从业人数的比例也经历了一段下滑，且下滑时间从 2000 年一直持续到 2009 年。这一方面是因为这段时间个体经济从业者人数有所下降，另一方面也是

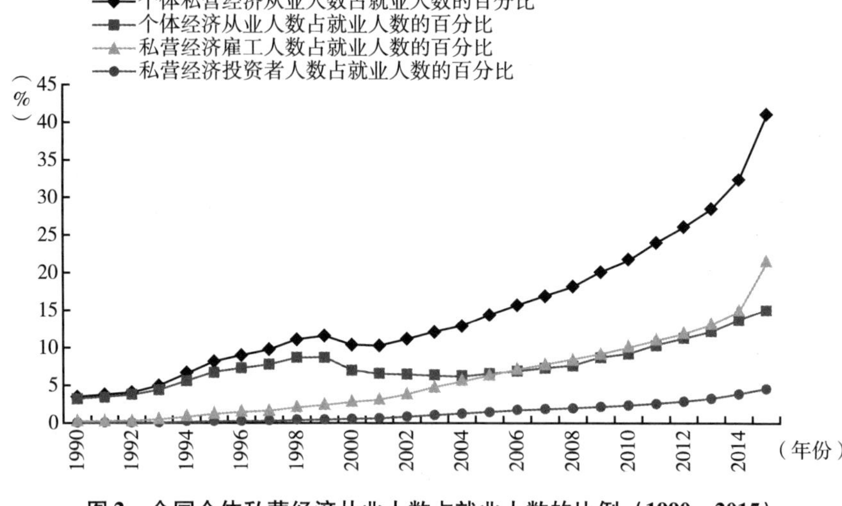

图 2　全国个体私营经济从业人数占就业人数的比例（1990～2015）

资料来源：全国就业人数、城镇就业人数均来自国家统计局，其中全国就业人数为城镇就业人数与乡村就业人数之和。个体与私营经济从业人数数据来自国家工商行政管理总局（对原数据千位以后进行了四舍五入）。

因为私营经济的增长速度飞快降低了个体经济在个私经济中的比重。事实上，我们从图 2 中也可以看到，私营经济雇工人数和投资者人数占就业人数的比例从 1990 年到 2015 年一直呈现上涨趋势。

从比例本身来看，个私经济从业人数占就业人数的比例，从 1990 年的 3.5% 增长到了 2015 年的 40.85%，已经超过全部就业人数的 1/3，占城镇就业人数的 78.29%。到了 2015 年，个体经济从业人数、私营经济雇工人数、私营经济投资者人数占就业人数的比例分别为 15.08%、21.07% 和 4.59%，分别占城镇就业人数的 28.91%、40.57% 和 8.81%。相比较它们在 1990 年的数字，可以说是历史性的增长。

二　私营企业主的互联网行为

互联网曾经被认为是只有精英们才能享用的高科技奢侈产品，如今却已经在方方面面进入普通人的生活。吊诡的是，企业家常常被视为精英，但我们对企业家群体使用互联网的情况却缺少足够的认识。大量的研究、专栏、评论和著作讨论了互联网时代下企业家的企业与“互联网+”的关系，但很少有人告诉我们，企业家都在利用互联网做些什么。造成这一迷思的原因，可能是直接回答这一问题的全国性调查数据的缺乏。2014 年和 2016 年的私营企业调查都在问卷中询问了被访者使用互联网的情况，下文我们就力图在这一领域做出探索性的描述。

2014 年的调查数据显示，有近 88% 的企业家上网。在 6144 名被访者中，有 87.6% 的被访者表示自己上网，11% 表示不上网，还有 1.4% 没有应答。被访企业家群体的“触网率”大大高于我国 46.9% 的互联网普及率（2014 年 6 月）①。按照国家工商总局发布的数据，2013 年底我国私营经济投资者人数为 2485.7 万。按照本次调查的比例计算，全国企业家网民的数量大约在 2177 万。②

年纪越轻的被访企业家上网的比例越高。30 岁以下的企业家上网率为 97%，而 60 岁以上的上网率为 68%，两者相差近 30 个百分点（29%）。其他年龄组别的被访者的上网率在 80% 以上。其中 30 ~ 40 岁年龄组是 96.2%，40 ~ 50 岁年龄组为 90.8%，50 ~ 60 岁年龄组为 83.2%。

表 2　不同年龄组的企业家的上网率

单位：%

<table>
<tr><td colspan="2" rowspan="2"></td><td colspan="5">年龄分组</td></tr>
<tr><td>30 岁以下</td><td>30 ~ 40 岁</td><td>40 ~ 50 岁</td><td>50 ~ 60 岁</td><td>60 岁以上</td></tr>
<tr><td rowspan="3">您是否上网?</td><td>上网</td><td>97.0</td><td>96.2</td><td>90.8</td><td>83.2</td><td>68.0</td></tr>
<tr><td rowspan="2">不上网</td><td>3.0</td><td>3.8</td><td>9.2</td><td>16.8</td><td>32.0</td></tr>
<tr><td colspan="5">统计检验: $X^2 = 270.112$ $df = 4$ $p < 0.000$</td></tr>
</table>

① 据中国互联网信息中心（CNNIC）第 34 次调查报告的数据，截至 2014 年 6 月，我国网民规模达 6.32 亿，半年共计新增网民 1442 万人。互联网普及率为 46.9%，较 2013 年底提升了 1.1 个百分点。网民中农村网民占比 28.2%，城镇网民占 71.8%。

② 国家工商总局公布 2014 年底我国私营经济投资者人数在 3000 万。按 87.6% 为网民来计算，企业家网民在 2628 万人。但本次调查进行的时间是 2014 年 3 ~ 4 月，因此我们采用了工商总局 2013 年底的数字。

当前企业对互联网的使用主要集中在“建立企业网站”（51.6%）、“聘用人才”（42.5%）、“客户沟通与服务”（39.4%）等方面。除了“企业网站”，有高达34.1%的企业同时还利用互联网投放广告，进行企业宣传。值得关注的是，与投放广告比例相近，30.5%的企业已经建立了“企业微博、微信公众号”，区别于投放广告等单向营销，企业更加注重与消费者之间的互动。反过来说，我们也应注意到，微博、微信可以说拥有海量的用户信息，正逐渐成为企业的发布平台、销售平台、支付平台，以及消费者互动的平台。此外，备受关注和诟病的“搜索引擎竞价排名”，只有6.4%的被访企业表示使用过，比例相对而言是最低的。

表3　企业如何使用互联网

单位：%

建立企业网站	51.6	与互联网企业合作	17.3
开设网店	17.7	建立企业微博、微信公众号	30.5
投放广告、进行企业宣传	34.1	搜索引擎竞价排名	6.4
聘用人才	42.5	客户沟通与服务	39.4

企业主营业务的不同，是否会影响到企业使用互联网的方式呢？答案是肯定的。在互联网上“投放广告、进行企业宣传”、“聘用人才”、“客户沟通与服务”方面，第一、二、三产品的使用比例基本相近，比例也均在30%以上。说明这三个领域的企业互联网利用度已较为普及，也是企业运营中互联网使用较为成熟的三大部分。

主营业务属于第一产业的企业在“开设网店”和“与互联网企业合作”两个方面表现突出，比例分别是28.8%和21.7%，明显高于第二产业和第三产业，说明在互联网时代传统的第一产业发展出全新的宣传和营销方式。第二产业的企业建立企业网站的比例最高，有63.9%，而“搜索引擎竞价排名”略高，整体看来互联网的使用仍较为传统。而第三产业的企业“建立企业微博、微信公众号”的比例略高，有34.0%。

表 4　不同产业的企业如何使用互联网

单位：%

	第一产业	第二产业	第三产业
建立企业网站	50.4	63.9	42.8
开设网店	28.8	17.0	16.5
投放广告、进行企业宣传	35.3	33.9	33.8
聘用人才	35.8	44.8	42.0
与互联网企业合作	21.7	16.2	17.6
建立企业微博、微信公众号	30.9	26.5	34.0
搜索引擎竞价排名	4.6	8.2	5.5
客户沟通与服务	39.2	40.9	38.7

各种互联网的使用方式，都是规模越大的企业越有可能采用。可以看到，使用互联网“建立企业网站”、“投放广告和进行企业宣传”、“聘用人才”等方面，大企业采用的比例更高，而“建立企业微博、微信公众号”这种比较新颖的互联网使用形式，也是大企业采用的比例高。例如雇工 8 人及以下规模的企业中只有 17.2% 建立了“企业微博、微信公众号”，而雇工 200 人及以上的大企业中这一比例高达 48.9%，差距非常明显。说明在互联网时代，大型企业更加积极地通过多种形式使用互联网。

表 5　不同规模的企业如何使用互联网

单位：%

	8 人及以下	9～19 人	20～59 人	60～99 人	100～199 人	200 人及以上
建立企业网站	24.8	41.8	54.0	68.7	72.0	82.6
开设网店	13.7	16.7	17.4	20.0	19.6	23.1
投放广告、进行企业宣传	22.2	30.5	38.0	40.7	41.4	44.7
聘用人才	27.9	37.9	43.9	47.0	53.2	61.1
与互联网企业合作	10.6	16.3	17.7	21.5	21.0	24.9
建立企业微博、微信公众号	17.2	22.9	31.9	36.3	39.2	48.9
搜索引擎竞价排名	3.01	4.2	7.9	8.6	8.2	9.8
客户沟通与服务	37.9	38.0	38.5	37.1	41.6	43.9

企业家的年龄对“企业是否使用互联网”影响显著，但对“企业如何使用互联网”影响不大。只有在“建立企业网站”方面，年龄越大的企业

家越有可能采用这种方式，35 岁及以下的企业家“建立企业网站”的比例是44.9%，而56 岁及以上的企业家这一比例是58.7%，差距明显。其他的互联网使用方式，不同年龄组的企业家之间差距甚微。这也是当代民营企业的运营不断专业化、精细化、市场化的体现。

表6　不同年龄组的企业家如何使用互联网

单位:%

	35 岁及以下	36～45 岁	46～55 岁	56 岁及以上
建立企业网站	44.9	47.4	56.0	58.7
开设网店	18.2	19.2	16.6	16.2
投放广告、进行企业宣传	32.3	33.4	35.0	35.8
聘用人才	40.5	42.3	43.8	40.8
与互联网企业合作	15.7	18.1	17.0	18.1
建立企业微博、微信公众号	31.0	31.5	29.4	30.2
搜索引擎竞价排名	7.4	6.8	5.8	6.1
客户沟通与服务	36.7	39.5	39.3	42.3

企业家教育程度的差异对企业互联网的使用方式影响很大，在每一种使用方式上，高学历企业家的使用比例都远远地超过低学历的企业家。例如，拥有研究生学历的企业家在“与互联网企业合作”、“建立企业微博、微信公众号”两个方面的比例分别是24.6%和53.0%，而高中及以下教育程度的企业家在这两个方面的比例仅为13.1%和19.6%，差距是非常明显的。

表7　不同教育程度的企业家如何使用互联网

单位：%

	高中及以下	大专	本科	研究生
建立企业网站	38.0	52.9	60.9	80.8
开设网店	15.0	18.7	19.1	22.0
投放广告、进行企业宣传	29.9	34.4	36.3	46.2
聘用人才	31.5	44.9	48.7	63.5
与互联网企业合作	13.1	16.9	22.0	24.6
建立企业微博、微信公众号	19.6	31.2	38.5	53.0
搜索引擎竞价排名	3.9	5.8	9.3	12.1
客户沟通与服务	38.8	37.9	41.2	43.2

当询问企业家，对企业未来使用互联网的方式的预估时，排名首位的是“客户沟通与服务”（37.3%），可以说互联网时代更加突出消费者的主体地位，强调个人参与和用户体验，拉近企业与个人的距离。互联网重塑了企业与消费者之间的关系，因而企业注重利用互联网来更好地与客户进行沟通、为客户服务。排名第二的是“建立企业网站”（36.2%），第三位是“投放广告、进行企业宣传”（36.0%）。这两种使用方式的共同点在于企业与品牌的宣传。在互联网时代，信息传播的技术、内容、形式、数量、速度等都发生革命性的变化，消费者获取信息的方式和需求也在与时俱进。在此背景之下，企业希望更好地利用互联网来进行商业信息的推广、品牌的宣传以及产品销售等。同时，积极通过互联网营造出的企业形象也更具时代性、更亲民，互联网是企业营销不可缺席的阵地。

已经使用互联网的企业和未使用互联网的企业，未来使用互联网的方式都集中在上述三个方面，但各自又有所侧重。已经使用互联网的企业更加倾向于“客户沟通与服务”（38.5%），而未使用互联网的企业倾向于“建立企业网站”（38.0%）。

当前已经使用互联网的企业与未使用的相比，未来对互联网的使用也更加积极。比如，已经使用互联网的企业中有32.5%的未来打算“与互联网企业合作”，而未使用互联网的企业这一比例仅仅是12.3%。由此推断，企业在互联网使用上的差距未来会继续存在，甚至会扩大。

表8　企业未来如何使用互联网

单位：%

	所有企业	已经使用互联网的企业	未使用互联网的企业
建立企业网站	36.2	36.0	38.0
开设网店	27.0	27.5	23.8
投放广告、进行企业宣传	36.0	36.8	30.6
聘用人才	31.5	32.1	27.4
与互联网企业合作	29.9	32.5	12.3
建立企业微博微信公众号	27.0	28.8	15.3
搜索引擎竞价排名	10.6	11.9	2.2
客户沟通与服务	37.3	38.5	28.8

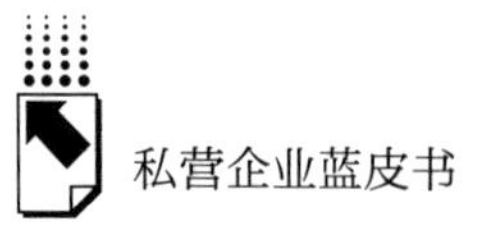

三　个体私营企业主与营商环境

新一届政府高度重视简政放权工作，强调激发市场主体创造活力，增强经济发展内生动力。市场主体是社会财富的创造者，是经济发展内生动力的源泉。广大个体工商户和私营企业主作为市场主体的重要组成部分，如何看待他们所处的营商环境？为回答这一问题，我们使用了“全国个体私营经济与就业关系调查”数据库的数据。本次调查的抽样框，是在工商行政管理系统的数据库内登记的现有存活私营企业和个体工商户。调查总体划分成私营企业和个体工商户两个子总体。对企业和个体户均采用二阶段抽样。国家工商总局个体私营经济监管司在历史上已经建立了54个联络点，覆盖了除西藏自治区之外的所有中国大陆的省级行政区域。第一阶段在每个联络点抽取属地监管工商所，第二阶段在抽中的属地监管工商所中利用登记名录，抽取私营企业或个体户样本进行调查。企业抽取总体的万分之四，个体户抽取总体的万分之一。截至2014年11月，存续私营企业和个体工商户分别为15164143户和49468282户。从2015年2月2日起，到2015年4月2日止，本次调查共收回私营企业有效样本5672个，个体工商户5671个，有效回应率分别达到了94.53%和94.52%。

表9　私营企业主和个体工商户对政策体验的评价

单位：%

		个体工商户	私营企业主
(1)工商登记时手续的便捷程度	非常满意	57.1	53.5
	比较满意	35.7	38.7
	不大满意	2.1	2.6
	非常不满意	1.1	1.0
	不好说	3.9	4.2
(2)政府相关部门办事人员的服务态度和水平	非常满意	42.5	37.9
	比较满意	44.9	48.1
	不大满意	4.3	5.2
	非常不满意	1.5	1.4
	不好说	6.8	7.4

续表

		个体工商户	私营企业主
(3)向政府部门申办手续的周期	非常满意	43.0	38.1
	比较满意	45.8	48.4
	不大满意	4.7	6.5
	非常不满意	1.4	1.4
	不好说	4.9	5.6
(4)了解相关政策、获取信息的便捷程度	非常满意	36.2	33.4
	比较满意	44.5	45.9
	不大满意	8.6	10.9
	非常不满意	1.7	1.7
	不好说	9.0	8.1
(5)实际最终获得各类补贴、优惠的便捷程度	非常满意	32.2	28.5
	比较满意	37.9	38.4
	不大满意	11.0	12.4
	非常不满意	3.0	4.0
	不好说	15.9	16.8
(6)补贴资金、税收优惠的整体力度	非常满意	31.6	27.5
	比较满意	38.4	37.8
	不大满意	11.5	14.1
	非常不满意	3.8	4.4
	不好说	14.7	16.2

我们首先要求被访者根据自身的经历，对其在创办目前这家企业时的一些政策体验进行评价。从表9可以看到，个体户在对“工商登记时手续的便捷程度”、“向政府部门申办手续的周期”、“政府相关部门办事人员的服务态度和水平”、“了解相关政策、获取信息的便捷程度”这四类“服务类”问题的满意度上，分别达到了92.8%、88.8%、87.4%和80.7%，这与私营企业主的反映没有实质差别。在对“实际最终获得各类补贴、优惠的便捷程度”和“补贴资金、税收优惠的整体力度”上，满意度也分别达到了70.1%和70%，略高于私营企业主的评价4~5个百分点。

表 10　不同开业时间的个体户对政策体验的评价

	开业时间				
	1 年及以下	2 ~3 年	4 ~6 年	7 ~9 年	10 年及以上
(1)工商登记时手续的便捷程度	4. 47	4. 44	4. 48	4. 49	4. 39
(2)政府相关部门办事人员的服务态度和水平	4. 23	4. 23	4. 22	4. 21	4. 24
(3)向政府部门申办手续的周期	4. 26	4. 24	4. 25	4. 23	4. 22
(4)了解相关政策、获取信息的便捷程度	4. 07	4. 05	4. 07	3. 98	4. 04
(5)实际最终获得各类补贴、优惠的便捷程度	3. 85	3. 86	3. 87	3. 81	3. 86
(6)补贴资金、税收优惠的整体力度	3. 79	3. 83	3. 83	3. 81	3. 86

表 11　不同雇工规模的个体户对政策体验的评价

	个体户雇用人数				
	人(含)以下	2 ~4 人	5 ~6 人	7 ~8 人	9 人及以上
(1)工商登记时手续的便捷程度	4. 46	4. 47	4. 37	4. 42	4. 22
(2)向政府部门申办手续的周期	4. 24	4. 26	4. 13	4. 32	4. 05
(3)了解相关政策、获取信息的便捷程度	4. 05	4. 05	4. 02	4. 02	3. 97
(4)实际最终获得各类补贴、优惠的便捷程度	3. 88	3. 84	3. 80	3. 80	3. 78
(5)补贴资金、税收优惠的整体力度	3. 86	3. 81	3. 68	3. 76	3. 69
(6)政府相关部门办事人员的服务态度和水平	4. 20	4. 26	4. 14	4. 29	4. 10

不同开业时间和不同雇工规模的个体户对政策体验的评价都并未呈现明显的规律。值得指出的是，总体来说，对服务类的政策的体验，都较为明显地高于资金类政策的评价。这与之前表格中揭示的发现是一致的。

表 12　个体工商户政策诉求的排序

单位：%

	第一选择	第二选择	第三选择
在开办和扩张等过程中进一步减少行政审批、简化行政手续	50. 7	11. 7	10. 6
协调相关部门帮助其员工子女解决上学难、吃饭难、住宿难等生活问题	13. 1	28. 2	9. 7

续表

	第一选择	第二选择	第三选择
进一步地加大在吸纳就业方面的资金扶持、补贴和税收优惠的力度	16.8	29.4	24.5
降低用工成本	11.5	16.5	20.4
帮助在劳资纠纷、劳动仲裁中处理与员工的矛盾和冲突	2.0	5.2	9.9
搭建更加有效的平台，帮助解决“招工难”的问题	2.6	4.0	7.7
帮助建立更多的实习培训机构	2.1	3.8	11.7
在劳务派遣等方面提供更加灵活的政策	1.2	1.3	5.4

我们询问了被访个体工商户对各类就业创业政策的诉求。有 50.7% 的个体工商户首先选择了“在开办和扩张等过程中进一步减少行政审批、简化行政手续”，选择这一项的为第二和第三诉求的也分别占到了 11.7% 和 10.6% 。可以说，进一步减少行政审批是个体户最大的政策诉求。紧随其后的是“资金类”的政策诉求。有 16.8% 的被访者首先希望“进一步地加大在吸纳就业方面的资金扶持、补贴和税收优惠的力度”，选择这一点为第二和第三诉求的则占到了 29.4% 和 24.5% 。与此类似的是“降低用工成本”，选择其为前三项诉求的比例分别达到了 11.5% 、16.5% 和 20.4% 。

表 13　被访个体户接受个私企业协会服务的情况

单位：%

		应答情况		应答人数百分比
		频数	应答次数百分比	
企业所在地个私企业协会的活动[a]	A. 发布用工招聘信息	1870	18.2	33.0
	B. 提供应聘人员信息	1302	12.7	23.0
	C. 组织招聘会	902	8.8	15.9
	D. 搭建校企合作平台	393	3.8	6.9
	E. 搭建融资平台	718	7.0	12.7
	F. 组织技能培训	969	9.4	17.1
	G. 开展就业用工相关法律法规培训	1367	13.3	24.1
	H. 提供创业指导	1532	14.9	27.0
	I. 未提供过上述服务	1201	11.7	21.2
合计		10254	100.0	180.8

各地个私企业协会在服务个体工商户方面发挥了较为积极的作用。我们询问了被访者是否接触过所在地的个私企业协会提供的一系列服务。有33%的被访个体户表示当地个私企业协会发布过用工招聘信息，23%提供过应聘人员信息，27%提供过创业指导，24.1%开展过就业用工相关法律法规培训，15.9%组织过招聘会，17.1%组织过技能培训，12.7%搭建过融资平台。表示当地个私企业协会搭建校企合作平台的比例最低，只有6.9%。此外，有21.2%的应答者表示当地个私企业协会没有提供过上述服务。

在私营企业主部分，从表9可以看到，在几乎所有的题项上，被访私营企业主都表达出了较高的满意度。例如，在询问“工商登记时手续的便捷程度”时，分别有53.5%和38.7%的被访者表示“非常满意”和“比较满意”，合计达到了92.2%。在“向政府部门申办手续的周期”上，“非常满意”和“比较满意”分别达到了38.1%和48.4%，合计达到了86.5%。在“政府相关部门办事人员的服务态度和水平”的问题上，合计有86%的被访者表示满意（其中37.9%表示非常满意，48.1%表示比较满意）。“了解相关政策、获取信息的便捷程度”，“非常满意”和“比较满意”的分别达到了33.4%和45.9%，合计达到了79.3%。

相对来说，对补贴税收等优惠政策的评价满意度虽然整体来说并不低，但要略低于前述四项政策的感受。例如，在对“实际最终获得各类补贴、优惠的便捷程度”上，有28.5%的人表示“非常满意”，38.4%的人表示“比较满意”，合计为66.9%，在“补贴资金、税收优惠的整体力度”上，合计有65.3%的被访者表示满意（其中非常满意27.5%，比较满意37.8%）。

客观来说，65%左右的满意度并不太低，但如果与前面四项接近甚至超过80%的满意度相比，满意度的差距则至少在15%。这在某种程度上为进一步如何提高满意度指明了方向。如果我们把前面的四项政策看作是“服务类”，而将后面的两项看作是“资金类”的话，那么，最立竿见影地提高企业主满意度的方法可能还是“真金白银”的优惠政策。

此外，需要指出的是，所有的“满意度”调查中几乎都存在的一个问题是，由于种种原因，被访者的“满意度”可能偏高。一个更好地反映被访者情绪的指标，反而是观测回答“非常不满意”和“不大满意”的比例。从这个角度来看，在对“工商登记时手续的便捷程度”、“向政府部门申办手续的周期”、“政府相关部门办事人员的服务态度和水平”、“了解相关政策、获取信息的便捷程度”这四项“服务类”问题的回答上，私营企业主表达不满意的比例分别为 3.6%、7.9%、6.6% 和 12.6%。对“资金扶持类”的表达不满的则分别达到了 16.4% 和 18.5%。这提示我们注意到，一方面工商登记的便捷度获得普遍认可，另一方面获取政策信息的便捷程度仍然有待提高。

表 9 只是反映了私营企业主总体上的政策体验。不同特征的被访者在对政策的评价上是否会有不同？我们将被访者对相关政策的评价重新进行赋值再求均值，均值越大，则表示对某项政策的评价更为积极。

表 14 不同创业时间的私营企业主对政策体验的评价

	企业成立时间				
	1 年及以下	2～3 年	4～6 年	7～9 年	10 年及以上
(1)工商登记时手续的便捷程度	4.43	4.42	4.35	4.35	4.35
(2)政府相关部门办事人员的服务态度和水平	4.23	4.18	4.08	4.13	4.08
(3)向政府部门申办手续的周期	4.23	4.17	4.09	4.07	4.07
(4)了解相关政策、获取信息的便捷程度	4.06	4.01	3.90	3.98	3.94
(5)实际最终获得各类补贴、优惠的便捷程度	3.81	3.81	3.70	3.70	3.70
(6)补贴资金、税收优惠的整体力度	3.76	3.77	3.66	3.68	3.60

从表 14 我们可以看到，大体上可以说，新近成立的私营企业对政策的评价更为积极，在许多题项上，最近一年内成立的企业的创业者们的评价最为积极。由于这一题项询问的是被访者在创业时的政策体验，近一年以及两三年内创业者的更为积极的政策评级比较有力地说明了近两三年来的政府改革取得了成效。具体来说，在对“工商登记时手续的便捷程度”的评价上，

企业成立时间在“1年及以下”和“2～3年”的私营企业主的均值分别为4.43和4.42，高于成立时间更久的企业主的4.35这一均值。在“政府相关部门办事人员的服务态度和水平”和“向政府部门申办手续的周期”、“了解相关政策、获取信息的便捷程度”这三个题项上，也都是“1年及以下”的得分最高（分别为4.23、4.23和4.06），“2～3年”的得分紧随其后（分别为4.18、4.17和4.01）。在关于补贴优惠政策评价的最后两个题项里，虽然“1年及以下”和“2～3年”这两组的评价均值差别不大，但都较为明显地高于其他创业年份的组别。

表15　不同规模（营业收入）的私营企业主对政策体验的评价

	营业收入分组(四分法)			
	100万以下	100万～1000万	1000万～1亿	1亿以上
(1)工商登记时手续的便捷程度	4.39	4.36	4.31	4.35
(2)政府相关部门办事人员的服务态度和水平	4.15	4.09	4.10	4.16
(3)向政府部门申办手续的周期	4.15	4.06	3.96	4.19
(4)了解相关政策、获取信息的便捷程度	3.99	3.91	3.90	3.92
(5)实际最终获得各类补贴、优惠的便捷程度	3.77	3.67	3.57	3.86
(6)补贴资金、税收优惠的整体力度	3.72	3.62	3.52	3.75

如表15所示，不同规模的企业在对政策的评价上则未能呈现出特别清晰的规律。我们以被访企业在2014年的营业收入为标准来测量企业的规模，划分了四个组别。相对来说，营业收入在100万以下的企业在“工商登记时手续的便捷程度”和“了解相关政策、获取信息的便捷程度”这两点上体验最为积极，而营业收入在“1亿元以上”的大企业则在“政府相关部门办事人员的服务态度和水平”和“向政府部门申办手续的周期”这两点上评级最为积极。有意思的是，在两个资金类题项中，均是营业收入在1000万到1亿之间的企业最为不满，而1亿元以上大企业的满意度最高。

表 16　不同规模（雇工人数）的私营企业主对政策体验的评价

	企业雇工人数				
	8 人(含)以下	9 ~ 19 人	20 ~ 59 人	60 ~ 199 人	200 人及以上
(1)工商登记时手续的便捷程度	4.38	4.41	4.42	4.30	4.11
(2)政府相关部门办事人员的服务态度和水平	4.15	4.15	4.07	4.16	4.11
(3)向政府部门申办手续的周期	4.14	4.14	4.08	4.02	3.86
(4)了解相关政策、获取信息的便捷程度	3.98	4.00	3.96	3.88	3.97
(5)实际最终获得各类补贴、优惠的便捷程度	3.76	3.71	3.74	3.66	3.83
(6)补贴资金、税收优惠的整体力度	3.72	3.65	3.61	3.63	3.64

我们用“企业当前雇工人数”这一指标来再次衡量企业规模，看看会不会有什么不同。与表 15 相似，我们并没有发现稳健一致的规律。但在表 16 当中，我们发现雇工人数在 60 人以下的中小企业对“工商登记时手续的便捷程度”的满意度要高于规模更大的企业，而雇工在 200 人以上的大企业则满意度最低。在“政府相关部门办事人员的服务态度和水平”上，同样也是 200 人以上的企业的满意度低于规模更小的企业；在“向政府部门申办手续的周期”上，亦是如此。这提示我们注意到，简政放权可能不仅仅是要解决企业登记注册这样的起步阶段的问题，而且对于企业日后发展阶段的问题也需要加大力度予以关注。

为了更加明确地了解企业的诉求，我们设计了一道题目，询问“您觉得如果政府想促进企业吸纳更多就业，下面各项可能的政策取向中，您给做一个排序。按照您觉得当前对您企业最重要、最迫切的顺序排列，选出最为重要的三项”。表 17 展示了这一问题的回答结果。

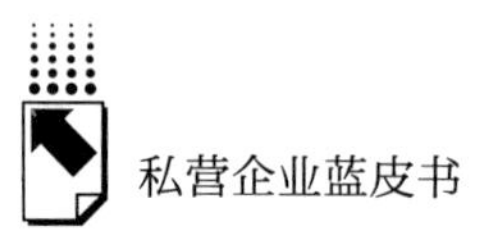

表 17　私营企业主政策诉求的排序

单位：%

	第一选择	第二选择	第三选择
在企业开办和扩张过程中进一步减少行政审批、简化行政手续	48.5	13.3	10.7
协调相关部门帮助企业解决员工吃饭难、住宿难，子女上学难等生活问题	9.9	21.8	9.5
进一步加大在吸纳就业方面的资金扶持、补贴和税收优惠的力度	20.5	30.1	21.4
降低企业的用工成本	12.7	18.4	20.9
帮助企业在劳资纠纷、劳动仲裁中处理与员工的矛盾和冲突	2.2	6.0	11.1
搭建更加有效的平台，帮助企业解决"招工难"的问题	2.9	4.7	9.6
帮助企业建立更多的实习培训机构	2.5	4.9	12.9
在劳务派遣等方面提供更加灵活的政策	0.7	0.9	4.0

我们可以很清晰地看到，进一步简政放权成为被访私营企业主排位第一的诉求。有 48.5% 的被访者选择了“在企业开办和扩张过程中进一步减少行政审批、简化行政手续”作为他们认为最迫切的诉求，选择这一条作为第二和第三诉求的比例也分别高达 13.3% 和 10.7%。紧随其后的是对“资金类”政策的呼吁。有 20.5% 的被访者选择了“进一步加大在吸纳就业方面的资金扶持、补贴和税收优惠的力度”为第一诉求，有 30.1% 和 21.4% 的人则选择其作为第二和第三诉求。

接下来靠前的政策诉求均和劳资关系密切相关。在第一诉求中，选择“降低企业的用工成本”的有 12.7%，选择“协调相关部门帮助企业解决员工吃饭难、住宿难，子女上学难等生活问题”的则有 9.9%。在第二诉求方面，入选率超过 10% 的内容除了简政放权和资金类政策外，也是协调解决员工生活问题和降低企业用工成本两项。到了第三诉求时，选择“帮助企业建立更多的实习培训机构”（12.9%）和“帮助企业在劳资纠纷、劳动仲裁中处理与员工的矛盾和冲突”（11.1%）的也分别超过了 10%。

四　讨论与建议

关于个体工商户和私营企业主的社会阶层研究，学术界的共识是，从再分配经济向市场经济转型的过程中，许多私营企业主们在创建企业之前有过丰富的职业流动经历。对过去 14 年的数据汇总分析发现，在私营企业主的构成和行为方面既有积极的一面，也有需要引起重视的一面。部分企业家的获得感上升或高于其他群体，可能是他们自身在经济、社会和政治属性上的优势的反映，也有可能是某些政策的不平衡所导致的。主观经济、社会和政治地位的评价持续明显下行反映出企业主内心的焦虑和危机意识，应该在政策上引起高度重视。

国家应该出台确认私人产权、安定私营企业主市场信心的中央文件。总体而言，较为普遍的经济危机感是一个不争的事实。更重要的是，可以想见，私营企业主的焦虑感和危机意识并不会有实质性的改变。最近一段时间以来，中央出台了一系列提振经济的文件，取得了较好的效果。但是，直接针对私营企业主在政治安全、社会地位和经济安全方面的文件不多，社会上的一些事件和坊间对中央精神、政策的误解，在一些企业主中加大了对政治生态，尤其是私有产权保护的恐慌情绪。有必要以中央文件的形式，高规格地重申党的十四大以来确立的社会主义市场经济的若干原则，给私营企业主吃安心丸。

提升中小企业主的获得感是重点。企业主的获得感，可能随着自身的逐渐发展壮大而提升，这是一个企业的成长过程。另一方面，企业主的获得感也与宏观的政治、经济、社会环境变化有关。中小企业主是我国私营企业主的主体，这一群体的获得感下降，会直接拉低整个群体的获得感均值。更重要的是，中小企业主的获得感下降速度要快于大企业主，这可能与大企业主的政治和社会优势地位较为稳固有关。当前的供给侧结构性改革在许多方面为中小企业提升经济实力破除了障碍，从统战工作的角度来说，在社会和政治上升机会的供给上，也应该向中小企业主倾斜。尤其是要鼓励中小企业主

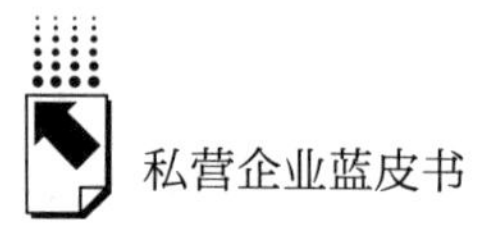

融入现有体制，多给他们提供参政议政的机会和参与政策决策咨询的机会，鼓励中小企业行业协会的发展，多设计专门针对中小企业的培训班，给他们多提供学习机会。这些措施都会对拉升中小企业主的获得感提供助益。

努力营造提倡艰苦创业的舆论环境，提升企业主的相对获得感。影响企业主的获得感的因素很多，地位获得感很大程度上也是一个与其他群体横向对比后的结果。地位认同降低，也许部分地与快速发展的经济有关，随着企业主与其他阶层的经济差距的缩小，同样的资产，在过去可能会带来的成就感在逐年降低。另一方面，社会上现在风行的投机心理，以及实体经济不振，也会给主要由实体经济从业者组成的私营企业主带来负面影响。各级统战部门在评选、宣传和嘉奖私营企业主的时候，除了依据经济贡献和实力大小外，更要突出艰苦创业、守业、诚信、创新等企业家精神的权重，让企业主有光彩感、成就感、获得感。

与此同时，对于企业主的互联网行为，我们也发现，网络媒介的影响力超越传统纸媒是大势所趋，但比“渠道上线”更重要的是“内容落地”。虽然包括央视在内的传统媒体依然具有较强的影响力，但从年龄和教育结构所显示的趋势来看，网络新媒体终将成为私营企业主阶层获取信息的最主要的手段。包括央视在内，几乎所有的媒体都开始在线上开设渠道，网络本身更多的是一种载体。网络媒体常常被认为是一把“双刃剑”，这表现为“触网”更多的人往往可能掌握更多的资讯。这些资讯可能是负面的，也可以是正面的。让年轻一代接受国家意志的关键，并不仅仅是要推动更多的渠道上线，更重要的是要用生动活泼的方式，将国家意志与企业转型和个人发展的诉求结合起来，做到“润物细无声”。

“准境外媒体”和新闻客户端的潜在影响力不容忽视，需提前培育更多自己的品牌。境外媒体的微弱影响力可能很大程度上与不易接触有关，但这并不代表境外媒体的内容和角度没有吸引力。事实上，包括凤凰、《联合早报》、《金融时报》（中文版）等墙内可以自由阅读的“境外”或外语类媒体一直具有相当固定的受众。调查也发现，通过新闻客户端获取重大事件资讯的比例也较高，从年龄和教育结构判断，这一渠道的影响力还会继续强化。

应将统一战线的平台建到重点对象经常使用的互联网客户端上，进入企业家的网上“朋友圈”。一些政府和官方行业协会的线上平台当前是建起来了，但是否真有企业家去关心，仍值得怀疑。市场、媒体和民间商会等力量已经在包括微信、微博在内的平台上建立了各种公共账号、订阅号，企业家自发建立的网络交流群更是不计其数，但党政部门在这方面的步伐仍然相对滞后。统战部门并不需要进行一场“抢占网络阵地”的“运动”，但需要精心培育若干有影响力的互联网客户端。

B.3

中国私营企业的劳动关系*

王修晓　孙晓舒**

摘　要： 本文聚焦我国私营企业的劳动关系状况，比较系统地梳理了近年来我国在构建和谐劳动关系领域颁布的各项法律法规和政策文件，利用最新政府统计数据、“中国私营企业调查”历年数据（1993～2014）和“个体私营经济与就业关系调查数据”（2014），从从业人员基本状况、企业招工和劳动合同、工作条件和劳动安全、社会保险和制度保障、劳动人事争议及仲裁处理、员工利益代表组织与机制建设等方面，对近十年来我国私营企业劳动关系，做了一个较为全面的描述和分析。研究发现，我国私营企业和个体经济领域的劳动关系依然存在劳动合同签署比例不高、薪酬福利较低、工作条件和劳动保护不太理想、社会保险和制度保障缺乏全国统筹和顶层设计等不足和困境。展望未来，我们要在继续加大法律法规和支撑性制度建设工作的同时，重点在落实、贯彻和执行层面，积极推进中央政策、法律法规和部门规章的落地，努力构建出一个更加和谐稳定、健康可持续的私营企业劳动关系良好格局。

---

* 本文受到以下项目和机构的资助：国家社科基金青年项目（13CSH085）、教育部人文社科基金青年项目（12YJC840043）、北京市哲学社科基金一般项目（15SHB027）、教育部人文社科重点研究基地重大项目（14JJD840001）、教育部来华留学英文授课品牌课程和中央财经大学研究生院优质英文课程建设项目《中国经济与社会》、中央财经大学“121人才工程”青年博士发展基金（QBJZH201011）、中央财经大学社会与心理学院学科推进计划，以及中国社会科学院私营企业主群体研究中心。

** 王修晓，中央财经大学社会学系；孙晓舒，深圳国际公益学院。

关键词： 私营企业劳动关系　社会转型　利益表达　争议与仲裁

一　导论

改革开放以来，党中央、国务院持续关注和推动私营企业的发展。十一届三中全会确定了建立中国特色社会主义市场经济的改革方向。1997 年，党的十五大明确提出“非公有制经济是我国社会主义市场经济的重要组成部分”。1999 年 3 月，十九届全国人大二次会议通过的《中华人民共和国宪法修正案》，第一次将“个体经济、私营经济等非公有制经济是社会主义市场经济的重要组成部分”写入国家的根本大法。进入新世纪初，“三个代表”重要思想的提出，进一步扩大了党的执政基础。2013 年 11 月 12 日，党的十八届三中全会通过了《中共中央关于全面深化改革若干重大问题的决定》，强调要坚持和完善基本经济制度，保护（私有）产权，建设以公有制为主体、多种所有制经济共同发展的基本经济制度，毫不动摇地鼓励、支持、引导非公有制经济发展，激发非公有制经济活力和创造力。2014 年以来，国务院推出“大众创业，万众创新”、简政放权、商事制度改革、产权制度改革等多项措施，激发了民间创业热情，民营企业注册数量大幅增长。

在这一大时代背景下，随着社会主义市场经济体制改革的稳步推进，我国私营经济发展迅速，已经成为社会主义市场经济的重要力量。数据显示，民营企业[①]对我国 GDP 贡献率高达 60% 以上[②]。这种快速发展使得民营企业从业人数大幅增长，成为就业“蓄水池”。

与此同时，我国正处于经济社会转型时期，劳动关系的主体及其利益诉求越来越多元化，劳动关系矛盾已进入凸显期和多发期，劳动争议案件居高不下，有的地方企业拖欠农民工工资等损害职工利益的现象仍较突出，集体

① 除非特别说明，本文不区分私营企业、民营企业和非公企业等概念。

② 转引自中国民生银行研究院《中国民营企业发展研究报告》，《中国商界》2017 年第 5 期。

停工和群体性事件时有发生。在此背景下，私营企业的劳动关系①状况，就特别值得我们去关注和研究。

一般而言，劳动关系指的是雇佣关系中主雇双方（雇主和劳动者）的权利、利益关系。其中，劳动者是指在现代产业社会中受雇于他人，以劳动收入为基本生活来源的体力和脑力劳动者；雇主是指生产资料所有者和经营者，凭借生产资料所有权或行使管理权决定雇佣条件，直接管理、支配劳动者。劳动关系的本质是双方之间一系列经济利益关系的统称，具体包括招聘与合同、工作环境、报酬与福利、社会保障、利益表达以及争议纠纷解决机制等内容。

本文将结合近年来我国在构建和谐劳动关系领域颁布的各项法律法规和政策文件，利用《中国劳动统计年鉴》、《工商行政管理统计年鉴》、《中国人口和就业统计年鉴》、《中国私营经济年鉴》的最新政府统计数据，以及由中央统战部、全国工商联、国家工商行政管理总局、中国民（私）营经济研究会私营企业研究课题组联合组织的“中国私营企业调查”历年数据（1993～2014）和国家工商总局个体私营经济监管司牵头的“个体私营经济与就业关系调查数据”（2014），对近十年来我国私营企业劳动关系做一个较为全面的描述和分析，试图在呈现基本现实的基础上，发现问题、寻找对策，为构建和谐良性的劳动关系提供经验依据和未来的方向。

本文内容安排如下：首先，我们对党中央、国务院以及相关部委和职能部门近年来在指导和处理劳动关系方面所做的引导和调控，做一个概要式的政策梳理；其次，我们将根据上文提到的若干统计和调查数据，呈现当前私营企业从业人员的基本现状；再次，将按照劳动关系的基本内容，分别探讨私营企业的工作环境、劳动安全、薪酬福利、社会保障、利益表达机制和争议仲裁情况；最后是小结和讨论。

二　中国私营企业劳动关系的制度基础和政策支持

和谐劳动关系的构建——无论是劳动者个体维权，还是搭建相关利益方

---

① 除非特别说明，本文用劳动关系涵盖劳资关系、劳工关系和雇佣关系等概念。

共同参与的争议纠纷解决机制，或者是更为常规化的劳资双方日常沟通和协调渠道——都离不开有效的法律、制度和政策支撑。下面，我们将从中央政策、法律法规和相关职能部门的政策文件三个方面，梳理我国私营企业劳动关系的制度基础和政策支持。

（一）中央政策

党的十八大明确提出构建和谐的劳动关系，强调“在新的历史条件下，努力构建中国特色和谐劳动关系，是加强和创新社会管理、保障和改善民生的重要内容，是建设社会主义和谐社会的重要基础，是经济持续健康发展的重要保证，是增强党的执政基础、巩固党的执政地位的必然要求”，督促“各级党委和政府要从夺取中国特色社会主义新胜利的全局和战略高度，深刻认识构建和谐劳动关系的重大意义，切实增强责任感和使命感，把构建和谐劳动关系作为一项紧迫任务，摆在更加突出的位置，采取有力措施抓实抓好”。

近年来，党中央和国务院尤其重视构建和谐的社会主义劳动关系。2015年3月21日，中共中央、国务院联合发布《关于构建和谐劳动关系的意见》，强调要“把解决广大职工最关心、最直接、最现实的利益问题，切实维护其根本权益，作为构建和谐劳动关系的根本出发点和落脚点”，并在“依法保障职工基本权益、健全劳动关系协调机制、加强企业民主管理制度建设、健全劳动关系矛盾调处机制”等方面做出了具体要求。针对企业欠薪等突出问题，2016年1月17日，国务院办公厅下发《关于全面治理拖欠农民工工资问题的意见》，要求各省、自治区和直辖市督促执行。

（二）法律法规

在大力发展经济、持续促进私营企业发展的同时，各级党委和政府也高度重视私营企业从业人员，尤其是员工的权益保护问题。近些年来，新的《劳动合同法》，以及《劳动争议调解仲裁法》、《劳动合同法实施条例》、《企业职工带薪年休假条例》、《劳动人事争议仲裁委员会办案规则》等相关

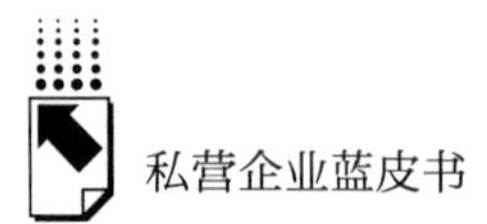

法律法规和政策文件陆续颁布实施，使得劳动者各方面的合法权益保护，有了法律和政策依据，极大地促进了私营企业员工的工作积极性，同时也导致劳动者维权意识空前高涨。2008 年世界金融危机爆发，私营企业经营环境恶化，企业倒闭和关停现象时有发生，使得 2009 年全国受理劳动争议案件高达 68.44 万件，涉及劳动者 101.69 万人。与 2005 年相比，2009 年全国劳动争议结案数年均增长 117%，牵涉案件人数年均增长 37%。私营企业的情况更加糟糕，两项增长率分别为 138% 和 52%。[①]

（三）职能部门规章政策

人力资源和社会保障部等政府职能部门，近几年先后编制或修订了《劳动合同规范》、《劳动人事争议仲裁组织规则》、《企业劳动争议协商调解规定》、《企业裁减人员规定》、《劳动能力鉴定》、《职工非因工伤残或因病丧失劳动能力程度鉴定》、《企业职工患病或非因工负伤医疗期规定》，以及《关于进一步做好农民工工资争议调解仲裁工作的通知》等部门法规和政策文件，还联合其他部委及相关委办局印发了《关于加强劳动人事争议处理效能建设的意见》（与中央编制办和财政部联合）、《关于加强专业性劳动争议调解工作的意见》（与中央综合办联合），并制定了《关于进一步加强劳动人事争议调解仲裁完善多元处理机制的意见》等操作办法，为各类企业和用人单位，尤其是私营企业建设和谐劳动关系，提供了具体实施指南。

此外，各省区市，尤其是那些私营经济占比较重、私营企业规模较大、私营企业和个体经济从业人员较多的东南部沿海省份，也颁布了大量根据国家法律法规、中央指导政策、相关职能部委规章，并结合各自具体情况制定的操作实施细则。篇幅所限，这里不一一检视和罗列。表 1 是我们整理的近十几年来我国与私营劳动关系相关的中央政策、法律法规和各职能部委下发的重要政策文件。

① 数据源自《中国劳动统计年鉴 2010》。

表 1　劳动关系相关主要法律法规和政策文件一览表

	名称	时间	牵头单位
中央政策	关于全面深化改革若干重大问题的决定	2013 年 11 月 12 日	中共中央
	关于构建和谐劳动关系的意见	2015 年 3 月 21 日	中共中央、国务院
	关于全面治理拖欠农民工工资问题的意见	2016 年 1 月 17 日	国务院办公厅
	关于推进安全生产领域改革发展的意见	2016 年 12 月 9 日	中共中央、国务院
法律法规	劳动法	1995 年 1 月 1 日	全国人大常委会
	工会法	2001 年 10 月 27 日	全国人大常委会
	就业促进法	2008 年 1 月 1 日	全国人大常委会
	劳动争议调解仲裁法	2008 年 5 月 1 日	全国人大常委会
	社会保险法	2011 年 7 月 1 日	全国人大常委会
	劳动合同法	2007 年 6 月 29 日通过 2013 年 7 月 1 日修订	全国人大常委会
部门规章	关于建立健全劳动关系三方协调机制的指导意见	2002 年 8 月 30 日	劳动和社会保障部、全国总工会、中国企业联合会/中国企业家协会
	关于深入推进矛盾纠纷大调解工作的指导意见	2011 年 5 月 4 日	中央综治委等十六家部委
	企业劳动争议协商调解规定	2012 年 1 月 1 日	人力资源和社会保障部
	关于加强非公有制企业劳动争议预防调解工作的意见	2013 年 1 月 1 日	人力资源和社会保障部 全国工商联
	关于加强专业性劳动争议调解工作的意见	2015 年 6 月 3 日	人力资源和社会保障部、中央综治办
	关于进一步做好农民工工资争议调解仲裁工作的通知	2016 年 11 月 30 日	人力资源和社会保障部
	劳动人事争议仲裁组织规则	2017 年 7 月 1 日	人力资源和社会保障部
	劳动人事争议仲裁委员会办案规则	2017 年 7 月 1 日	人力资源和社会保障部

在当前新形势下，上述党和国家的重要文件、法律法规及相关部门的各项政策文件，为我国私营企业构建和谐劳动关系，提供了全面系统的指导思想、法律依据和制度支撑。

三　中国私营企业从业人员状况

如前所述，随着我国私营经济的持续健康发展，私营企业的数量逐年成倍增长，相应地，投资私营企业的人数、私营经济和个体经济吸纳的就业人数，都呈现稳健增长的态势。

（一）投资者

据统计，过去20多年里，我国私营企业登记数量呈现爆发式增长。仔细观察这种增长趋势，我们发现以下几个特征。

1. 私营企业数量

我国私营企业登记注册户数，从1990年的不到10万户，猛增到2014年的1546万多户。就增长情况而言，总体增速为年均25%。分时段看，20世纪90年代初期和中期的增长趋势最引人注目。其中1994年的户数增长率高达82%，整个90年代的平均增长率都维持在37%左右的高水平上。进入2000年以后，增速有所放缓。2008年之前的年均增速为19%。2008年金融危机之后，增速进一步放缓，年均降至14%（见图1）。

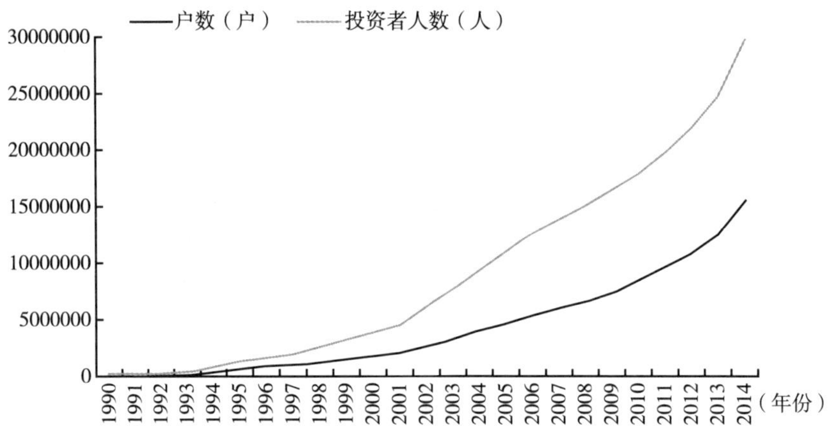

图1 历年私营企业登记注册户数和投资者人数

数据来源：《工商行政管理统计汇编2014》。

2. 投资者人数

投资私营企业的人数，也呈现类似的增长趋势，从1990年的22万余人，增长至2014年的近3000万人。类似地，投资者人数也呈现先高速并喷，然后逐渐放缓的趋势。投资者人数总体年均增长率为24%。分时段看，20世纪90年代投资者人数年均增长36%，进入新世纪后放缓至年均20%左右。2008年金融危机后降至年均10%。2014年受上文提到的利好政策影响，增速又升至19%，也体现出一定的“翘尾”趋势（见图1）。

3. 注册资本（金）

再看注册资本（金）情况。1990年，我国私营企业的注册资本金仅为950余万元，此后以年均48%的速度快速增长，到了2014年底，增长6000多倍，至592余亿元。分时段看，20世纪90年代年均增速为75%，2000~2007年年均增速为32%，2008年之后为30%。2014年最新数据为51%，相比企业户数和投资者人数的增长，“翘尾”现象最为显著（见图2、图3）。

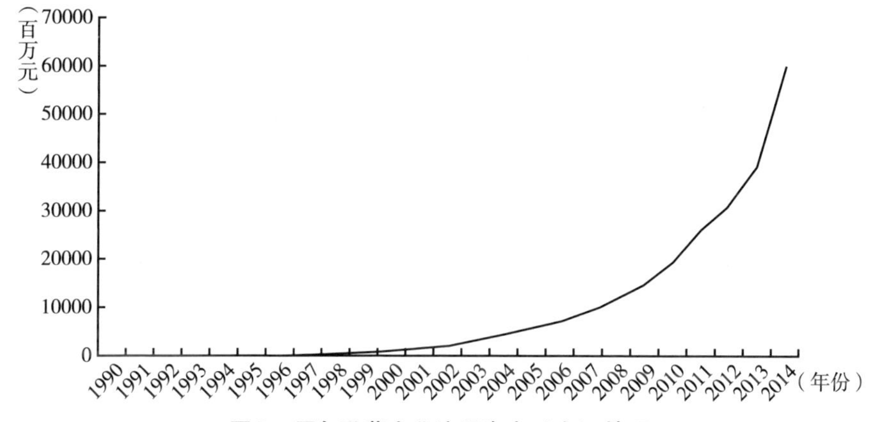

图2　历年私营企业注册资本（金）情况

数据来源：《工商行政管理统计汇编2014》。

虽然总体发展态势良好，但我国私营企业的可持续发展能力却相对令人担忧。据统计，我国民营企业的平均寿命只有2.9年。对浙江省1988年注册的1035家企业生存周期的调查结果显示，浙江民营企业的平均寿命为3.44年，5年以上的企业数量较少，占22.3%。相比较而言，国外民营企业平均生命周期要长很多，为12.5年，其中有不少是百年老店。[①]

---

① 转引自中国民生银行研究院《中国民营企业发展研究报告》，《中国商界》2017年第5期。

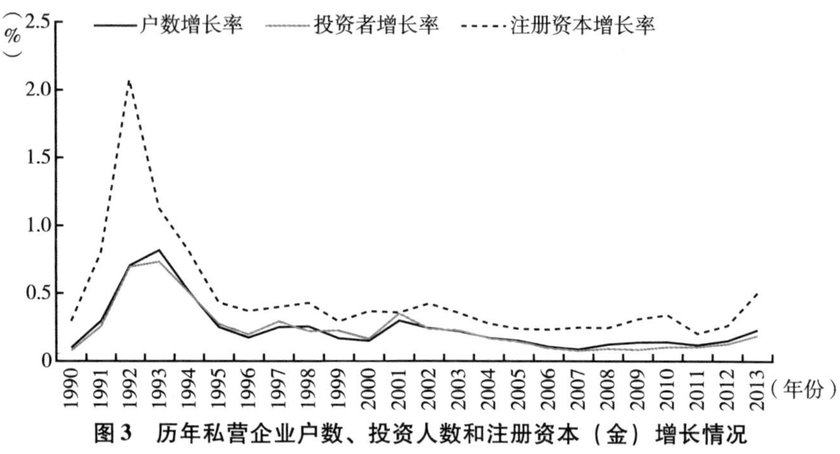

图3　历年私营企业户数、投资人数和注册资本（金）增长情况

数据来源：《工商行政管理统计汇编 2014》。

（二）就业人员

私营企业和个体经济健康、持续发展的直接好处，就是就业人员规模的快速增长。根据国家工商行政管理总局的统计数据，2005 年我国城镇私营与个体就业人员为6236 万余人，此后持续快速增长，到2010 年突破了1 亿人，至2014 年，已达1.68 亿余人，年均增长11.7%（见图4）。

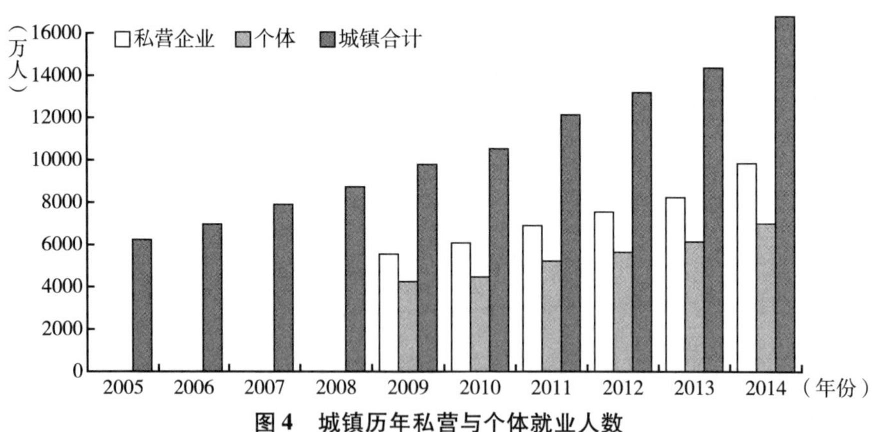

图4　城镇历年私营与个体就业人数

数据来源：《工商行政管理统计汇编 2014》。

说明：私营和个体就业数据主要集中在第一部分“综合数据”的“全国劳动统计主要指标”里。2014 年之后，该栏目变更为“就业基本情况”。前后两个栏目的统计口径也有所区别：2008 年以前，只统计总数，不区分私营企业和个体，且没有农村的数据。

自2009年起，国家工商行政管理总局开始统计乡村的私营和个体就业情况，我们收集了历年数据，呈现如下：

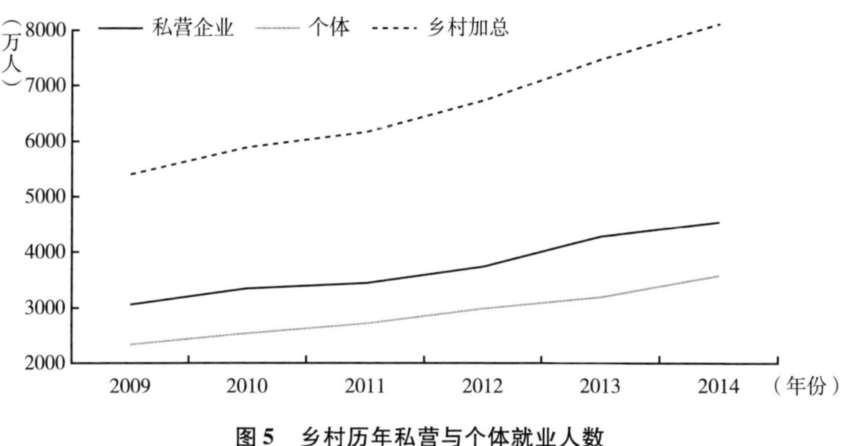

图5　乡村历年私营与个体就业人数

数据来源：《工商行政管理统计汇编2014》。

说明：私营和个体就业数据主要集中在第一部分“综合数据”的“全国劳动统计主要指标”里。2014年之后，该栏目变更为“就业基本情况”。前后两个栏目的统计口径也有所区别：2008年以前，只统计总数，不区分私营企业和个体，且没有农村的数据。

2009年，乡村私营企业与个体就业人数分别为3063万和2341万，到了2014年，这两个数字分别增加到4533万和3575万，年均分别增长8%和9%。两者相加，乡村私营和个体就业人数从2009年的5404万，增加到2014年的8108万，五年间增长了50%（见图5）。把城镇和乡村两个地区结合起来看，我们可以发现，2014年我国私营企业和个体就业总人数达到了近2.5亿，占当年经济活动人数（77253万）的32.4%。如果再扣除从事农业的人口（22790万），则占比提升至45.8%。

有报告指出，党的十八大以来，随着党中央、国务院陆续出台各项优惠政策，民营企业就业人员大幅度增加，提供了80%的城镇就业岗位，吸纳了70%以上的农村转移劳动力，新增就业90%在民营企业，来自民营企业的税收占比超过50%。①

① 转引自中国民生银行研究院《中国民营企业发展研究报告》，《中国商界》2017年第5期。

另据 Wind 数据，截至 2016 年底，全国民营企业从业人数实有 3.1 亿。截至 2015 年底，个体工商户从业人数由 2013 年的 9335 万增长到 11682.2 万，增长 25.14%；私营企业从业人数由 2013 年的 12521 万增长至 16394.86 万，增长 30.94%。近年来，50% 以上的大学毕业生进入民营企业工作。其中，小微企业成为带动就业的主力军，从业人数在 20 人以下的企业数量占比达到 88.26%，其中 10 人以下的企业占比高达 69.64%。

综上，在过去 20 多年里，在改革开放的大环境下，尤其是近些年来一系列配套法律、制度和政策的出台，给我国私营企业的发展提供了积极有利的制度支撑，使得我国私营企业无论是户数、投资者人数、注册资本（金），还是就业人数，都呈现大幅快速增长的态势，私营企业已经在事实上成为我国社会主义市场经济的重要组成部分。

四　中国私营企业招工和劳动合同状况

如前所述，近年来，在我国经济发展态势总体向好的大背景下，私营企业的用工需求持续旺盛，但随着金融危机的发生、经营成本的增加，以及相关法律制度的出台，部分地区的企业开始经历“招工难”和“用人荒”现象。下面，我们试图对我国私营企业招工和劳动合同等相关问题，进行描述和讨论。

（一）招工情况：用工荒，还是匹配难?

根据国家工商总局 2015 年“中国个体私营经济与就业关系”调查数据，在回答“您的企业是否存在‘招工难’的问题?”时，超过 2/3 的受访企业回答“不难”，“非常困难”和“有较大困难”的分别只占 1.4% 和 2.8%（见图 6）。

考虑到这是一个全国性的调查，而“招工难”或“用人荒”更有可能出现在某些局部省份或地区，我们从国家统计局官网上，找到另一份数据。广东省企调队于 2005 年 3 月底对广州、深圳、珠海、汕头、佛山、江门、

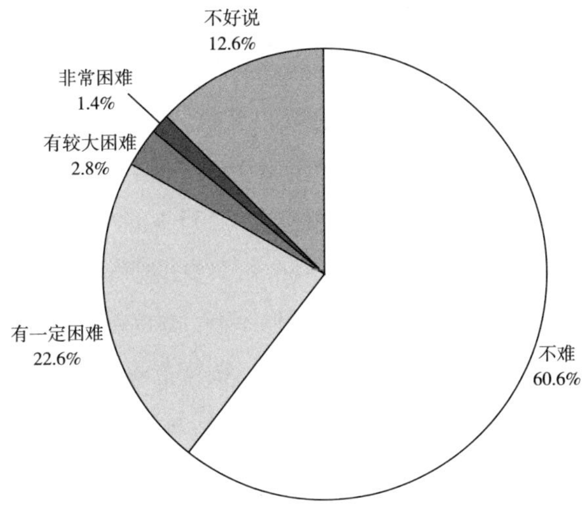

图 6　是否存在“招工难”？

肇庆、惠州、东莞等 9 个珠三角城市春季招工情况进行了抽样调查，调查结果表明：当年“春季珠三角地区招工总体情况有所改善，但是缺工及招工难情况仍然存在”，“各规模企业的缺工约在三分之一”。[①] 与此同时，黑龙江、甘肃等内陆省份，也由于劳动力大幅外出，导致本地部分企业出现“招工难”现象。[②]

问题到底出在哪里？我们推测，这里面可能有一个用工企业和劳动力之间的匹配问题：一方面，越来越多的农村剩余劳动力不再愿意背井离乡、远赴千里之外的东部沿海地区寻找工作机会，而是更倾向于在区域中心城市（比如东北的大连，华中地区的武汉、重庆，西北的西安、兰州等）或者离家更近的三四线城市就业，以便既能挣钱，又可顾家；另一方面，大量工作机会集中在出口导向型的东部沿海发达地区，这就导致部分一线和三四线城市的用工企业出现上述“用工荒”现象。下面我们分别从招工企业和求职

---

① 见国家统计局专题分析：http：//www. stats. gov. cn/ztjc/ztfx/dfxx/200505/t20050509_ 32021. html。

② 见国家统计局专题分析：http：//www. stats. gov. cn/ztjc/ztfx/qyjqyb/201105/t20110516 44440. html，http：//www. stats. gov. cn/ztjc/ztfx/qyjqyb/201105/t20110510_ 44424. html。

劳动力双方的视角，看看这两者之间的关系究竟出了什么差错。

1. 用工需求

除了上述地域错位以外，用工企业和求职劳动力在技能、专业、学历、性别等要素之间是否也存在一定的匹配困难？根据“中国个体私营经济与就业关系”2015 年调查数据，分类型来看，“55% 的个体工商户表示对性别没有特殊要求，40% 的潜在岗位留给 26 ~ 35 岁的年轻人，另外有超过 1/3 的岗位对年龄有特殊要求。学历要求同样不高，60% 的岗位没有特殊学历要求，另外有 25% 的岗位只要求大专以下”。私营企业的当前“新增用工需求主要以男性、年轻的普通劳动者为主……平均每家企业的男性员工需求为 3.5 人，女性为 2.3 人，无特殊要求的为 2 人。26 ~ 35 岁的员工需求为 3.3 人，其次是 18 ~ 25 岁的员工，平均需求人数为 2.2 人。学历要求以大专及以下为主，大专/职高的平均需求人数为 2.6 人，大专以下的为 2.2 人，无特殊要求的平均为 2.3 人，企业新增用工需求仍然以中低技能的普通劳动者为主”。在潜在用工需求方面，超过 50% 的被调查私营企业“对性别没有特殊要求，37.2% 的企业要求男性，明确要求女性的只有 10% ……55% 的潜在岗位留给 26 ~ 35 岁的年轻人，37.6% 的岗位没有特殊学历要求，36.8% 的岗位要求大专或职高，23% 的岗位只要求大专以下”。①

从这些数据来看，无论是当前还是未来，个体工商户和私营企业的用工需求大多集中在技能水平较低的普通劳动者，对年龄、性别、学历和技能的要求，都不算高，更谈不上挑剔。既然如此，媒体宣传的“用工荒”和“招工难”，究竟问题出在哪里？与招聘相匹配的另一方——外出务工人员方面，相应的是个什么情况呢？

2. 求职劳动者

如前所述，个体工商户和私营企业的用工需求里，主要都是中低技能的普通劳动者。因此，对求职劳动者的分析，我们主要集中于外出务工人员，

① 摘自“中国个体私营经济与就业关系研究”课题组《中国个体私营经济与就业关系研究报告》，《中国工商管理研究》，2015。需要说明的是，这些问题的选项都是多选题，故百分比加总会超过 100%。

也就是我们通常说的农民工。下面主要依据国家统计局于2008年底建立的，覆盖全国31个省（区、市）6.8万个农村住户和7100多个行政村的农民工统计监测调查统计数据（2009～2016）①。

结果显示，截至2016年底，我国农民工总量达到28171万人。农民工总量的增速从2010年的5.4%，下降到2016年的1.5%，增速逐年回落的趋势非常明显（见图7）。其中，增量主要来自本地农民工（2016年增速为3.4%），外出农民工增速继续回落，跨省流动农民工继续减少（2016年增速为0.3%），具体情况可参见图8。

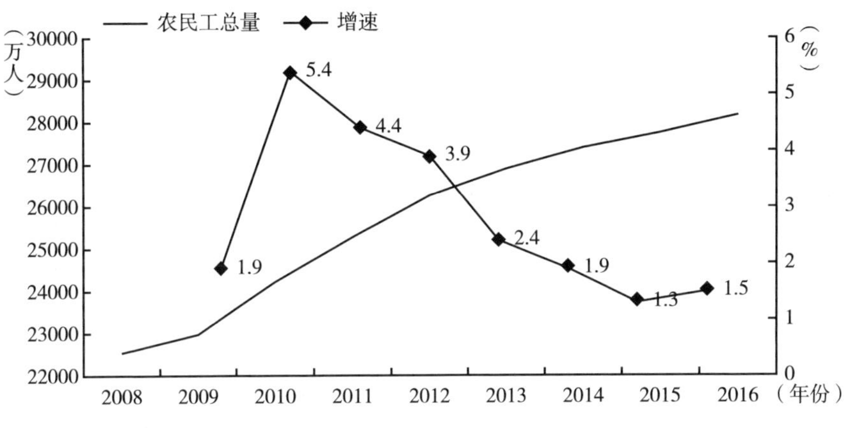

图7　历年农民工总量及增速

数据来源：根据国家统计局历年农民工统计监测调查报告整理而成。

从图8可见，转折点出现在2010年。尽管从总量上看，选择离家外出的农民工一直大幅高于在本地就业的农民工，但外出农民工占全部农民工的比重，从2008年的62.29%，下降到2016年的60.11%，且增速一直在放缓，长期低于本地农民工的增速。

2016年外出农民工中，跨省流动农民工7666万人，比上年减少79万

① 最新2016年农民工监测调查报告：http：//www.stats.gov.cn/tjsj/zxfb/201704/t20170428_1489334.html。

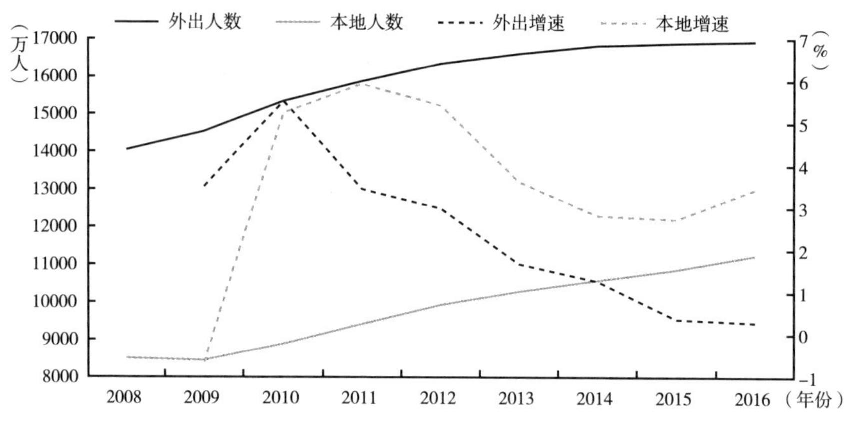

图 8　历年农民工外出和本地总量及增速

数据来源：根据国家统计局历年农民工统计监测调查报告整理而成。

人，下降 1%，占外出农民工的 45.3%，比上年下降 0.6 个百分点。分区域看，东部地区跨省流动的农民工占 17.8%，比上年提高 0.4 个百分点；中部地区跨省流动的农民工占 62%，比上年下降 0.5 个百分点；西部地区跨省流动的农民工占 52.2%，比上年下降 1.3 个百分点；东北地区跨省流动的农民工占 22.9%，比上年下降 2.3 个百分点（见表 2）。①

表 2　2016 年外出农民工地区分布及构成

单位：万人，%

按输出地分	外出农民工总量			构成		
	外出农民工	跨省流动	省内流动	外出农民工	跨省流动	省内流动
合计	16934	7666	9268	100.0	45.3	54.7
东部地区	4691	837	3854	100.0	17.8	82.2
中部地区	6290	3897	2393	100.0	62.0	38.0
西部地区	5350	2794	2556	100.0	52.2	47.8
东北地区	603	138	465	100.0	22.9	77.1

数据来源：国家统计局 2016 年农民工统计监测调查报告。

① 转引自国家统计局 2016 年农民工统计监测调查报告。

与跨省流动人数下降趋势相对应的，是从2009年开始，选择在中部地区务工的农民工比例逐年提高。2015年在中部地区务工的农民工有5977万人，比上年增加184万人，增长3.1%，占农民工总量的21.5%，比上年提高0.4个百分点；在东部地区务工的农民工有16489万人，比上年增加64万人，增长0.4%，占农民工总量的59.4%，比上年下降0.5个百分点；在西部地区务工的农民工有5209万人，比上年增加104万人，增长2%，占农民工总量的18.8%，比上年提高0.1个百分点。①

与此同时，长三角地区和珠三角地区务工的农民工在减少。2009年在长三角地区务工的农民工为2816万人，比上年减少238万人，减少7.8%，在珠三角地区务工的农民工为3282万人，比上年减少954万人，减少22.5%。在长三角和珠三角地区务工的外出农民工分别占全国外出农民工的19.4%和22.6%，分别比上年下降2.4和7.6个百分点。在长三角和珠三角地区务工的农民工减少，特别是在珠三角地区务工的农民工大幅减少，是2009年下半年及之后几年里，东部沿海地区出现“用工荒”的一个重要原因。②

3. 原因分析

由此可见，私营企业招工的主要困难在于劳资双方的不匹配和信息不对称，特别是随着东部沿海地区的生活及用工成本不断上升，以及产业转型升级，劳动力的输出地和输入地，出现了越来越多的匹配错位现象。此外，我们还发现，不论是个体工商户，还是私营企业，新增用工需求主要通过传统的招工途径来解决，依靠现有员工的人际关系网络招聘员工的传统方式依然占主流，通过劳务派遣公司、猎头公司等第三方专业中介组织进行招聘的，少之又少。比如，超过80%的个体工商户计划通过熟人、朋友介绍的方式来招工，另外有15%通过老员工从家乡带新人过来，大约30%考虑通过招工广告的方式招聘员工，只有12%打算通过本地劳务市场招工，而通过校

① 转引自国家统计局2015年农民工统计监测调查报告。

② 转引自国家统计局2009年农民工统计监测调查报告。

园招聘会、就业共建基地招聘的比例不到3%。私营企业方面，超过2/3的企业计划通过熟人、朋友介绍的方式来招工，东部地区这一比例相对较低，但也有62%的企业选择这一途径，接近一半的企业将考虑通过招工广告的方式招聘员工，只有1/4的企业打算通过本地劳务市场招工，而通过校园招聘会、就业共建基地招聘的比例不到10%。[①]

可见，固守传统渠道，过度依靠现有员工的老乡、亲友、地缘等人际关系网络，是造成部分地区和行业招工困难的主要因素之一。原因可能是这些用工企业的招工需求，大多是那些中低技能的劳动者，人力资本价值较低，难以吸引劳务派遣公司或猎头公司等市场中介组织的注意力。但我们认为，这种“市场失灵”的地方，恰恰是各级地方政府大有可为之处。相关职能部门，完全可以从这里切入，依靠政府的积极作为，搭建用工企业和劳务输出地之间的信息匹配平台，最大限度降低信息不对称的困境。

综上，我们同意以下判断：“尽管劳动力市场发生深刻变化，但总体上供求关系出现转变，‘用工荒’或‘招工难’问题已在一些地区和行业凸显。但全国抽样调查显示，个体经济发展目前尚未全面受到‘招工难’问题的严重影响”[②]，即使局部地区和行业受到暂时的影响，但这也并不是一个不能解决的困难，关键在于平衡区域发展，合理布局产业。

（二）理想与现实：《劳动合同法》的执行困境

自2008年实施和2013年修订以来，在保护劳动者合法权益、构建和谐稳定的劳动关系方面，《劳动合同法》的贡献功不可没。与此同时，我们也发现，在理想与现实之间，《劳动合同法》遭遇到了长期的执行困境，尤其是在实施之初，《劳动合同法》“被规避、被冷落”的现象十分突出。[③]

---

① “中国个体私营经济与就业关系研究”课题组《中国个体私营经济与就业关系研究报告》，《中国工商管理研究》2015年第11期。

② “中国个体私营经济与就业关系研究”课题组《中国个体私营经济与就业关系研究报告》，《中国工商管理研究》2015年第11期。

③ 冯同庆：《被规避、被冷落的劳动合同法及其出路——劳动关系调整中国家行政主导取向之检讨》，《北京市工会干部学院学报》2009年第1期。

根据国家统计局的农民工监测调查数据，2009 年以受雇形式从业的外出农民工中，与雇主或单位签订劳动合同的占 42.8%。从农民工从事的几个主要行业看，从事建筑业的农民工没有签订劳动合同的比例最高，占 74%；制造业没有签订劳动合同的比例为 49.3%；服务业没有签订劳动合同的比例为 63.9%；住宿餐饮业和批发零售业没有签订劳动合同的比例分别为 65.2% 和 66%。2011 年，外出受雇农民工与雇主或单位签订劳动合同的占 43.8%，比上年提高 1.8 个百分点。总体来看，外出农民工与雇主或单位签订劳动合同的比例与上年相比略有提高，但是建筑业农民工没有签订劳动合同的比例仍居高不下。①

近些年来，这种状况不但没有得到缓解，反而持续恶化。由图 9 可见，没有签订劳动合同的农民工比例从 2012 年的 56.1%，增加到 2016 年的 64.9%。与此同时，签订一年及以上合同的比例，却从 2012 年的 22.2%，下降到 2016 年的 19.8%。如果算上无固定期限劳动合同中的“可随时解聘”情况，这个情况可能会更加糟糕。

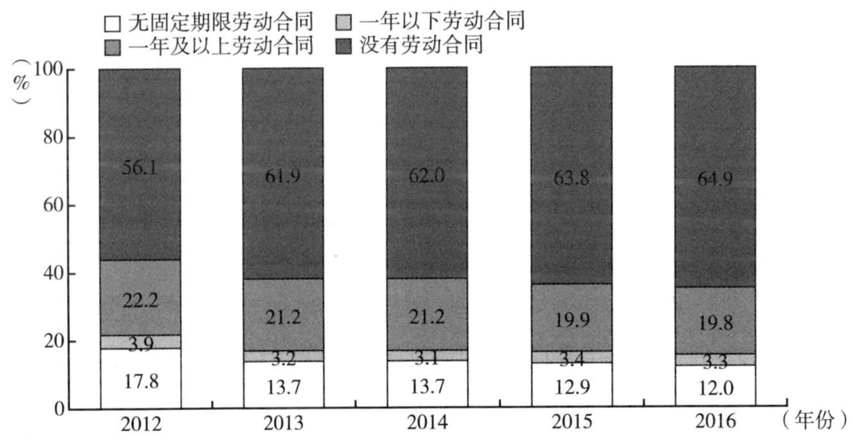

图 9　历年农民工签订劳动合同的情况

数据来源：根据国家统计局历年农民工统计监测调查报告整理而成。

① 引自国家统计局 2009 年和 2011 年农民工统计监测调查报告。

有媒体报道，很多企业采取劳务派遣和招聘临时工的方式来规避《劳动合同法》的约束。根据中国个体私营经济与就业关系研究的全国抽样调查数据，我们却发现，规模用人企业“劳务派遣工、临时工等并不是私营企业主要的用工方式，只有不到3%的企业正在使用劳务派遣工。劳务派遣工人数占比只有1.0%，临时工或小时工的比例也只有1.4%”①。

综上，近年来，我国私营企业和个体经济的招工状况总体良好，但是局部地区出现匹配和用人困难，劳动合同签署状况距离理想目标还有很大的距离。

五　中国私营企业工作条件和劳动安全状况

我国《劳动法》的内容章节安排明确告诉我们，劳动者在工作时间、休息休假、工资报酬、劳动安全卫生和特殊保护方面，享有作为一个普通公民的基本权利。下面就我国私营企业劳动者的工作条件和劳动安全状况等基本权利，做一个简单的分析和讨论。

（一）劳动强度和休息休假

据国家统计局出版的《人口和就业统计年鉴》、《劳动统计年鉴》等统计的非农就业人口、城镇就业人口等群体的工作时间等宏观和微观数据，2003～2012年我国非农就业人员的周工时均超出法定“44小时”的界限，加班现象十分严重。从平均水平上来看，非农就业人员平均周工作时间为46小时，大部分在法定工作年龄内的劳动者都接受或者被迫接受加班（见表3）。②

① 摘自“中国个体私营经济与就业关系研究”课题组《中国个体私营经济与就业关系研究报告》，《中国工商管理研究》，2015。

② 赖德胜、孟大虎、王琦：《我国劳动者工作时间特征与政策选择》，《中国劳动》2015年第1期。

表 3　不同身份流动人口每周工作时间*

工作时间	本地市民	城－乡流动人口	乡－城流动人口	全部流动人口	全部人群
平均值(小时)	45.55	48.30	55.36	53.75	48.76
标准工时(小时)(%)	59.22	48.62	19.13	25.86	46.22

*根据 2005 年全国 1% 人口抽样调查数据计算而得，转引自杨菊华《城乡差分与内外之别——流动人口劳动强度比较研究》，《人口与经济》2011 年第 3 期。

分不同身份来看，从农村进入城市的劳动者，每周工作时间更多。具体到私营企业务工人员的工作时间，我们参考了国家统计局历年农民工统计监测调查数据，有如下发现（见表 4）：

表 4　历年农民工工作时间情况*

	2009	2010	2011	2012	2013	2014	2015	2016
全年外出从业时间(月)		9.8	9.8	9.9	9.9	10.0	10.1	10
平均每月工作时间(天)	26	26.2	25.4	25.3	25.2	25.3	25.2	25.2
平均每天工作时间(小时)		9	8.8	8.7	8.8	8.8	8.7	8.7
日工作超过 8 小时的比重(%)		49.3	42.4	39.6	41	40.8	39.1	37.3
周工作超过 44 小时的比重(%)	89.9	90.7	84.5	84.4	84.7	85.4	85	84.4

*根据国家统计局历年农民工统计监测调查报告整理而成。

可见，2009 年到 2016 年间，尽管从平均每月工作时间、平均每天工作时间、日工作超过 8 小时的比重，以及周工作超过法定 44 小时的比重这几个衡量工作时间的主要指标历年发展情况来看，基本都出现了略微下降的趋势，但日、周超时工作的现象依然非常严重。

在加班和超时劳动成为常态的情况下，私营企业劳动者的正常休息和休假权，自然也会受到消极的影响。虽然国家早在 2008 年就颁布实施了《职工带薪年休假实施办法》和《职工带薪年休假条例》，但从现实情况来看，目前我国带薪年休假制度并未得到有效全面的落实，劳动者的年休假权利很难得到较好的保障。

根据人民论坛《千人问卷》调查组 2008 年的一项调查数据，被访者中有 47.18% 的表示“没有休假，也不打算休了”，只有 22.08% 的人表示“休了年假，而且薪酬照发”，剩余的分别是“没有休假，准备年底一起休”

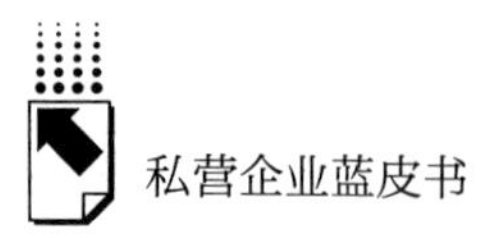

(5.58%),“没有休假，准备来年一起休”(7.77%),“休了年假，但只有工资没有奖金”(8.48%),以及“休了年假，但休假期间的薪酬就没有了”(8.91%)。[①] 另据一项基于全国性调查数据的研究显示，“具体到不同性质的单位而言，外资企业、国有企业、政府机关、集体企业、私营企业的状况依次变差，其中私营企业中没有带薪年休假的占到了54.6%”。[②]

(二)工资收入和薪酬福利

1. 收入水平相对较低

大量文献和研究表明，长期以来，无论是与社会平均水平相比，还是与城镇职工相比，我国农民工工资收入及薪酬福利都相对较低。表5显示出，农民工月平均收入基本仅有全社会平均收入的45%~62%(见表5)。

表5　全国及分地区农民工平均工资与社会平均工资比较

单位：元，%

	年份	农民工平均工资	社会平均工资	比例		年份	农民工平均工资	社会平均工资	比例
全国	2008	1340	2408.16	55.64	中部	2008	1275	2205.09	57.82
	2009	1417	2687	52.74		2009	1350	2529.15	53.38
	2010	1690	3044.91	55.50		2010	1632	2927.92	55.74
	2011	2049	3483.25	58.82		2011	2006	3315.80	60.50
	2012	2290	3897.41	58.76		2012	2257	3596.37	62.76
	2013	2609	4290.25	60.81	西部	2008	1273	2532.81	50.26
东部	2008	1352	2811.87	48.08		2009	1378	2850.51	48.34
	2009	1422	3099.56	45.88		2010	1643	3215.45	51.10
	2010	1696	3529.77	48.05		2011	1990	3607.75	55.16
	2011	2053	4002.67	51.29		2012	2226	4020	55.37
	2012	2286	4412.67	51.81					

数据来源：根据2012、2013年全国农民工监测调查报告，及《中国统计年鉴2013》整理而成。转引自余飞跃、吴亚伟《是否足补与同补：农民工工伤补偿收入替代率及其地区差异研究》，《华东师范大学学报(哲学社会科学版)》2015年第6期。

① 人民论坛《千人问卷》调查组：《47.18%受调查者表示不休带薪年假》，《人民论坛·政论双周刊》2009年总第242期。

② 宋瑞：《带薪假期的国家经验与中国现实——基于全国调查的研究》，《中国社会科学院研究生院学报》2015年第4期。

在改变比较维度之后，这种状况依然存在。比如按照不同单位类型和所有制进行比较，不管是党政机关/事业单位、国有/集体企业，还是私营企业，与当地工人相比，农民工的收入水平仍然较低。从两者收入的相对比例来看，更加市场化的私营企业虽然绝对收入不是最高，但内部比较起来反而相对公平，农民工的收入可以占到当地工人的92%。详见表6。

表6　2005年城镇农民工与当地工人的平均月收入（按单位类型划分）

	农民工(R)	当地工人(U)	比率(R/U)
党政机关/事业单位	846	1329	0.64
	(500)	(852)	
国有/集体企业	1022	1172	0.87
	(576)	(910)	
私营企业	965	1052	0.92
	(754)	(1295)	
总样本	968	1169	0.83
	(737)	(1066)	
T检验	$Pr(T_R < T_U) = 0.0000$		
N	15996	28661	

注：单位为元，括号内为标准差。

数据来源：根据2005年1%人口抽样调查数据计算而得，转引自吴晓刚、张卓妍《户口、职业隔离与中国城镇的收入不平等》，《中国社会科学》2014年第6期。

就不同行业来看，建筑业，服务业，交通运输、仓储和邮政业，相比于住宿和餐饮业、批发零售业及制造业，收入相对更高一些（见图10）。

从历年收入增长情况来看，农民工总体收入在2010年前后经历了一个从较快速增长到逐渐放缓的过程。近一两年，其收入水平的年均增速，都在10%以下，与整体经济增速降低呈同步状态（见图11）。

2. 工资拖欠与讨薪

由图12可见，农民工被雇主或用人单位拖欠工资的比例自2008年以来总体处于下降趋势，且绝对比例较低，2010年以后一直保持在1%左右。

另一份数据显示，按行业来看，建筑业、批发和零售业、餐饮业是拖欠农民工工资的“重灾区”。分所有制和单位类型看，个体私营企业及外资、

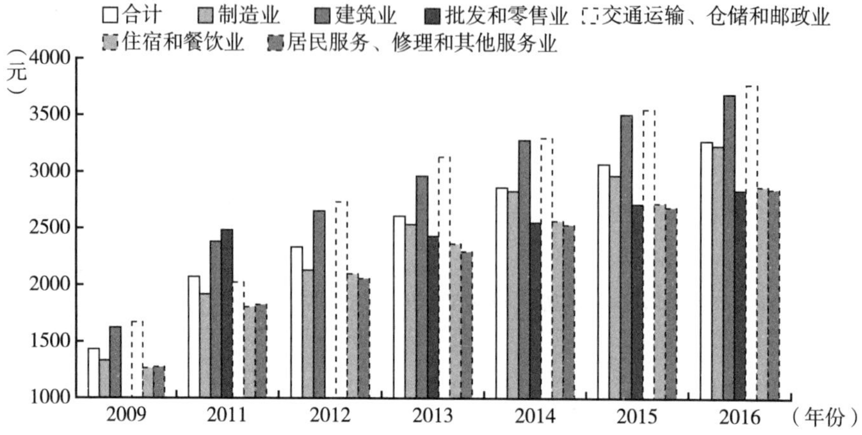

图 10　历年农民工分行业月均收入情况

数据来源：根据国家统计局历年农民工统计监测调查报告整理而成，2010 年数据缺失。

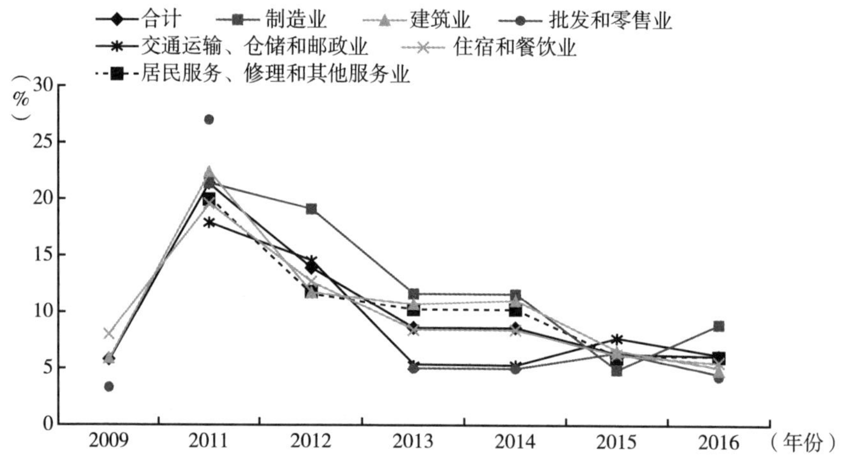

图 11　历年农民工分行业月均收入增长率情况

数据来源：根据国家统计局历年农民工统计监测调查报告整理而成，2010 年数据缺失。

合资企业，相对更容易拖欠农民工的工资（见表 7）。

前文指出，2016 年年初，国务院办公厅下发《关于全面治理拖欠农民工工资问题的意见》，从规范企业工资支付行为、健全工资支付监控和保障制度、推进企业工资支付诚信体系建设、依法处置拖欠工资案件、改进建设

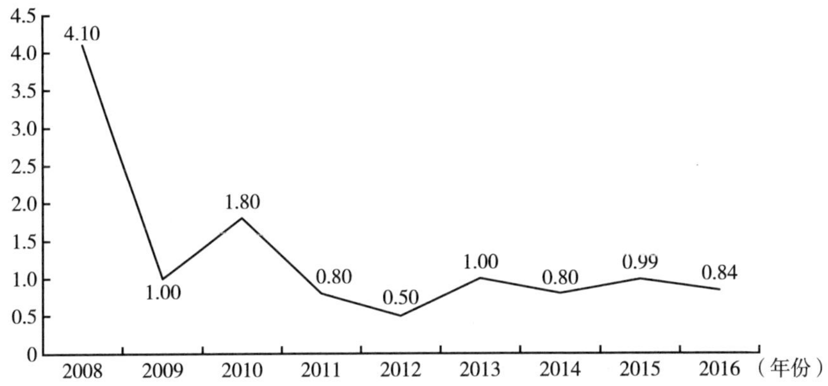

图 12　历年农民工工资被拖欠比例情况

数据来源：根据国家统计局历年农民工统计监测调查报告整理而成。

领域工程款支付管理和用工方式等五个方面，提出了 16 条具体治理措施。之后，各省区市分头根据各自具体情况，制定了细则操作办法，为积极有效地解决农民工工资拖欠问题，提供了坚实的政策支持和制度保障。

表 7　2001 年与 2005 年农民工工资拖欠情况比较

	2001 年五城市(1)	2005 年五城市(2)	(2)－(1)	2005 年其余七城市
合计				
农民工中被拖欠工资的人员比例	12.01	2.38	-9.63	3.26
性别分布				
男性	74.72	67.65	-7.07	69.35
女性	25.28	32.35	7.07	30.65
受教育水平分布				
初中及以下	69.66	67.65	-2.01	74.19
高中	25.28	20.59	-4.69	17.74
大专及以上	5.06	11.76	6.70	8.06
行业分布				
制造业	6.82	8.82	2.00	20.97
建筑业	32.39	26.47	-5.92	25.81
批发和零售贸易、餐饮业	22.73	26.47	3.74	14.52
其他行业	38.06	38.24	0.18	38.70

续表

	2001年五城市(1)	2005年五城市(2)	(2)-(1)	2005年其余七城市
所有制分布				
党政机关事业单位	3.53	0.00	-3.53	0.00
国有企业	4.71	8.82	4.11	14.75
集体企业	10.59	5.88	-4.71	3.28
个体私营企业	69.41	79.41	10.00	72.13
外资和合资企业	11.76	5.88	-5.88	9.84
是否与雇主签订劳动合同				
是	26.86	29.41	2.55	31.58
否	73.14	70.59	-2.55	68.42

数据来源：根据中国社会科学院人口与劳动经济研究所2001年和2005年的五个城市（上海、武汉、沈阳、福州和西安）劳动力市场调查数据计算得到，转引自王美艳《农民工工资拖欠状况研究——利用劳动力调查数据进行的实证分析》，《中国农村观察》2006年第6期。

（三）工作环境和职业健康

中国社会科学院经济研究所“农村迁移工人健康政策研究”课题组2006年的一项调查显示，相当大比例的农民工在有粉尘、噪声和潮湿的环境下长时间工作，少量甚至需要在有毒、高空等危险环境从事相关劳动作业(见表8)。

表8　农民工的工作环境

单位：人，%

	有毒		粉尘		噪音		潮湿		高空	
	人数	比例	人数	比例	人数	比例	人数	比例	人数	比例
样本总体										
是	186	7.77	275	11.5	417	17.43	137	5.73	78	3.26
一般	263	10.98	501	20.94	741	30.97	364	15.21	76	3.18
否	1946	81.25	1616	67.56	1235	51.61	1892	79.06	2238	93.56
合计	2395	100	2392	100	2393	100	2393	100	2392	100

数据来源：转引自朱玲《农村迁移工人的劳动时间与职业健康》，《中国社会科学》2009年第1期。

相对有害的工作环境、长时间的作业，及较高的劳动强度，导致农民工因职业所致的身体健康问题频频出现。有跟踪性数据表明，农民工主观健康自评水平呈现出下降的趋势。① 另有实证研究结果表明：一是农民工内部健康差异形成的影响因素与城市居民和农村居民等非流动人口相比具有明显的群体性特征。其中，对农民工健康状况有显著影响的变量集中在收入、城市工作的职业与时间、工作和居住条件以及面临的家庭负担和压力上；而对城市与农村非流动居民的健康有显著影响的因素为性别、年龄、婚姻状况、受教育程度等变量。二是农民工群体与城乡非流动劳动力群体相比，健康水平和健康获得上明显处于劣势。②

从表 9 可见，相当大比例的农民工身体处于“亚健康”水平。这是经济高速增长和劳动者权益长期缺乏基本保护的一个消极后果，体现了改革或者发展的成本和代价（见表 9）。

表 9　农民工的工作环境

单位：人，%

健康问题	男性		女性		全部	
	人数	比例	人数	比例	人数	比例
1. 有举手弯腰困难	53	6.26	63	5.54	116	5.84
2. 有行走一公里困难	26	3.07	35	3.08	61	3.07
3. 爬楼梯困难	30	3.54	65	5.71	95	4.79
4. 经常头晕头痛	91	10.74	176	15.47	267	13.45
5. 感到体弱疲劳	215	25.38	262	23.02	477	24.03
6. 感到心情烦躁	432	51	537	47.19	969	48.82
合计	847	100	1138	100	1985	100

数据来源：转引自朱玲《农村迁移工人的劳动时间与职业健康》，《中国社会科学》2009 年第 1 期。

① 刘莹：《中国农民工健康状况动态趋势分析——基于 1997—2006CHNS 调查数据》，《新疆大学学报（哲学人文社科版）》2011 年第 6 期。

② 姚俊、赵俊：《农村人口流动的健康不平等结果》，《江苏社会科学》2015 年第 4 期。

（四）劳动安全和职业保护

安全生产的重要性自不待言，尽管如此，我国安全生产的总体现状还是不尽如人意，在以农民工为主要劳动力的中小企业、小微企业为主的个体和私营经济领域，工伤事故时有发生。原因除了宏观上“重待遇补偿、轻工伤预防”的制度缺陷之外，还有微观层面的用工单位安全意识淡薄、安全管理环节薄弱，以及劳动者自身个体安全防范意识不足等。①

建筑业是农民工安全生产事故高发的行业。根据北京行在人间文化发展中心于2007～2012年间对北京50多个工地的随机调查，94.5%的劳务分包公司为私人挂靠，近90%的建筑工人既无劳动合同又无工伤保险，76.7%的工人未受过工地的任何安全教育，超过一半的工人是因为缺乏防护措施而遭受工伤事故的，其中多是高空坠落。②

另据一项针对珠三角地区农民工工伤事故的调查数据，有20.8%的受访者表示自己曾经经历过工伤事故，近40%没有工伤保险，有1/3以上的农民工没有接受过岗前安全教育培训，近29%的受访者在工作时没有佩戴劳动防护用品，经常进行安全生产检查的受访企业只有不到一半的比例，超过1/3的受访者采取“应付检查、随大流或无所谓”的态度对待安全操作规程。在对工伤事故影响因素的自我认知上，35.8%的人认为是机器老化或故障，60.5%的人认为是缺少安全防护意识，13.4%的人认为劳动保护缺损或不达标，38.8%的人认为工作过于疲劳，38.4%的人认为缺少安全防护技能，27.2%的人认为工作环境恶劣，10.4%的人认为是因为未按安全规范操作，详见表10。

① 转引自吕慧琴《农民工工伤事故及其影响因素——基于珠三角地区的调查》，《暨南学报（哲学社会科学版）》2014年第11期。

② 李大君：《无约束的资本，伤不起的工人——建筑业农民工职业安全与职业保护调研报告》，《建筑》2013年第3期。

表 10　农民工职业安全状况

单位：人，%

	人数	所占比例		人数	所占比例
安全教育（培训）			安全操作规程		
有	712	62.5	依照使用	739	64.9
没有	386	33.9	应付检查	186	16.3
不清楚	41	3.6	随大流	135	11.9
劳动防护用品			无所谓	79	6.9
有	764	67.1	安全教育（培训）		
没有	329	28.9	非常愿意	318	28.1
不清楚	45	4	比较愿意	530	46.8
单位安全检查			不太愿意	157	13.8
有，经常	540	47.6	不愿意	91	8
有，较少	446	39.3	不清楚	37	3.3
从来没有	149	13.1	平均每天工作时间		
平均每周休息时间			8 小时以下	339	29.7
2 天	256	23.1	8～12 小时	721	63.3
少于等于 1 天	561	50.6	12～16 小时	73	6.6
几乎没有休息日	292	26.3	16 小时以上	4	0.4

数据来源：转引自吕慧琴《农民工工伤事故及其影响因素——基于珠三角地区的调查》，《暨南学报（哲学社会科学版）》2014 年第 11 期。

针对流动人口健康问题的大量研究也表明，流动人口从事的工作劳动强度大、工作条件恶劣，极少能享受劳动保护，职业危害问题比较突出的企业没有在工作场所采取有效措施保护劳动者的安全。比如，乡镇企业职工的职业病发病率是 15.8%；大约有 83% 的乡镇企业在工作场所存在职业危害；60% 没有配备必要的防护用品；为员工提供医疗保险和工伤保险的企业非常有限；全国死于工伤事故的人员大部分是农民工，特别集中在矿山开采、建筑施工、危险化学品生产三个行业，死亡人数占总数的 80%。上述问题在雇用流动人口较多的外资、乡镇和民营私营企业中显得尤为突出。①

① 参见郑真真、连鹏灵《劳动力流动与流动人口健康问题》，《中国劳动经济学》2006 年第 1 期；牛建林《城市外来务工人员的工作和居住环境及其健康效应——以深圳为例》，《人口研究》2011 年第 3 期；牛建林《人口流动对中国城乡居民健康差异的影响》，《中国社会科学》2013 年第 2 期。

（五）技能培训和职业晋升

如前面在用工需求和招工意向时的讨论所述，个体和私营企业的用工需求，主要集中在中低技能的普通劳动者，所以进入门槛和要求相对较低，岗位设置本身的成长空间也比较小，这就导致农民工在技能养成及职业晋升上，缺乏明确的路径。

根据国家统计局农民工统计监测调查，我们发现无论是分地区（本地低于外地），还是按年龄看，农民工接受过技能培训的总体比例都比较低，且随着年龄的增大，受训比例越低（见表 11、表 12）。

表 11　接受过技能培训的农民工（分地区）所占比重

单位：%

	接受农业技能培训		接受非农职业技能培训		接受技能培训	
	2015 年	2016 年	2015 年	2016 年	2015 年	2016 年
合计	8.7	8.7	30.8	30.8	33.1	33
本地农民工	10.2	10.0	27.7	27.8	30.8	30.4
外出农民工	7.2	7.4	33.8	33.8	35.4	35.6

数据来源：国家统计局 2016 年农民工统计监测调查报告。

表 12　接受过技能培训的农民工（分年龄）所占比重

单位：%

指标	接受农业技能培训		接受非农职业技能培训		接受技能培训	
	2012 年	2013 年	2012 年	2013 年	2012 年	2013 年
合计	10.7	9.3	25.6	29.9	30.8	32.7
20 岁及以下	4.0	5.0	22.3	29.9	24.0	31.0
21 ~ 30 岁	6.2	5.5	31.6	34.6	34.0	35.9
31 ~ 40 岁	11.0	9.1	26.7	31.8	32.0	34.1
41 ~ 50 岁	14.9	12.7	23.1	27.8	30.5	32.1
50 岁以上	14.5	12.4	16.9	21.2	25.5	25.9

数据来源：国家统计局 2013 年农民工统计监测调查报告。

农民工人力资本（受教育水平等）与其他类型的劳动力相比本来就存在先天弱势，加上又缺乏入职前后的技能培训，两者互为因果，共同导致其在劳动力市场上的竞争中处于相对劣势。

综上，我们分别从劳动强度和休息休假、工资收入和薪酬福利、工作环境和职业健康、劳动安全和职业保护，以及技能培训和职业晋升等五个方面对私营企业员工的工作条件和劳动安全状况进行了分析，结果发现在上述这些领域，私营企业员工面临着各种各样的不利和弱势状况，亟须引起相关管理部门的高度重视。

六　中国私营企业社会保险和制度保障状况

前文提到，我国私营企业员工面临的工作风险和生活保障都不太乐观。这里，我们将对相关社会保险及制度保障情况，做一个较为全面的梳理和分析。

（一）社会保险参保情况

根据国家统计局农民工统计监测调查历年数据，外出农民工参加社会保险的水平总体偏低，历年情况虽有小幅波动，但与城镇职工相比，大体都维持在较低的水平。从图 13 可见，单就农民工本身这个群体而言，国家规定的“五险”参保率，从历年趋势来看，大体上都略有提升。其中，工伤保险的参保率相对最高，能维持在 20% 以上，但不超过 30%。其余四项——养老、医疗、失业和生育，参保率都很低。

2007 年劳动和社会保障部对全国 40 个城市、1.9 万余个企业中的 284 万名农民工的社会保障情况进行了调查，结果显示，参加基本养老保险的农民工的比例为 33.1%，失业保险为 19.6%，医疗保险为 25.6%，生育保险为 19.7%，工伤保险为 38%。[①] 另据全国工商联于 2014 年开展的“个体私营经济与就业关系调查”结果，39.3% 的受访企业为其大部分员工缴纳了养老保险，失业保险为 28.8%，医疗保险为 38.3%，工伤保险为 37.1%，生育保险为 22.5%，住房公积金为 11%。

① 转引自郑功成、黄黎若莲等《中国农民工问题与社会保护》（上、下），人民出版社，2007。

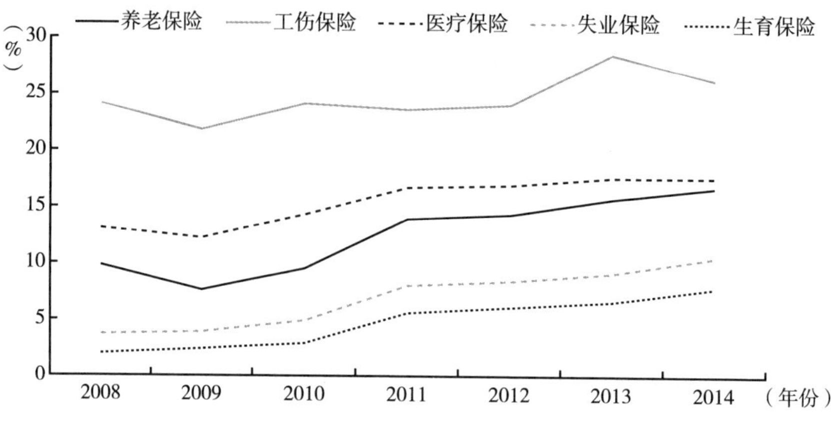

图 13　历年农民工“五险”参保率

数据来源：根据国家统计局历年农民工统计监测调查报告整理而成。

与此同时，城镇职工的参保率，则维持在相对较高的水平。比如城镇职工的养老保险和医疗保险覆盖率，分别从 2002 年的 69% 和 42.1%，增长到 2007 年的 70.3% 和 68.4%。[①] 到 2010 年末，各项社保的参保职工比重，养老保险为 56%，医疗保险为 51%，失业保险为 39%，工伤保险为 48%；企业参保职工中国有企业职工的参保率远高于其他所有制企业。[②]

分地区来看，东部地区的各项社会保险参保率均远高于中西部地区，但中西部地区近年来的增速快于东部地区（见表 13）。

表 13　农民工分地区社会保险参保情况

单位：%

	工伤		医疗		养老		失业		生育	
	2009	2014	2009	2014	2009	2014	2009	2014	2009	2014
全部	21.8	26.2	12.2	17.6	7.6	16.7	3.9	10.5	2.3	7.8
东部地区	24.6	29.8	13.9	20.4	8.8	20	4.6	12.4	2.8	9.1

① 文雯：《城镇职工社会保险覆盖公平吗？——来自 CHIP 2002 和 2007 的证据》，《世界经济文汇》2014 年第 6 期。

② 封进：《中国城镇职工社会保险制度的参与激励》，《经济研究》2013 年第 7 期。

续表

	工伤		医疗		养老		失业		生育	
	2009	2014	2009	2014	2009	2014	2009	2014	2009	2014
中部地区	14.3	17.8	8.6	11.8	5.2	10.7	2.6	6.9	1.4	4.9
西部地区	15.7	21.9	7.4	13.6	4.2	11.4	2	7.7	1	5.8

数据来源：根据国家统计局2009年和2014年农民工统计监测调查报告整理而成。

分行业来看，制造业的情况相对较好。值得注意的是工伤风险较高的建筑行业，雇主或单位2009年为其农民工缴纳工伤保险的比例仅为15.6%，离《工伤保险条例》要求相去甚远，同时养老保险、医疗保险和失业保险的比例也低于其他行业。2014年，这一状况也没有太大改变。我们看到，2014年建筑业的工伤保险投保率，反而比2009年下降了0.7个百分点，这值得相关管理部门和社会各界特别关注。

表14　农民工分行业社会保险参保情况

单位：%

	工伤		医疗		养老		失业		生育	
	2009	2014	2009	2014	2009	2014	2009	2014	2009	2014
制造业	27.5	34.2	14.7	22.1	8.8	21.4	4.2	13.1	2.4	9.3
建筑业	15.6	14.9	4.4	5.4	1.8	3.9	1	2.1	0.6	1.3
批发和零售业	27.2	19.2	15.4	15	10.7	14.4	6.1	9.9	3.5	7.8
交通运输、仓储和邮政业	11.6	27.8	8.3	19.2	6.1	17.6	3.1	12.8	1.8	9.2
住宿和餐饮业	11.7	17.2	7.1	10.8	3.6	10	1.7	5.4	0.8	4
居民服务、修理和其他服务业	14.2	16.3	9.4	12.1	4.8	11.8	2.7	6.6	1.6	5.2

数据来源：根据国家统计局2009年和2014年农民工统计监测调查报告整理而成。

（二）制度保障

经过过去十多年的探索和实践，我国初步建立了农民工社会保障制度。有学者指出，综观全国，目前有以下若干种模式：第一，是将农民工纳入统一的城镇职工社会保险体系的城镇模式，也叫作直接扩面模式。该模式通过一定的政策将农民工作为扩大城镇社会保险制度覆盖面的主要对象，直接纳入城镇社会保险体系之中。这种模式在广东省首先实行并最具有代表性。第二，是对农民工参加城镇职工社会保险采取不同于城镇职工的"双低"保险模式。例如浙江省在2003年前就要求农民工参加统一的城镇企业职工社会保险，这实际上是对农民工实行了有别于直接扩面式的相对独立的社会保险模式。第三，少数城市对包括农民工在内的外来务工人员或非城镇户籍职工实行综合保险，这是一种在费率水平、基金运行方式、待遇支付水平和方式等方面，都完全独立于城镇职工的社会保险体系之外的社会保险模式，上海是这种模式的主要践行者。第四，部分乡镇企业职工参加了农村社会养老保险。这实际上是将农民工社会保障纳入了农村社会保障体系，被称为农民工社会保障的"返乡模式"。①

各地自行试点摸索出来的几种模式虽然给当地就业的农民工提供了一定程度的社会保障，但是与城镇职工的社会保障制度相比，还缺乏全国性的宏观统筹和指导，且无法彻底解决农民工退保率较高、企业参保积极性较低的双重困境。

为此，近年来，党中央和国务院也在积极探索把农民工纳入现有社会保障体系的可能性。表15以医疗保险为例，列举了我国主要医疗保障制度吸纳农民工参保的情况。

表15　我国主要医疗保障制度与农民工参保条件

政策	实施时间	农民工参保条件	筹资水平及报销范围
新农合	2002年，中共中央、国务院颁布《关于进一步加强农村卫生工作的决定》，拉开了建设新型农村医疗体系的序幕；2003年，新农合制度正式诞生	覆盖所有农村居民，由政府组织和引导，农户以家庭为单位自愿参加。农民工在城镇就医的费用需要在原参保地报销，对异地就医有限制	以政府补贴为主，个人、集体和政府多方筹资；主要支付住院及大病医疗费用；部分地区也补偿小额医疗及慢性疾病门诊费用

① 转引自任丽新《农民工社会保障：现状、困境与影响因素分析》，《社会科学》2009年第7期。

续表

政策	实施时间	农民工参保条件	筹资水平及报销范围
城职保	1988年开始在部分城市试点;1996年在全国56个城市和地区扩大试点;1998年,《国务院关于建立城镇职工基本医疗保险制度的决定》标志着城镇职工基本医疗保险制度的正式确立	覆盖城镇正式就业部门(国有企业、集体企业、外商企业、私营企业、机关事业单位、社会团体、民办非企业单位)中的农民工。部分地区覆盖灵活就业的农民工;强制参保	由用人单位和职工共同筹资,按职工工资总额的一定比例缴费;分为统筹基金与个人账户,前者支付住院及大病开销,后者支付门诊、购药及住院自付部分。设有付线和最高支付金额
城居保	2007年起,在79个城市试点;2010年,城镇居民基本医疗保险制度正式在全国推开	覆盖城镇非正式就业农民工、无固定工作者、未成年人、无退休待遇的老人。以个人为单位自愿参保	以个人缴费为主,政府适当补助。主要支付住院和门诊大病费用,部分地区已逐步试行门诊费用统筹
公费医疗	1952年,政务院批准《国家工作人员公费医疗预防实施办法》,标志着公费医疗制度的建立	主要覆盖各级政府、党派、团体在编的农民工,以及各文教/卫生事业单位的在编人员	筹资全部来自财政拨款,以直接报销的形式补偿参保人的门诊和住院花费

数据来源：秦雪征等《医疗保险对我国农民工医疗与健康状况的影响》，北京大学经济学院工作论文，2011。

现有农民工社会保障体系的作用有正反两面。从积极的方面看，这是实现我国社会保障制度的长期发展目标——城乡社会保障一元化的制度安排——进程中必要的多元化制度过渡阶段；从消极的方面说，这种局面反映的是在农民工社会保障问题上的制度模式取向不明，政策、决策犹豫徘徊的不利状态。

最近几年来，国家出台了一系列鼓励就业创业、促进私营个体经济发展的法律、法规和政策。比如对小型微型企业新招应届高校毕业生，签订一年以上劳动合同并按时足额缴纳社会保险费的，给予一年的社会保险补贴。可见，在建立完善的私营企业员工社会保险制度体系的道路上，尽管未来我们还有很长的路要走，但国家的政策导向是积极和明确的。

七　中国私营企业劳动人事争议及其仲裁处理状况

上文提到，我国私营企业的工作条件和劳动安全状况存在很多问题，加

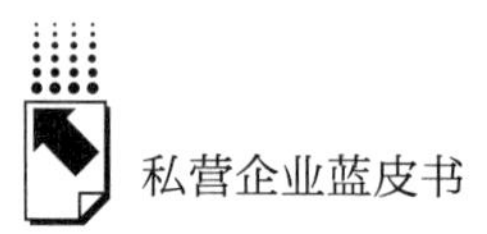

上相应的社会保险和制度保障没有跟上，导致近年来我国劳动关系争议事件快速上升，成为我国社会转型期利益冲突问题的一个典型代表。

（一）劳动人事争议概况

据统计，我国各级劳动人事仲裁机构受理的劳动人事争议案件在逐年增加：从 1996 年的 48121 件，增长近 14 倍，到 2014 年的 715163 件，年均增长 83%。劳动者当事人数，也从 1996 年的不到 19 万，增长到 2014 年的近 100 万人。集体劳动争议案件数和当事人数，分别从 1996 年的 3000 多件和 9 万多人，增长到 2014 年的 8000 多件和 26 万多人（见图 14）。

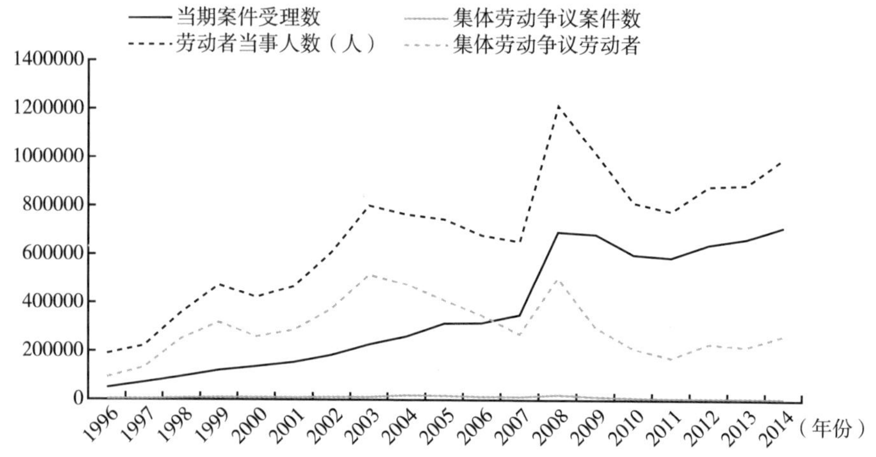

图 14　历年劳动人事争议仲裁情况

数据来源：根据《中国劳动统计年鉴 2015》相关数据制作。

尤其是 2008 年金融危机前后，私营企业面临的经营环境严重恶化，加上《劳动合同法》、《劳动争议调解仲裁法》、《劳动合同法实施条例》、《企业职工带薪年休假条例》、《劳动人事争议仲裁委员会办案规则》等相关法律法规和政策文件陆续颁布实施，导致企业劳动人事争议案件的受理数，出现一个急剧爆发期，直到 2010 年前后才有所回落，但 2011 年又掉头往上，之后几年屡攀新高。

需要说明的是，这里统计的是全部劳动人事争议情况，不单指私营企业和个体经济部门。但考虑到，一方面私营企业和个体经济是吸纳劳动力，尤其是中低技能的普通劳动者的主要力量；另一方面，相对于公共部门和外资企业，私营企业和个体经济在工作条件、劳动安全和社会保障上，都存在很大的欠缺，且如前文所述，就签署劳动合同这一项，私营企业和个体经济就存在较大的问题，故我们完全有理由相信，上述劳动人事争议情况里的很大一部分，是由私营企业及个体经济所构成。

（二）争议原因和内容

综观这些数据，我们发现，争议原因多种多样，但主要集中在以下几类。排在第一位的是劳动报酬，其次是涉及社会保险的相关问题，最后是解除或终止劳动合同导致的争议（见图 15）。

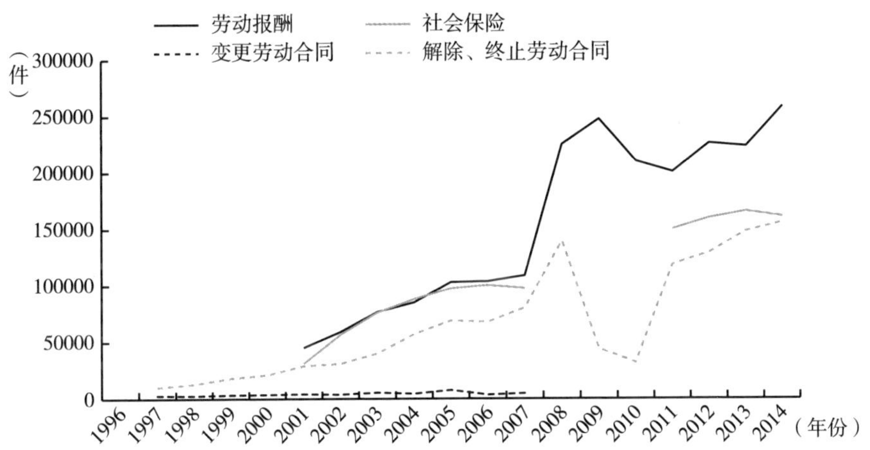

图 15　历年劳动人事争议的原因

数据来源：根据《中国劳动统计年鉴 2015》相关数据制作。折线断裂是因该年数据缺失。

此外，因工伤事故导致的争议和维权事件，也是私营企业劳动关系的一个矛盾爆发点。根据一份针对建筑工人的案例调查，部分行业的工伤事故发生率较高，工人伤残后面临严重的维权困境（见表 16）。

表 16　某市建筑工地工伤事故典型案例

姓名	工种	受伤原因及伤势	施工方态度和结果
方某	木工	因防护措施不当，从高处架子上坠落，诊断为腰椎第三节爆裂	手术三天后，劳务公司以拒付住院费的方式逼迫方某回到工地休养。劳务公司要求其接受 3 万元的私了结果后回家，这一方案被方某父亲拒绝。之后，方某的父亲在公益人士的帮助下，通过与劳务公司谈判，达成 8 万元的私了协议，比法定的工伤赔偿少了 1/3。但是，待方某在私了协议书上签字后，公司以资金紧张为由，将兑现赔偿拖到了年底
徐某	木工	因赶工期，工具操作失误，右手无名指被机器截断	通过自己在劳务公司的关系人，徐某要求进行工伤申报，但劳务公司的挂靠人拒绝为其申报工伤。最后，劳务公司出面，主持他与劳务公司挂靠人之间私了，达成 1 万元的私了协议，比法定赔偿少了 2/3
胡某	瓦工	因其他程序的安全事故，致右脚脚踝在重力碾压下严重受创，皮质不连续，右脚外踝关节骨折，右踝关节积液	胡某曾寄希望于做包工头的妻弟能主动帮他找劳务公司解决工伤赔偿的问题，但他这位做包工头的妻弟担心维权会破坏他与上层老板的关系，拒绝帮胡某维权。直到 2012 年初，对包工头和劳务公司彻底失望的胡某走上工伤索赔的道路。至今，伤残鉴定已经下来，但劳务公司仍旧拒绝赔偿
吴某	木工	左手手臂前端被机器划伤了 4 根神经，左手大拇指至今不能自主活动	事故发生后，包工头送吴某去医院治疗。但是，伤未痊愈，包工头就以拒付医疗费的方式让他出院，并阻止吴某向劳务公司索赔。包工头跟吴某讲，责任应当由吴某承担，医药费吴某本人要出 3 成，而且没有工伤赔偿，完全有悖于《工伤保险条例》中有关“工伤无过错赔偿”的原则。吴某于 2011 年 7 月走上个人申报工伤的程序，直至 2012 年 7 月，在维权路上耗不起的吴某在法院接受了与公司 6 万元的私了协议。这比他的合法索赔额度少了一半，而且吴某并没有拿到全部现钱，公司以资金紧张为由，只给付了两万元的二次手术费用。随后，吴某还需要来北京讨要余下的 4 万元私了款
郭某	木工	因系保险带的钢管断了，高空坠落十余米，当场昏迷，诊断为腰椎压缩性骨折	劳务公司工伤拒赔。包工头垫付了第一次的手术费用，并在郭某住院期间以拒付医疗费的方式趁机要挟其接受私了。郭某只得接受包工头二次手术费用在内的 6 万元私了款。而在离开医院时，他仍只能通过轮椅行动，无法下地走路，只得到法定赔偿 1/3 的私了款
谢某	木工	右手臂手腕骨折	劳务公司拒绝赔偿，谢某花重金请了一位商业律师替其维权。虽然与劳务公司的劳动关系已经确立，但劳务公司与挂靠人之间相互扯皮，仍旧拒绝支付工伤赔偿
朱某	木工	高处坠落，手臂骨折	施工方拒赔，包工头阻止朱某维权，最后包工头自付两万元与朱某私了，工伤所得只有法定赔偿的 1/3

续表

姓名	工种	受伤原因及伤势	施工方态度和结果
赵某	木工	左脚粉碎性骨折	为避免包工头拒付手术费,赵某放弃维权
唐某	钢筋工	因钢筋在拉扯中断裂,致眼睛受伤	劳务公司拒赔,唐某和其家属为了讨要手术费用,还在向施工方苦苦哀求
陈某	混凝土包工头	从混凝土搅拌车上坠落,膝盖粉碎性骨折	包工头陈某为避免工程款被拖欠,未向劳务公司索赔,自己承担了全部手术费用

数据来源：李大君《无约束的资本，伤不起的工人——建筑业农民工职业安全与职业保护调研报告》，《建筑》2013 年第 3 期。

（三）案件处理情况

从历年案件的处理情况来看，一是结案率较高，当年立案的劳动人事争议纠纷，基本上都得到了比较圆满的处理；二是处理方式以仲裁调解和仲裁裁决为主，其中 2010 年以后，调解超过裁决，成为最重要的处理方式（见图 16）。

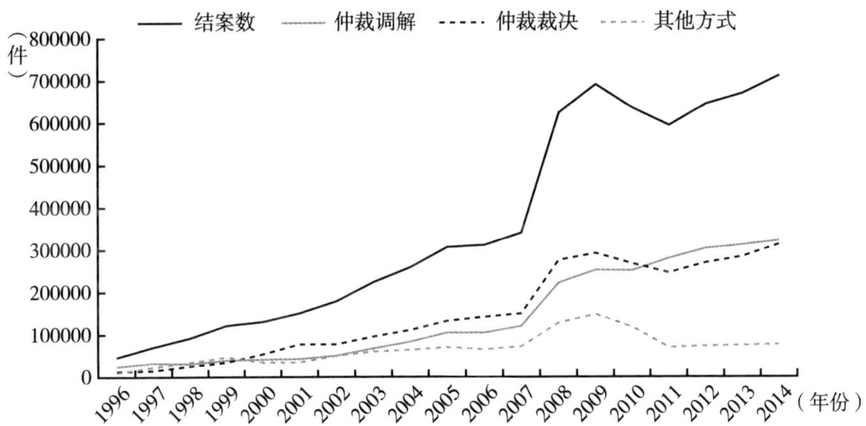

图 16　历年案件处理情况和处理方式

数据来源：根据《中国劳动统计年鉴 2015》相关数据制作。

从处理结果来看，撇开双方部分胜诉及其他，劳动者胜诉的比例远超用人单位，说明我国劳动人事争议的仲裁，基本上还是能够站在劳动者的立场上，为劳动者争取合法的权益（见图 17）。

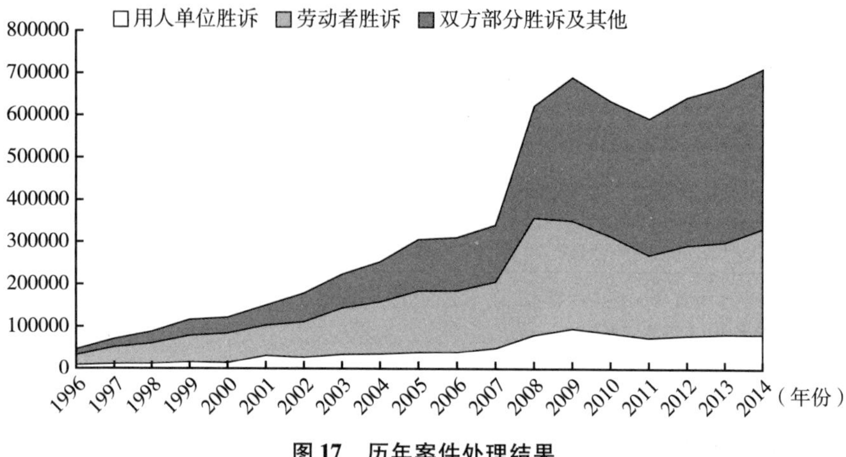

图17　历年案件处理结果

数据来源：根据《中国劳动统计年鉴2015》相关数据制作。

（四）农民工维权

近年来，当自身的劳动权益受到损害时，选择法律途径解决的农民工比例逐年增加，其他渠道的选择比例依次为：36.8%与对方协商解决，比上年提高0.9个百分点；30.1%向政府相关部门反映，比上年下降4.5个百分点；27.2%通过法律途径解决，比上年提高5.1个百分点（见图18）。

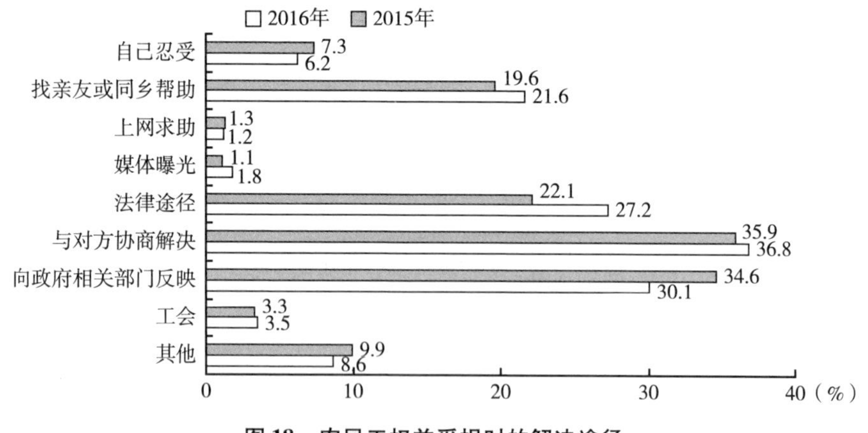

图18　农民工权益受损时的解决途径

数据来源：国家统计局2015年农民工统计监测调查报告。

（五）劳动监察

与此同时，相关政府部门，尤其是劳动监察机构，也在对企业和用人单位落实各项劳动人事法律法规和政策文件，进行积极主动的督促、监察。这从表 17 历年递增的结案数可以得到有效的说明。此外，除了支付工资和最低工资标准的案件数量增长较快之外，与劳动合同、安全生产、职业保护、女职工及未成年工特殊保护、工作时间和休息休假、社会保险参保率和缴费率，以及职业技能培训和考核等相关的争议纠纷案件数量都全面大幅下降，对于违规及侥幸打制度擦边球的现象，依法依规进行责令限期整改、行政处罚、警告、罚款或者其他行政处罚。应该说，这些工作极为有效地保障并维护了劳动者的基本合法权益。

表 17　近几年劳动保障监察案件结案情况

	2011 年	2012 年	2013 年	2014 年
结案数	379875	411822	418634	406210
内部劳动保障规章制度	19063	18404	8990	4433
订立和解除劳动合同	61954	59206	58276	54344
女职工特殊劳动保护	1013	1298	883	378
未成年工特殊劳动保护	1282	1143	1020	332
工作时间和休息休假	30761	28966	27148	23942
支付工资和最低工资标准	202589	217851	247600	263462
参加社会保险和缴纳社会保险费	72058	77364	77160	58733
职业介绍	4265	4719	4121	4296
职业技能培训和职业技能考核	4179	5492	2488	581
其他	26917	30354	30892	28477
案件处理情况				
责令限期改正	247148	263829	262447	235467
行政处理决定	13254	12981	10499	9414
行政处罚决定	25266	22861	21363	17086
警告	8263	6566	6862	6309
罚款	18318	16304	14423	12622
其他行政处罚	653	928	865	394

数据来源：根据 2011 ~ 2014 年《中国劳动统计年鉴》相关数据制作。

综上，在经济增长速度放缓的“新常态”和社会转型背景下，我国私营企业和个体经济的劳动人事争议也随之大幅增加，给劳动人事仲裁机构带来了较大的压力。总体来看，劳动人事争议案件的结案率较高，劳动者胜诉的比例较大。

八　中国私营企业员工利益代表组织与机制建设状况

我国《劳动合同法》在其总则里明确指出，用人单位在制定、修改或者决定有关劳动报酬、工作时间、休息休假、劳动安全卫生、保险福利、职工培训、劳动纪律以及劳动定额管理等直接涉及劳动者切身利益的规章制度或者重大事项时，应当经职工代表大会或者全体职工讨论，提出方案和意见，与工会或者职工代表平等协商确定。

这在制度上规定，私营企业员工的利益代表渠道，主要是工会和职工代表大会这两项机制。下面分而述之。

（一）工会建设

如前文所指出的那样，近年来我国劳动人事争议纠纷事件频发，涉及人员也屡创新高。作为吸纳就业的主要力量，建立健全私营企业员工利益代表组织和机制，其紧迫性和重要性毋庸置疑。出于社会稳定的考虑，面对日益增长的劳动冲突，国家试图借助工会组织将其纳入体制内解决，为此大力发展工会组织系统。

从图 19 可以看到，自 20 世纪 90 年代以来，中国工会组织系统逐渐壮大，尤其是进入新世纪后，工会组织的扩张明显加速。《中国统计年鉴 2012》数据显示，全国基层工会组织从 1990 年的 60.6 万个增长到 2012 年的 266.3 万个，全国工会会员人数从 1990 年的 1.01 亿增长到 2012 年的 2.8 亿（见图 19）。

根据国家统计局农民工统计监测调查数据，从对工会组织的知晓情况看，已就业进城农民工中 20.8% 知道所在企业或单位有工会组织，比上年

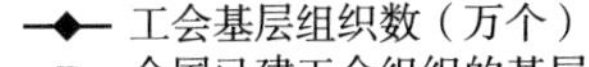

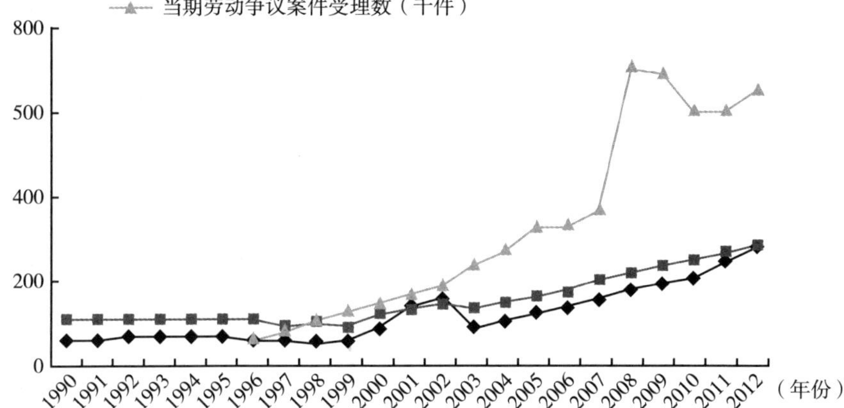

图 19　历年全国工会组织建设与劳动争议案件数

数据来源：工会基层组织数与会员人数的数据来自《中国统计年鉴 2012》，2003 年起工会基层组织数统计口径有所调整。“当期劳动争议案件受理数”数据来自《中国劳动统计年鉴 2012》。转引自朱斌、王修晓《制度环境、工会建设与私有企业员工待遇》，《经济社会体制比较》2015 年第 6 期。

提高 1.3 个百分点；59.6% 知道所在单位和企业没有工会组织，19.6% 不知道自己所在企业或单位是否有工会组织。在知道自己所在企业或单位有工会组织的农民工中，53.8% 的农民工加入了工会，比上年提高 2.9 个百分点；加入工会的进城农民工占已就业的进城农民工的比重为 11.2%，比上年提高 1.3 个百分点。在加入工会的农民工中，经常参加工会活动的占 21.3%，比上年下降 1 个百分点；偶尔参加的占 62.1%，比上年提高 0.4 个百分点；没参加过的占 16.6%，比上年提高 0.6 个百分点。①

所以，既然工会可以提高员工待遇，而现实中私营企业的工会建设又缺乏主动性，那么，如何提高其积极性和参与热情呢？我们自己的一项研究表明，制度环境对私营企业工会建设具有重要作用，那些受制度环境影响更大的私营企业，更有可能建立工会。具体来说，企业规模越大、企业主的政治

① 国家统计局 2016 年农民工统计监测调查报告。

联系越强、改制而来的企业，以及企业主有在公有制单位工作经历的私营企业，更倾向于建立工会。①

（二）职工（代表）大会

除了工会，职工（代表）大会也是企业员工表达利益的一个重要渠道。根据相关统计数据，我们发现，“建立职工（代表）大会制度的企事业单位个数”在2008年金融危机之后出现倒退，之后就随着“本年度召开过职工（代表）大会的企事业单位个数”和“实行厂务公开的企事业单位个数”一起，逐年增长，直到2013年才开始放缓，进入平稳发展期（见图20）。

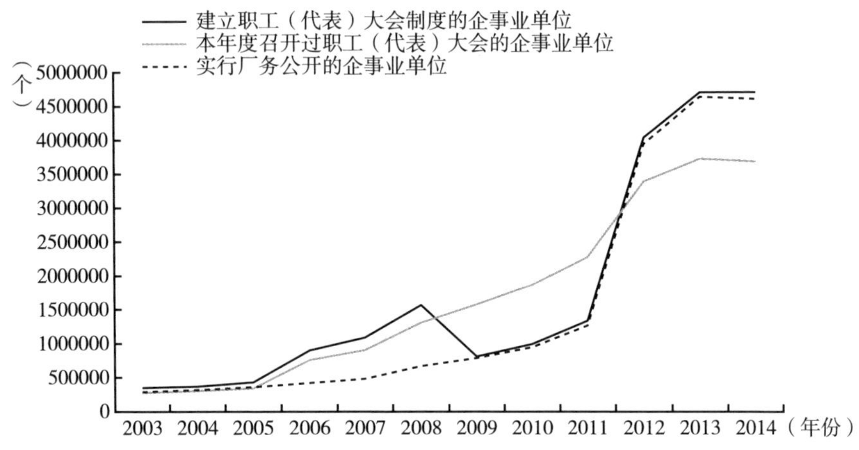

图20　历年全国职工（代表）大会情况

数据来源：根据《中国劳动统计年鉴》历年数据整理而成。

（三）工会、职代会和员工权益保护

然而，就像本节开头所提到的那样，伴随工会组织系统迅速壮大的同时，劳动争议与冲突并没有如国家所希望的那样下降，反而持续上升。事实

---

① 朱斌、王修晓：《制度环境、工会建设与私有企业员工待遇》，《经济社会体制比较》2015年第6期。

上，劳动争议的增长速度甚至快于工会组织的发展速度。那么，工会和职代会是否有利于切实保护和提高工人的合法权益呢？有人认为，工会和职代会在组织集体谈判及争取工人福利上具有积极的正向作用，也有反对意见指出，这两个机构的作用仅限于在重大节假日发放慰问品。

有研究对此进行了比较分析，结果有力地支持了工会能够提高工人福利的观点。表 18 显示，与无工会的工人相比，有工会的工人，平均小时工资更高，每月平均工作时间更少，养老金、失业保险等社会保障覆盖率更高，过去三年就员工待遇问题与企业的交涉次数越多，企业与普通工人签订劳动合同的比例越高。这说明，我国的工会的确能够通过代表工人与企业交涉、组织集体谈判、签订集体工资协议以及劳动合同等方式来提高工人的福利。

表 18　有工会和无工会的比较分析

	工会组	无工会组
小时平均工资(元)	6.1	5.2
每月平均工作时间(小时)	178	187
养老金覆盖率(%)	76.7	55.9
失业保险覆盖率(%)	69.2	45.8
工人平均在企业工作时间(年)	7.7	3.4
过去三年内发生过几次员工就待遇方面的问题和企业的交涉(次)	0.81	0.44
允许集体工资谈判的比例(%)	56.4	46.7
有集体工资协议的企业比例(%)	34.4	18.9
企业是否和普通员工签订劳动合同(%)	83.5	63.2

数据来源：《国际金融公司和北京大学中国经济研究中心企业社会责任调查》，2006。转引自姚洋、钟宁桦《工会是否提高了工人的福利？——来自 12 个城市的证据》，《世界经济文汇》2008 年第 5 期。

另一项利用 2008、2010、2013 年全国综合社会调查（CGSS）数据的研究[①]显示，首先，劳动合同能够保护劳动者的合法权益，如提高工资水

① 王克：《劳动合同和工会能否保护劳动者合法权益？——基于 CGSS（2008、2010、2013）经验数据的实证分析》，《南京财经大学学报》2017 年第 3 期。

平、社会保险福利以及有效减少劳动时间（加班概率、非法超时工作概率），这表明了实施《劳动合同法》的必要性。与此同时，一方面劳动合同签订率不断提升，而另一方面，劳动者权益受到侵犯的事件屡有发生。所以，应当进一步完善并落实劳动保障监察执法制度，以强有力的手段监督劳动合同的签订和落实情况，切实提高劳动合同签订的数量和质量。

其次，工会在受到政府和相关法律进一步支持下，其保护劳动者合法权益的作用日渐凸显。在服务于党和政府维护社会稳定和构建和谐劳动关系时，工会能够保障劳动者的社会保险福利和减少劳动者每周的劳动时间（减少加班以及非法超时工作的概率）。但另一方面，加入工会对提高劳动者的工资水平无显著影响。因此，我们需要大力推进工会干部职业化建设，努力带给工会会员更多的实效。

但现实情况是，与其他所有制企业相比，私营企业的工会建设相对滞后。有研究指出，劳动合同签订率和工会密度在不同所有制企业之间存在较大差异，其中外资企业（含外资独资、中外合资和港澳台资）劳动合同签订率最高，为93.1%；国有企业（包括国有控股企业）工会密度最高，达到59.63%；相应地，私营企业的劳动合同签订率和工会密度，分别只有58.38%和15.32%。[①]

（四）集体协商与劳动仲裁

另外，我们还考察了历年集体协商和劳动仲裁情况，发现建立劳动争议调解委员会的企业数量、劳动争议调解委员的人数、工会会员/职工代表人数，以及本年度劳动争议调解委员会受理劳动争议件数，每年都略有增长。问题在于，与每年受理的劳动争议案件数相比，调解成功的比例不高，且2011年以后这个比例反而有扩大的趋势。这从一个侧面说明，现有集体协

① 卿石松、刘明巍：《劳动合同和工会的权益保护作用——基于CGSS2008的经验分析》，《社会学评论》2014年第1期。

商和劳动仲裁机制虽有长足发展，但其作用的有效发挥，还需要做很多工作（见图21）。

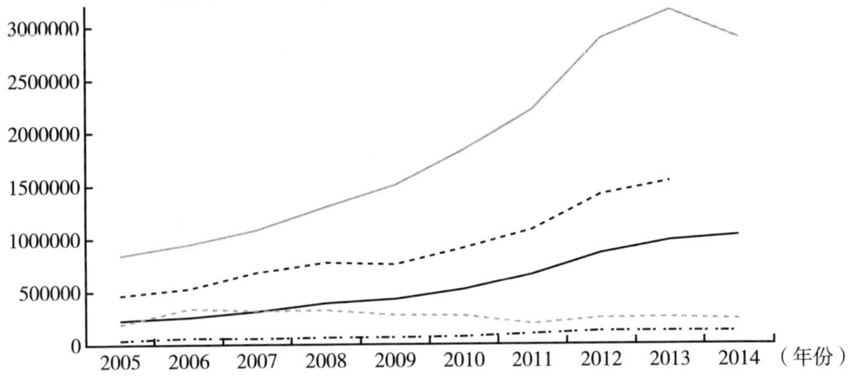

图21　历年劳动争议调解和集体协商情况

数据来源：根据《中国劳动统计年鉴》历年数据整理而成。

综上，我国在私营企业和个体经济员工的利益表达机制及民主参与管理方面做了很大的努力，也取得了长足的进步，同时也存在着“重制度建设、轻落实贯彻”等弊病。要想打造良好的劳资沟通渠道，建设和谐的劳动关系，我们还有很长的路要走。

九　小结与讨论

为全面贯彻党的十八大和十八届二中、三中、四中全会精神，构建和谐劳动关系，推动科学发展，促进社会和谐，中共中央、国务院于2015年3月21日发布《关于构建和谐劳动关系的意见》，提出要建设“劳动用工更加规范，职工工资合理增长，劳动条件不断改善，职工安全健康得到切实保障，社会保险全面覆盖，人文关怀日益加强，有效预防和化解劳动关系矛盾，建立规范有序、公正合理、互利共赢、和谐稳定的劳动关系”。如前所

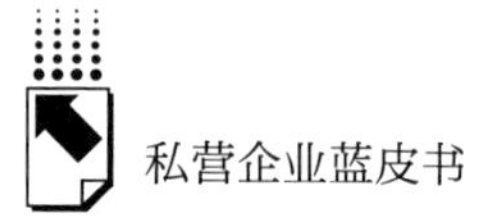

述，在过去十几年时间里，党和政府在从中央层面的政策引导，到立法机构的法律法规建设，再到各职能部门在具体操作层面做出的一系列努力，给我国企业，尤其是私营企业构建可持续的和谐劳动关系，提供了全面系统的制度基础和政策支持。

在这个大背景下，我国私营企业的登记注册数量、投资者人数、从业人员，以及吸纳的就业人数，都出现健康持续发展的良好态势，私营企业和个体经济，已经成为我国社会主义市场经济不可或缺的重要组成部分。这直接导致私营企业和个体经济用工需求的持续旺盛。从总量上看，私营部门的招工需求和外出务工人员，无论是当前还是未来潜在规划，都在持续增长，虽然受国际金融危机等宏观经济环境的影响，增速在近几年有所放缓。但由于劳资双方的信息不对称，特别是随着东部沿海地区生活和用工成本的不断上涨，加上产业转型和升级，以及招聘渠道和途径的单一，导致私营部门的用人单位和求职人员出现局部匹配困难的现象。

在建立劳动关系之后，尽管有新的《劳动合同法》约束，但私营企业和个体经济的劳动合同签署情况依然不够理想，一半以上的农民工都没有劳动合同。大量研究表明，签署劳动合同对于维护劳动者合法权益，尤其是保障最低工资标准、提高工作条件、促进劳动安全和职业保护，都能起到积极有效的作用。目前来看，私营企业和个体经济部门的劳动合同，无论是个人还是集体，签署比例都相对偏低。导致的直接结果，就是私营企业和个体经济的工作条件和劳动安全状况也不容乐观。与其他部门及领域的劳动者相比，农村进入城市务工的劳动者，加班和超时劳动现象十分普遍，但收入水平却相对较低，工资拖欠情况虽有好转，但在部门典型行业，比如建筑业，依然十分严重。工作条件和环境也相对较差，劳动安全和职业保护措施相对缺失，导致农民工的健康状况不断恶化。在社会保险问题上，农民工的五项基本保险参保率都相对较低，部分行业保险覆盖率非常不容乐观。尽管各地都在积极探索各种农民工社会保障制度，但目前依然处于“试点”和“摸索”阶段，虽有各种地方模式，但还缺乏全国层面的统筹和顶层设计。

上述种种问题，加上我国进入社会转型和矛盾高发期，导致近年来私营企业及个体经济领域的劳动人事争议案件不断攀升，涉案的劳动者当事人数也快速增长。为此，党和政府陆续出台了《劳动争议调解仲裁法》、《劳动合同法实施条例》、《劳动人事争议仲裁委员会办案规则》等相关法律法规和政策文件，下大力气提高劳动人事争议案件的处理和调节，保证了较高的结案率，从处理结果来看，劳动者胜诉的比例较高，充分维护和保障了劳动者的基本合法权益。同时，劳动保障监察部门也积极行动，从劳动合同签署、安全生产、职业保护、工作时间和休假、社会保险参保等关系劳动者切身利益的问题上，主动出击，用责令限期整改、行政处罚、警告罚款等方式，督促用人单位遵纪守法，有效维护了劳动者的合法权益。此外，下大力气建设员工利益代表组织和加强民主参与机制建设，以工会和职工（代表）大会为主要抓手，通过集体协商、民主参与、厂务公开等方式，促进劳资双方的日常沟通和对话，努力通过常规性的利益表达及沟通渠道建设，降低劳动人事争议事件的发生概率。

总的来说，近年来，我国私营企业和个体经济领域的劳动关系依然存在这样那样的问题、不足和困境，未来的道路还很长、很远。在继续加大法律法规和支撑性制度建设工作之外，更为关键的，是要在落实、贯彻和执行层面，努力推进中央政策、法律法规和部门规章的落地。唯有如此，我们才能构建出一个更加和谐稳定、健康可持续的私营企业劳动关系良好格局。

B.4
新设小微企业周年活跃度分析

张久荣　靳朝晖*

摘　要：　商事制度改革有效激发了市场活力，全国新设市场主体保持持续快速增长态势，平均每天新登记企业量在万户以上，为经济发展提供了有力支撑。本文介绍了中国个体劳动者协会主持的全国新设小微企业活跃度调查的阶段性成果。通过这项调查，公众可以获知小微企业的周年活跃度的指数变化，以及小微企业的活跃度在不同区域的表现。文章还重点分析了大学生创业企业的表现。

关键词：　新设企业　小微企业　活跃度

自2015年下半年起，中国个体劳动者协会（以下简称“个协”）受国家工商总局委托，在全国进行了“百县万家新设小微企业周年活跃度”调查，该调查每季度开展一次，调查对象为上年该季度新设立的小微企业。调查实施在国家工商总局企业监督管理局的指导下，由中国个协统一组织和部署，被调查地区均较积极配合，成立专项调查组，指定专人负责。为确保数据报送的及时、准确、有效，有些地方采用网络、电话和入户相结合的方式开展调查，首先由联络员将调查名单分发到各辖区，各辖区访问人员根据本辖区的经济户口先将各企业登记情况进行核实，然后逐个电话联系，讲清楚操作要求，将调查链接通过短信、邮箱、QQ、微信等途径发送给企业，对于不会操作的企业上门帮助其操作，对于规模很小，没有使用电脑或受地域限制无

* 张久荣，中国个体劳动者协会；靳朝晖，中国个体劳动者协会。

法上网的企业，由访问人员带上手提电脑上门进行服务，现场填写或者记录下企业的各种数据回所后由访问人员进行填写，对于接电话后没有按要求填写的企业，访问人员也会多次联系，直到其填写完成；对于电话联系不上的企业，由访问人员上门联系，通过多种方式和途径确保调查顺利开展。2016年调查共开展了四次，调查对象为2015年各季度新设的小微企业，四次调查共发放问卷4万份，回收有效问卷29422份，有效回收率为73.6%。依据问卷数据，通过数据分析，可以得出以下结论：我国内地营商环境进一步改善，为企业发展创造了良好的条件。2015年新设小微企业表现较为活跃，周年活跃指数较上年同期有所提高，中高活跃及高活跃企业占比较2014年新设小微企业提高4.0个百分点。新设小微企业周年开业率达70.2%，开业的企业积极开展与生产经营相关的活动，开展活动的企业占比较2014年新设小微企业提高6.5个百分点；开业的企业超八成实现营收，占比较2014年新设小微企业提高3.9个百分点；开业企业近半实现纳税。开业周年小微企业户均吸纳就业7.6人，比开业初期增长14.3%，对稳定就业做出重要贡献。

一　新设立小微企业一周年经营活跃情况

1. 2015年新设小微企业表现较为活跃，各季度活跃指数均高于上年同期

调查数据显示，2015年各季度新设小微企业表现较为活跃，活跃指数[①]分别为104.8%、100.9%、101.3%和106.4%，与2014年相应季度新设小微企业活跃指数相比，均有不同程度的提高，其中2015年第四季度新设小微企业活跃指数达几个季度以来相对较高值，新设小微企业活跃指数变化趋势与全国非制造业商务活动指数[②]较为一致（见图1）。

① 活跃指数是利用调查所获得的开业率、企业开展活动情况、企业吸纳就业、开展经营所产生的效益等相关指标，通过加权合成的方法编制的反映新设小微企业活跃度的综合指标，具体编制方法见附录“新设小微企业活跃指数研究”。

② 非制造业商务活动指数是国际上反映非制造业经济总体发展变化的指标，是非制造业采购经理指标体系中的重要指标。11月份非制造业商务活动指数为54.7%，是2014年下半年以来的最高值。

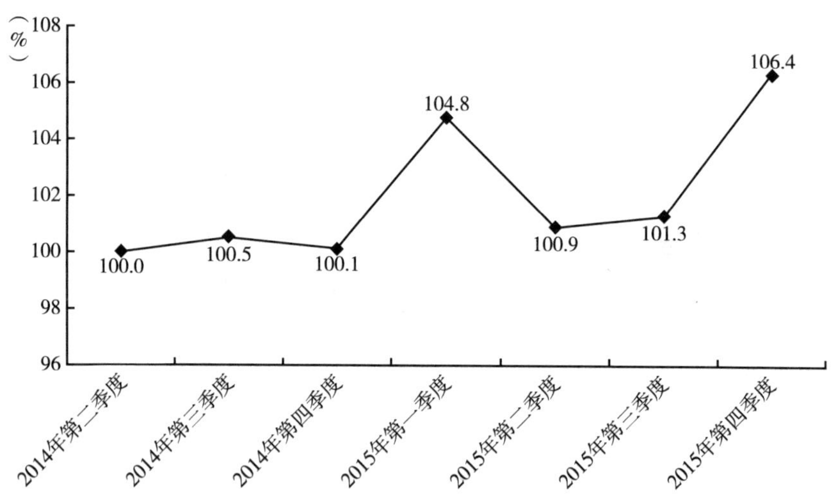

图 1　2014～2015 年各季度新设小微企业活跃指数

根据企业的开业情况、收入情况以及开展生产经营活动情况等对企业的活跃程度进行量化①，根据企业的活跃程度将其分成不活跃、低活跃、中低活跃、中高活跃和高活跃五个群体②。2015 年不活跃企业占 29.8%，低活跃企业占 7.1%，中低活跃企业占 19.1%，中高活跃及高活跃企业合计占比 44.0%，比 2014 年新设小微企业高 4.0 个百分点，是带动 2015 年新设小微企业总体表现较为活跃的主要群体（见图 2）。

2. 新设小微企业周年开业率达70.2%，规模扩张型企业开业率相对较高

2015 年新设小微企业经过一年时间，周年开业率达到 70.2%，比 2014 年新设小微企业周年开业率低 0.9 个百分点。其中，2015 年第一季度新设小微企业周年开业率最高，为 71.4%，比全年新设小微企业周年开业率高 1.2 个百分点；第二季度新设小微企业周年开业率最低，为 68.8%（见图 3）。

① 量化方法采用等概率法，即开展任何一种活动的活跃度均为 P，根据企业是否有收入和开展生产经营活动项目的多少（N）来决定活跃度，具体算法为活跃度 $=1-P\times(N\times(1/2))$。

② 未开业企业为不活跃群体，开业但没有开展生产经营相关活动的企业属于低活跃群体，活跃度介于 0.5～0.6 之间属于中低活跃群体，活跃度介于 0.6～0.7 之间属于中高活跃群体，活跃度大于等于 0.7 属于高活跃群体。

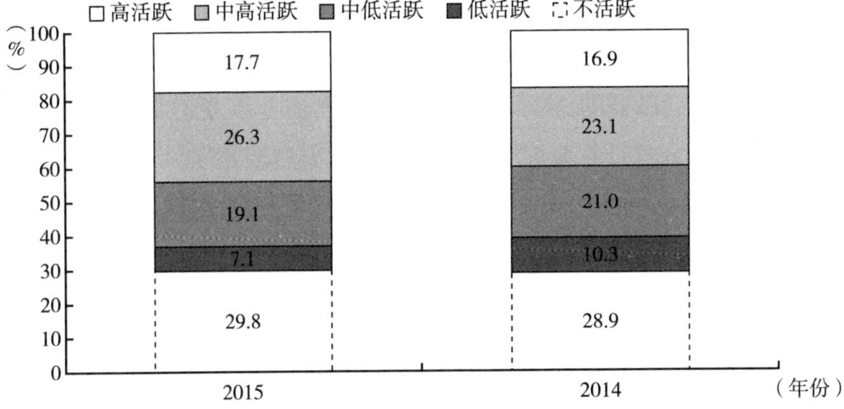

图 2　2014、2015 年新设小微企业不同活跃群体数量占比

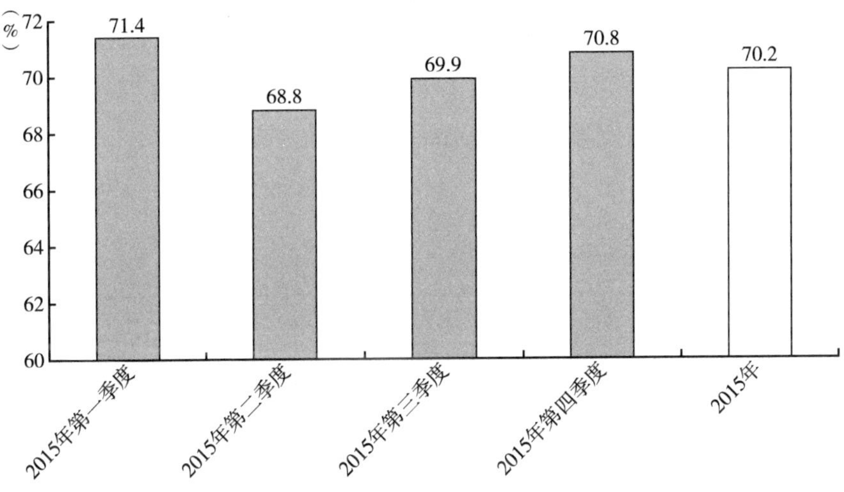

图 3　2015 年各季度新设小微企业周年开业率

分企业类型看，2015 年新设小微企业中，85. 0% 的为初次创业企业，8. 4% 的为再次创业企业，6. 6% 的为由于公司规模扩张投资新成立的企业。其中，规模扩张型企业的开业率最高，为 76. 2%，高于新设小微企业平均开业率 6. 0 个百分点；再次创业企业的开业率最低，为 65. 2%；初次创业企业的开业率与新设小微企业平均开业率基本持平。

2015年新设小微企业中没有开业的企业占29.8%，其中未开业，正在筹备近期开业的占14.2%；未开业，近期也无开业打算的占8.3%；曾经开业，目前已停业、歇业的占7.3%。未开业或已停业歇业企业反映的主要问题是“行业不景气、没有业务”，“资金不足、融资困难”，“市场竞争激烈、竞争力差”，这些问题分别占所反映问题的26.1%、21.5%和11.6%，另外由于“老板个人原因”而导致企业没有正常开业的占15.5%，以上四方面问题合计占没有开业企业所反映问题的74.7%（见表1）。

表1　2015年新设小微企业中未开业或停业歇业的原因占比

单位：%

未开业或停业歇业原因	占比
行业不景气、没有业务	26.1
资金不足、融资困难	21.5
老板个人原因	15.5
市场竞争激烈、竞争力差	11.6
企业内部调整	6.9
效益差、亏损严重	6.8
招工难、缺少人员和技术	4.1
其他	7.4

分行业看，开业百户以上的行业中，信息传输、软件和信息技术服务业与文化、体育和娱乐业两个现代服务行业，以及交通运输、仓储和邮政业，住宿和餐饮业，批发和零售业，居民服务、修理和其他服务业四个传统服务业开业率较高，分别高于新设小微企业平均开业率3.2个、0.8个、3.1个、2.4个、1.5个和0.7个百分点，属于较为活跃的行业；房地产业和建筑业开业率较低，这两个行业未开业的企业中51.2%的正在筹备近期开业，30.4%的近期无开业打算，18.4%的已停业歇业，主要原因是行业不景气、没有业务，以及缺少资金、融资困难等（见图4）。

3. 企业积极开业经营，周年开业率比设立之初提高14.9个百分点

2015年与登记注册当月即开业的55.3%相比，企业设立一周年后开业

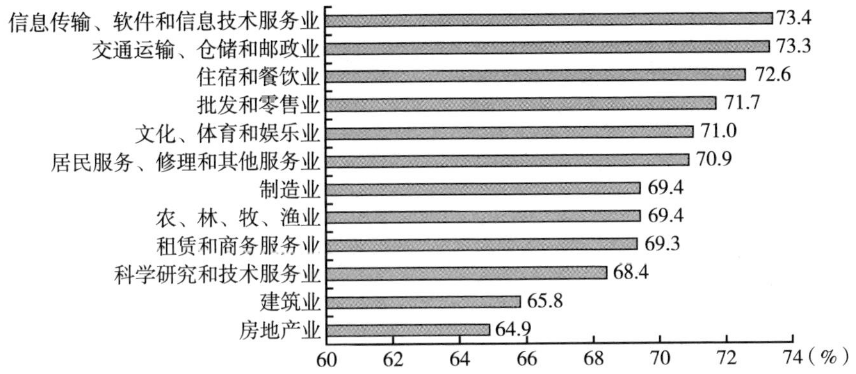

图 4　2015 年主要行业新设小微企业周年开业率

率提高到 70.2%，开业率较设立之初提高 14.9 个百分点。活跃度较高的经营活动是招聘员工、购买设备和购买原材料，其中进行了员工招聘的企业占 47.4%，购买了设备的企业占 36.1%，购买了原材料的企业占 32.1%，投放了广告的企业占 17.3%，申请银行贷款的企业占 9.6%，以其他方式融资/借款的企业占 5.5%，发布新产品/服务的企业占 5.3%，注册或被许可使用商标的企业占 1.7%，申请或购买专利的企业占 0.8%，设立分支机构的企业占 0.6%，进行对外投资的企业占 0.5%，申请或被许可使用软件著作权的企业占 0.4%，开展以上活动的企业占 65.9%，表明近 1/3 的企业开业以来开展了与经营相关的活动，开展活动的企业占比较 2014 年新设小微企业高 6.5 个百分点（见表 2）。

表 2　2014、2015 年新设小微企业开业后开展相关活动的企业占比

单位：%

开展活动	2015 年	2014 年
招聘员工	47.4	43.7
购买设备	36.1	32.4
购买原材料	32.1	31.0
投放广告	17.3	15.0
申请银行贷款	9.6	7.9
其他方式融资/借款	5.5	5.4

续表

开展活动	2015 年	2014 年
发布新产品/服务	5. 3	5. 6
注册或被许可使用商标	1. 7	2. 8
申请或购买专利	0. 8	1. 0
设立分支机构	0. 6	0. 8
对外投资	0. 5	0. 5
申请或被许可使用软件著作权	0. 4	0. 6
以上均未开展	34. 1	40. 6

从通过互联网开展活动的企业看，2015 年通过互联网开展招聘活动的企业最多，占 15. 9%，利用互联网投放广告、进行企业宣传的占 14. 5%，建立企业网站的占 10. 3%，建立企业微博、微信公众号的占 10. 2%，开设销售本公司产品/服务的网店的占 8. 0%，搜索引擎竞价排名的占 0. 9%，通过互联网开展以上活动的企业占比合计为 33. 9%，比 2014 年新设小微企业高 3. 4 个百分点（见表 3）。

表 3　2014、2015 年新设小微企业开业后通过互联网开展相关活动的企业占比

单位：%

开展活动	2015 年	2014 年
招聘	15. 9	16. 3
投放广告、进行企业宣传	14. 5	11. 3
建立企业网站	10. 3	10. 3
建立企业微博、微信公众号	10. 2	7. 5
开设销售本公司产品/服务的网店	8. 0	7. 8
搜索引擎竞价排名	0. 9	1. 3
以上均未开展	66. 1	69. 5

4. 超八成开业企业实现营收，创新和触网企业盈利比例高

2015 年新设小微企业中开展经营的企业 81. 3% 已实现营业收入，实现营收企业占比高于 2014 年新设小微企业 3. 9 个百分点。其中，收入在 100 万以上的企业占 12. 4%，贡献了收入的 79. 8%；收入在 3 万 ~50 万的企业

较多，占开业企业总量的49.7%，其中收入在10万~50万的占比最高，为30.4%。收入为0的企业占18.7%，无收入企业主要反映缺少资金、经营成本高、行业竞争激烈等问题，以上三方面问题合计占无收入企业反映问题总数的66.2%（见图5）。收入在百万以上的企业56.6%集中在批发零售业和制造业，其中批发零售业占38.2%；但从各行业收入百万以上企业占比看，采矿业占比最高，为37.7%，高于收入百万以上企业总体占比25.3个百分点。

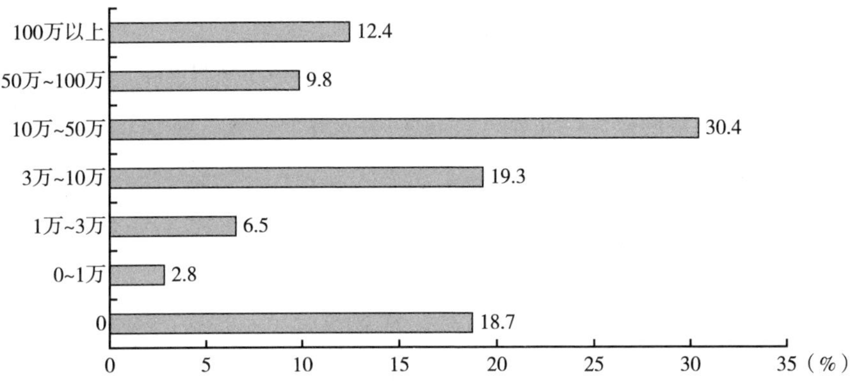

图5　2015年新设小微企业开业企业各收入段企业占比情况

在总体经济形势不容乐观的大环境下，新开业的小微企业目前经营状况良好，盈利和盈亏持平的企业合计占65.0%，比2014年新设小微企业高1.8个百分点。其中，盈利的企业占21.8%，盈亏持平的企业占43.2%。从企业创办人的经历来看，规模扩张型的企业和再次创业企业中盈利企业占比分别为32.1%和32.0%，比初次创业企业分别高12.1个和12.0个百分点（见图6）。

从企业触网情况看，2015年使用互联网开展人员招聘、营销推广等活动的企业盈利比例为27.3%，较未使用互联网的企业高8.3个百分点（见图7）。

另一方面，开展创新活动的小微企业盈利能力较强。开展新产品发布、

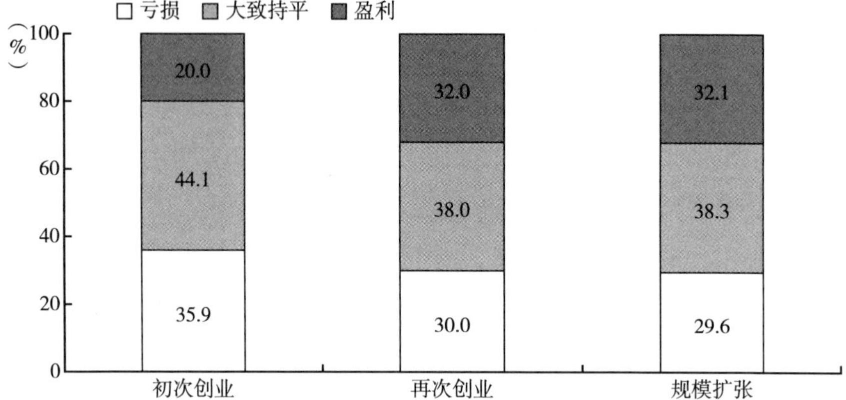

图6　2015年各类型新设小微企业中开业企业盈利占比

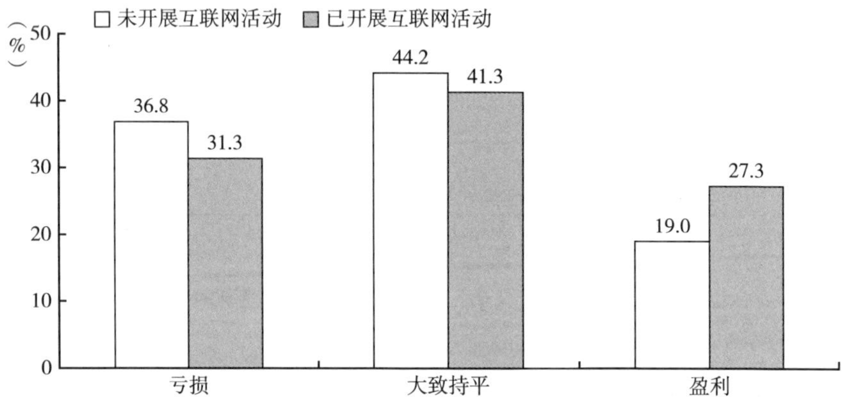

图7　2015年新设小微企业开业企业中开展互联网活动企业盈利占比

申请或购买专利、注册或被许可使用商标、申请或被许可使用软件著作权活动等创新活动的小微企业中，盈利企业的比例为27.9%，较未开展创新活动的企业高9.9个百分点（见图8）。

从企业纳税情况看，47.4%的企业已纳税，纳税额在1万以下的最多，占21.3%，纳税额在1万～3万的占12.8%，纳税额在10万以上的占5.4%（见图9）。纳税额在10万以上的企业中超八成为收入50万元以上的企业，其中收入百万以上的企业占73.3%。

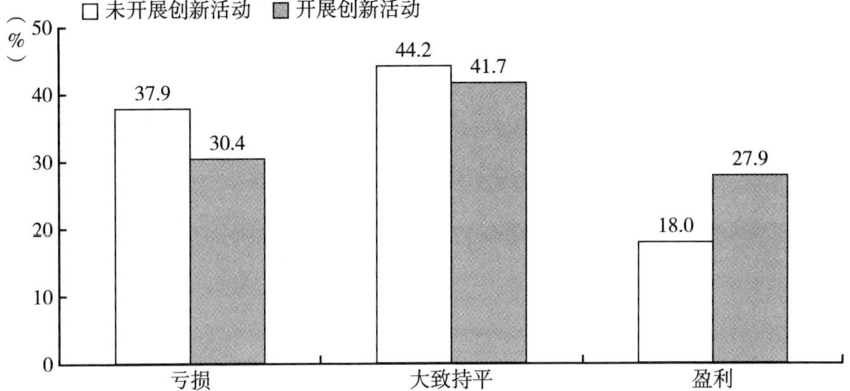

图 8 2015 年新设小微企业开业企业中开展创新活动企业盈利占比

说明：开展创新活动的企业是指企业开业至调查截止日，进行过“发布新产品或服务，申请或购买专利，注册或被许可使用商标，申请或被许可使用软件著作权”中任何一项活动的企业；未开展创新活动的企业则是企业开业至调查截止日，未进行以上任何一项活动。

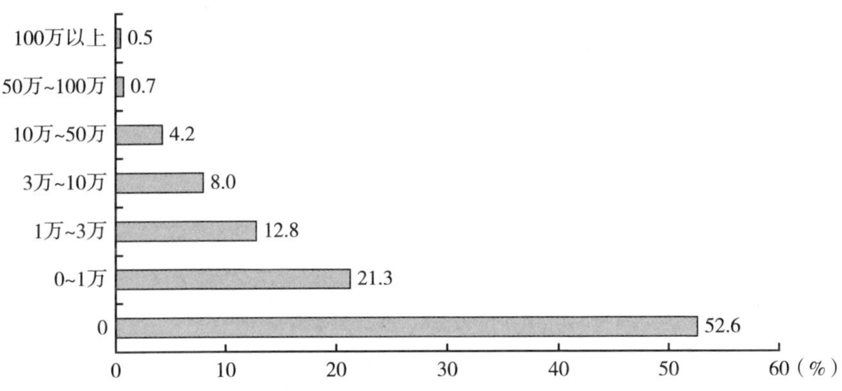

图 9 2015 年新设小微企业开业周年各纳税段企业占比情况

5. 新设小微企业对带动就业和稳定就业均具有重要作用

调查数据显示，2015 年新设小微企业周年后平均从业人员比开业时增长 14.3%，由开业时平均每户 6.7 人增加到 7.6 人，比 2014 年新设小微企业户均多吸纳 0.3 人；按照 70.2% 的开业率和平均每户吸纳 7.6 人就业计算，2015 年全国新设小微企业开业周年所吸纳的就业人员占 2015 年新设私营企业从业人数的 86.3%[①]，其中吸纳的就业人员中全职人员占比为 83.7%，失业人员再就业占比 12.6%，高校应届毕业生占比为 11.0%（见图 10）。表明 2015 年新设小微企业对拉动高校应届毕业生和失业人员再就业以及稳定全国就业形势具有重要作用。

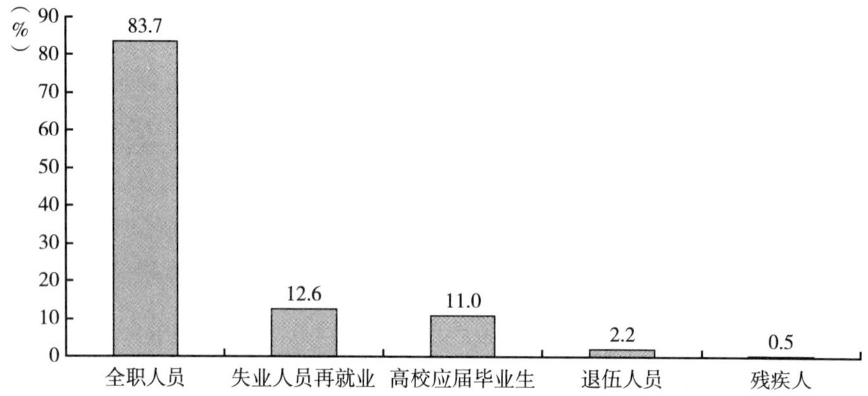

图 10　2015 年新设小微企业目前各类从业人员占比情况

分行业看，2015 年 60.2% 的从业人员集中在批发和零售业、制造业，以及租赁和商务服务业三个开业企业数量较多的行业（见图 11）；从增长来看，主要行业中，居民服务、修理和其他服务业，制造业，以及建筑业三个行业的从业人员增长较快，分别增长了 33.6%，19.6% 和 19.6%，分别高于平均增长率 19.2 个、5.3 个和 5.3 个百分点；从户均从业人数看，制造业，住宿和餐饮业，房地产业户均从业人员较多，分别为 12.0 人、11.5 人和 9.3 人。

各行业目前从业人员中，金融业，文化、体育和娱乐业，信息传输、软件和信息技术服务业，教育，租赁和商务服务业，科学研究和技术服务业等现代服务业中高校应届毕业生占比均在 11% 以上，高于平均水平（见图 12），全职人员占比均在 3/4 以上，反映出高附加值的现代服务业小微企业对高校毕业生的吸引力较大，人员稳定性相对较强。

① 具体计算为：2015 年全国新设小微企业（408.32 万户）×70.2%×7.6 人/户÷（2590.448）万人 =86.3%。

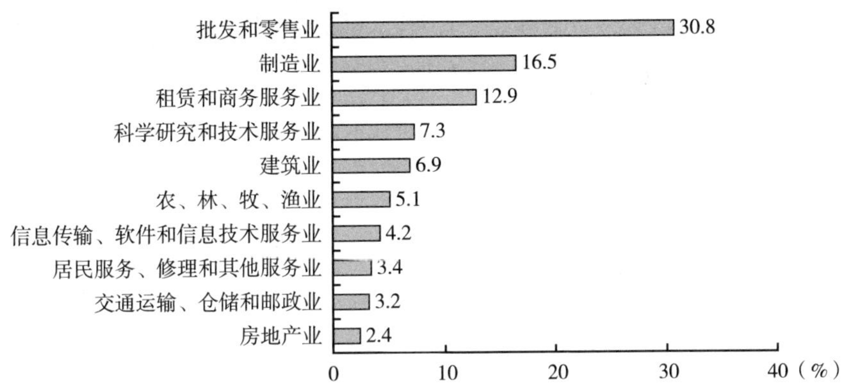

图 11　2015 年新设小微企业目前从业人员 TOP10 行业占比

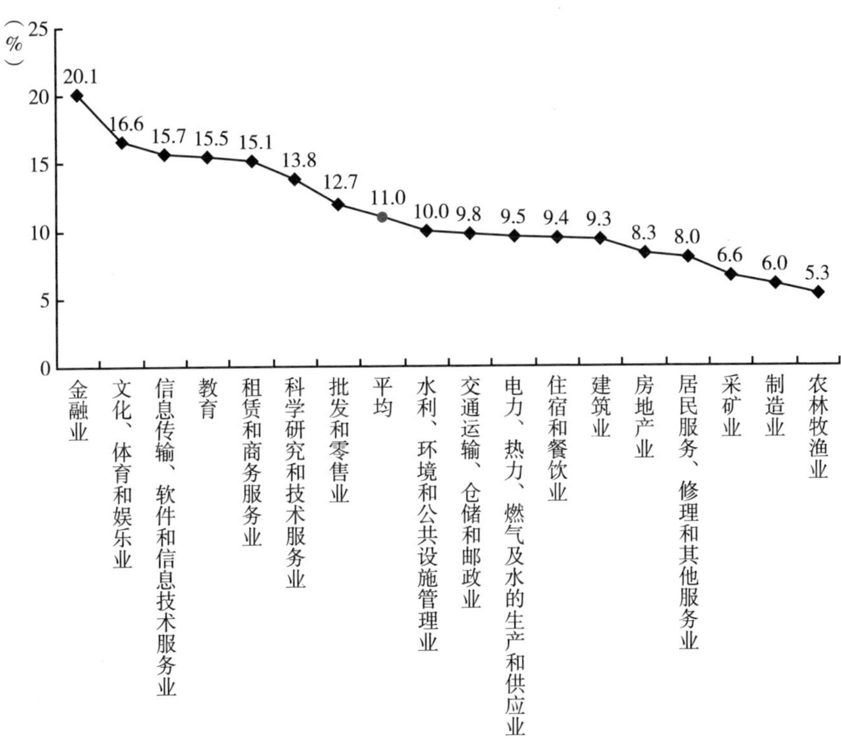

图 12　2015 年新设小微企业目前从业人员中高校应届毕业生占比

6. 有出资行为的企业占八成以上，完成出资企业占比过半

调查的 2015 年新设小微企业认缴出资总额 434.04 亿元，实际出资额为

239.92 亿元，占认缴出资总额的 55.3%。从企业出资来看，未缴付出资的企业占 15.9%，已缴付出资的占 84.1%，其中完成出资的占 53.9%，出资 10% 以下的占 7.1%，出资 10% ~30% 的占 8.9%（见图 13）。

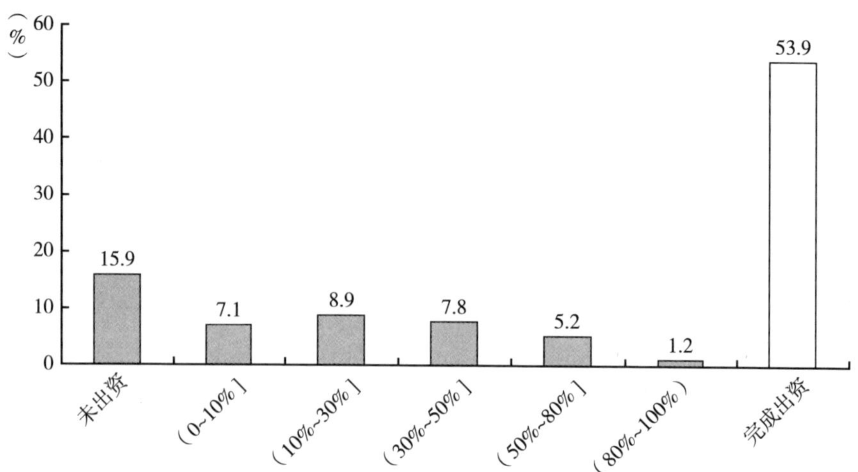

图 13　2015 年新设小微企业不同出资比例的企业占比

与 2014 年各季度新设小微企业相比，2015 年新设小微企业的出资完成情况相对较好，缴付出资的企业占比均超过八成，出资完成企业占比均过半，并呈现逐步提升态势（见图 14）。

按企业的注册资本规模看，注册规模越小出资完成率[①]越高；注册资本在 50 万元以下的出资完成率高于平均完成率，其中注册资本在 3 万以下的企业出资完成率达到 84.7%，完成率远高于注册资本在 3 万以上的企业（见图 15）。

7. 大学生新创小微企业偏好现代服务业，经营活动较为积极

自 2015 年第二季度新设小微企业活跃度调查以来，问卷中增加了有关大学生创业方面的三道题目，通过 2015 年三个季度调查成功的新

① 出资完成率 = 完成出资的企业占比 = 完成出资的企业数量/调查企业数量。

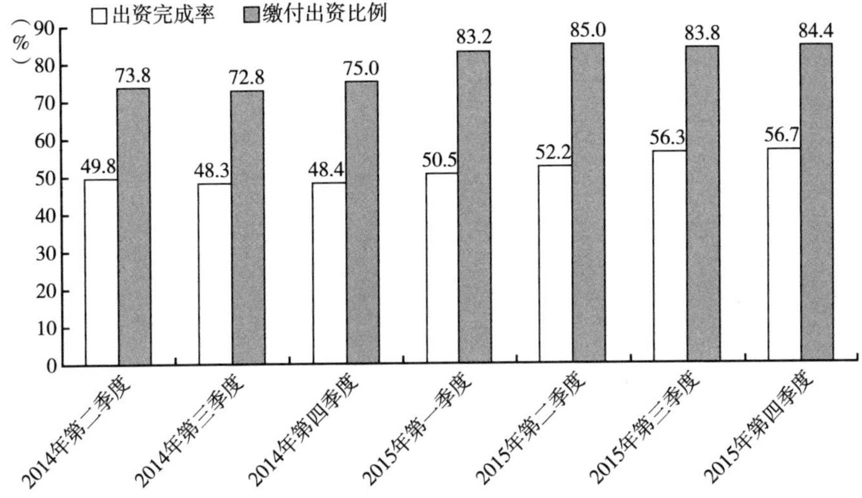

图 14 各季度新设小微企业周年出资情况

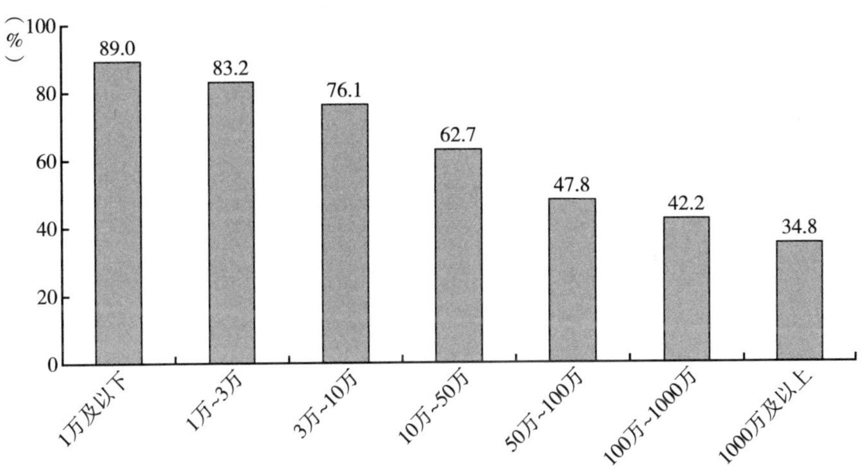

图 15 2015 年新设小微企业不同注册规模的企业出资完成率

设小微企业来看，大学生创业企业[①]占比一成，这些企业的大学生创业者近七成具有本科及以上学历，半数以上是毕业两年以后开始创办企业。与其

① 大学生创业企业指被调查企业的创始人、合伙人、主要股东中有新近创业的大学生（毕业五年内或在读）。

他企业①相比，大学生新创小微企业偏好②信息传输、软件和信息技术服务业，文化、体育和娱乐业，科学研究和技术服务业，租赁和商务服务业等现代服务领域（见图16）。

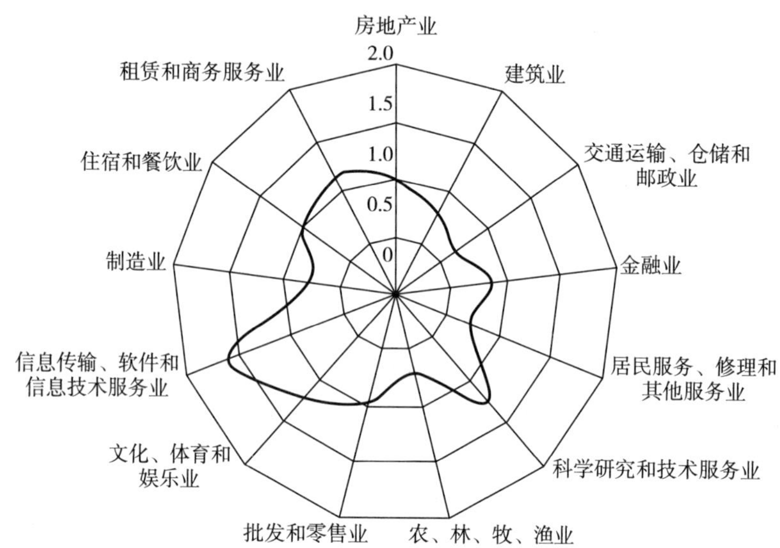

图16　2015年大学生新创小微企业行业偏好系数

大学生新创小微企业相对较为活跃，其中开展了招聘员工，购买原材料、设备，投放广告，申请银行贷款、以其他方式融资/借款，发布新产品/服务，注册或被许可使用商标、申请或购买专利、申请或被许可使用软件著作权，以及设立分公司或进行对外投资等与生产经营相关活动的企业占比较同期新设小微企业高14.6个百分点，实现盈利的企业占比高8.0个百分点，新创小微企业周年活跃指数与新设小微企业走势基本一致，2015年第四季

① 其他企业指同期新设的其他小微企业，下文中大学生新创小微企业所对比的对象均为同期新设的小微企业，不包括2015年第一季度新设的小微企业。

② 偏好通过偏好系数来反映，A行业偏好系数＝（大学生新创小微企业A行业企业数量/大学生新创小微企业总数）/（其他新设小微企业A行业企业数量/其他新设小微企业总数），大于1表示大学生新创小微企业对A行业具有一定的偏好，系数越大表明偏好越明显；小于1则反之。

度大学生新创小微企业活跃指数[1]达到108.8%，较第三季度提高4.8个百分点。

二 各地区2015年新设小微企业经营活动情况

1. 东北地区小微企业开业率低，有收入企业占比较低、吸纳就业少，但开业企业盈利占比较高

东北地区2015年新设小微企业周年开业率为59.3%，低于全国平均水平10.9个百分点，是全国四个地区中开业率最低的地区（见图17）。

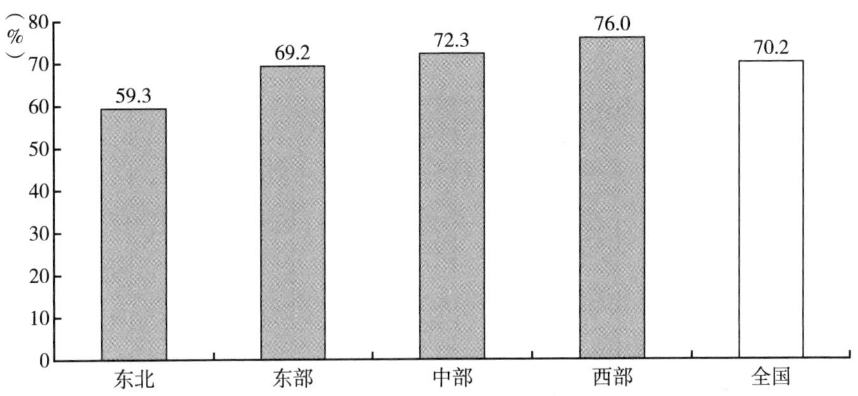

图17 全国各地区2015年新设小微企业周年开业率

从收入情况看，东北地区有收入的企业占本地开业企业的比例为72.8%，低于全国平均水平8.5个百分点，分别低于中部和西部地区16.8个和10.1个百分点（见图18）。

从对就业的贡献看，东北地区新设小微企业户均吸纳6.4人就业，低于全国平均吸纳7.6人就业的水平（见图19）。从吸纳就业人员增长情况看，东北地区小微企业周年从业人员增长率为6.4%，低于全国平均增长率7.9个百分点。

---

① 按照新设小微企业活跃指数量化方法测算，所用指标、权重及测算方法与新设小微企业保持一致，基期数据选择2015年第二季度新设小微企业调查数据。

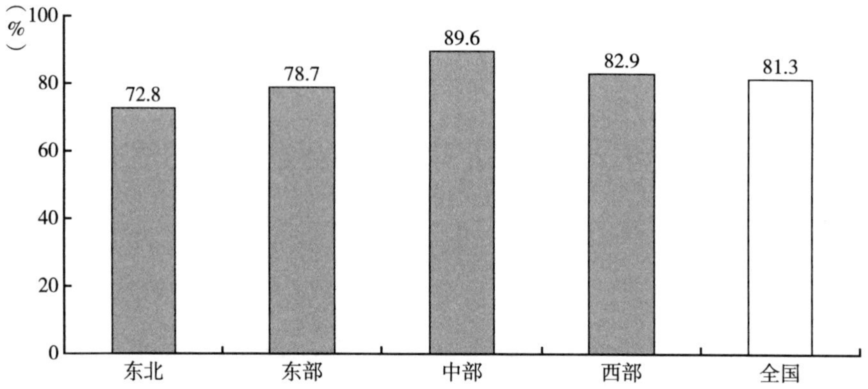

图 18　全国各地区 2015 年新设小微企业开业周年有收入的企业占比

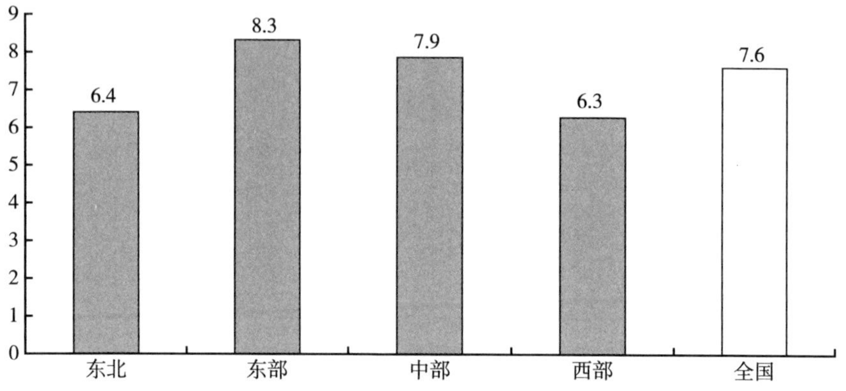

图 19　全国各地区 2015 年新设小微企业开业周年户均从业人数

从开业企业经营盈亏情况看，东北地区开业小微企业中盈利企业占比为 29.2%，是四个地区中盈利企业占比最高的地区，高于全国平均占比 7.4 个百分点。从亏损企业占比看，东北地区亏损企业占比最低，低于全国平均占比 6.3 个百分点，低于西部地区 13.7 个百分点。表明东北地区虽然新设小微企业开业率低，但开业经营的企业尤其是实现营收的企业质量相对较好，经营盈亏情况好于其他地区（见图 20）。

2. 东部新设小微企业占主导地位，偏好发展文化和科技产业，助推产业结构优化调整

从总量来看，东部地区新设小微企业占主导地位，开业企业数量、吸纳就

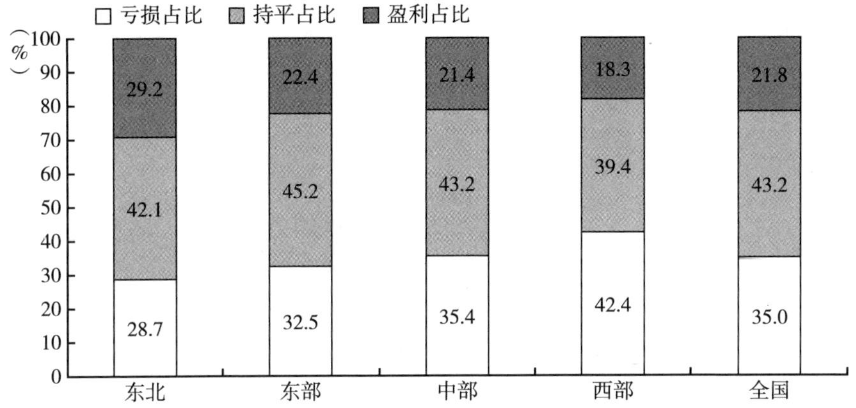

图 20　全国各地区 2015 年新设小微企业经营盈亏情况

业人数、实现的营业收入和贡献的纳税额占全国新设小微企业的比重分别为 49.0%、53.6%、54.9%和 50.7%；中西部占比合计在四成左右；东北地区小微企业在全国占比较少，不足十分之一，其新设小微企业开业数量、从业人员、营业收入和纳税额占比分别为 8.6%、7.2%、5.2%和 4.4%（见图 21）。

从各地区新设小微企业的产业偏好①看，东部地区小微企业偏好知识和技术密集型的产业，表现较为明显的是科学研究和技术服务业，文化、体育和娱乐业，产业偏好系数分别为 1.374 和 1.230，除此之外，东部地区对制造业的偏好也较为突出，产业偏好系数为 1.269。与东部地区相比，中西部地区偏好发展农、林、牧、渔业，交通运输、仓储和邮政业，住宿和餐饮业等；东北地区偏好发展建筑业和房地产业（见图 22）。

3. 中部地区新设小微企业为就业、收入和纳税贡献较大，但企业经营效益不够理想

中部地区 2015 年新设小微企业周年开业率为 72.3%，高于同期全国新

① 产业偏好通过偏好系数也即相对优势系数来反映，某地区 A 行业偏好系数 =（某地区新设小微企业 A 行业企业数量/某地区新设小微企业总数）/（全国新设小微企业 A 行业企业数量/全国新设小微企业总数），大于 1 表示某地区新设小微企业对 A 行业具有一定的偏好，系数越大表明偏好越明显；小于 1 则反之。

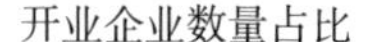
开业企业数量占比

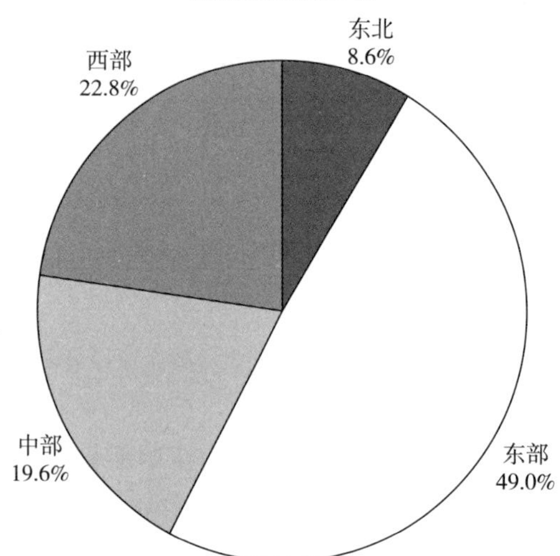

从业人员占比

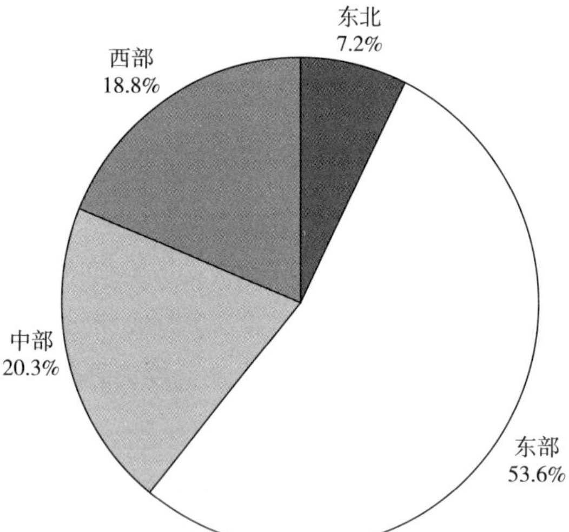

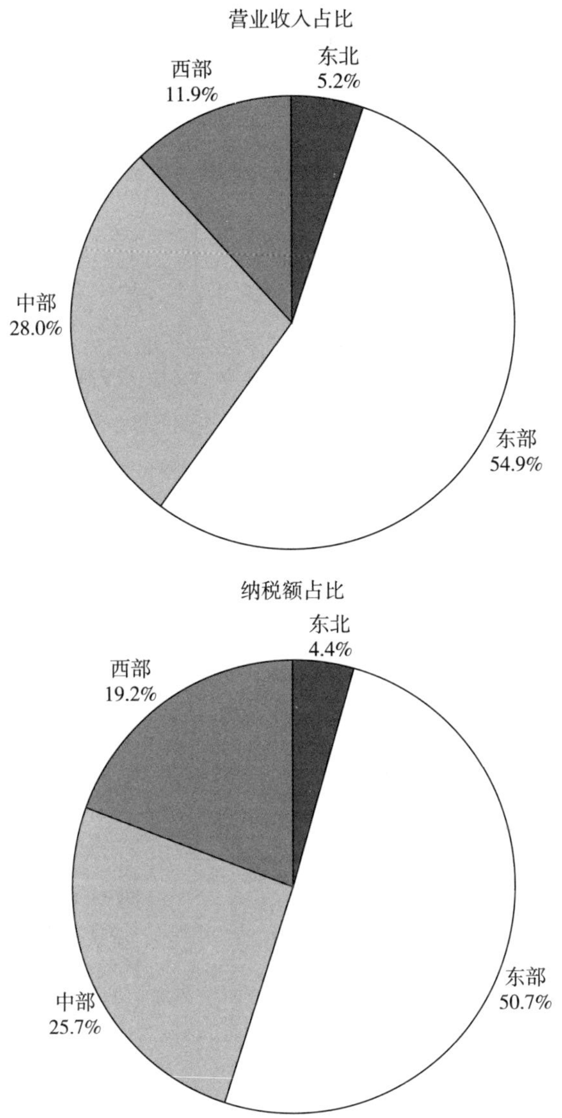

图 21　全国各地区 2015 年新设小微企业开业经营情况

设小微企业周年开业率 2.1 个百分点；开业企业积极吸纳相关人员就业，吸纳的从业人员占同期全国新设小微企业吸纳就业人员的近两成，户均吸纳 7.9 人，比开业时增长 16.6%，增速高于全国新设小微企业 2.3 个百分点，在四个地区中增幅最为明显（见图 23）。

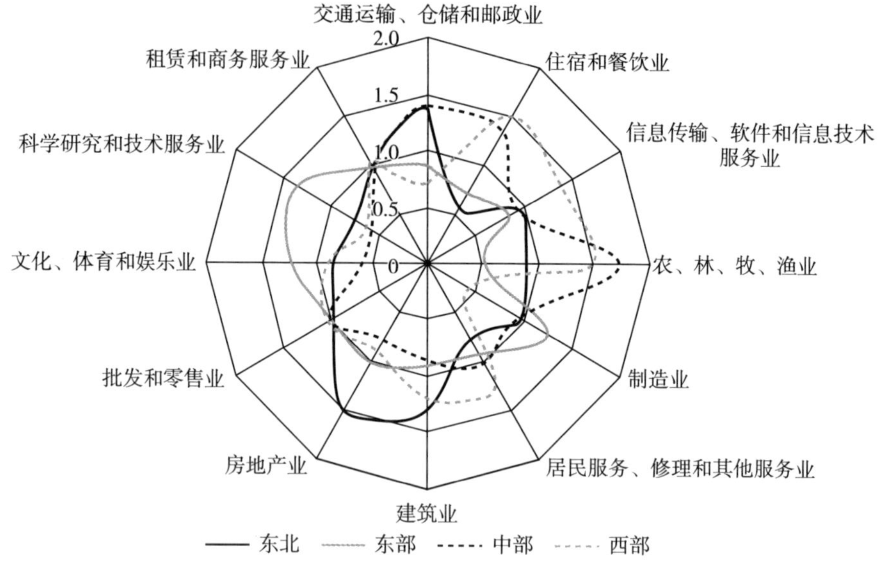

图22　全国各地区2015年新设小微企业产业偏好

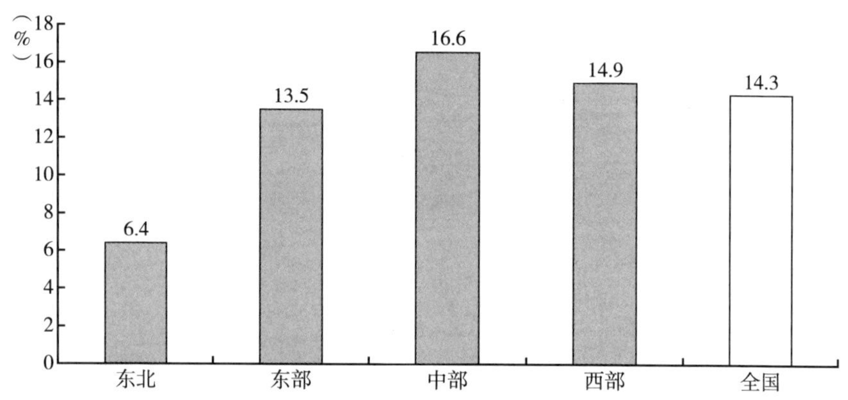

图23　全国各地区2015年新设小微企业开业周年从业人员增长情况

中部地区新设小微企业不仅为就业做出了重要贡献，也贡献了近三成的营业收入和1/4的税收，其中开业周年实现收入的企业占本地区开业企业的比例达到了89.6%，高于全国占比8.3个百分点，是全国四个地区中实现营收企业占比最高的地区。中部地区新设小微企业虽然实现收入占比较高，但总体的盈利状况并不是很理想，实现盈利的企业仅占21.4%，低于全国平均占比0.4个百分点，亏损企业占比为35.4%，高于全国平均占比0.4个百分点（见图20）。

4. 西部地区新设小微企业表现较活跃，但企业经营效益欠佳，吸纳就业能力有待提升

西部地区2015年新设小微企业周年开业率最高，为76.0%，高于全国新设小微企业开业率5.8个百分点。西部地区开业的新设小微企业积极开展各项生产经营活动，包括招聘员工，购买设备、原材料，投放广告，发布新产品，申请贷款、融资，申请专利、商标、著作权等知识产权，进行投资或设立分公司等，开展过相关活动的企业占比为71.0%，是全国唯一一个开展活动企业占比超过七成的地区（见表4）。

表4　全国各地区2015年新设小微企业开业以来开展活动企业占比

单位：%

活动	东北	东部	中部	西部	全国
招聘员工	50.3	47.3	40.5	52.6	47.4
购买设备	23.2	37.2	34.0	40.6	36.1
购买原材料	17.9	32.8	36.3	32.5	32.1
投放广告	14.1	15.1	23.4	18.1	17.3
申请银行贷款	15.1	6.5	15.2	9.5	9.6
其他方式融资/借款	2.4	5.0	10.4	3.3	5.5
发布新产品/服务	0.9	5.6	6.2	5.3	5.3
注册或被许可使用商标	1.0	1.8	2.1	1.2	1.7
申请或购买专利	0.2	1.0	0.7	0.6	0.8
设立分支机构	0.3	0.8	0.5	0.2	0.6
对外投资	0.2	0.6	0.4	0.4	0.5
申请或被许可使用软件著作权	0.1	0.6	0.2	0.2	0.4
以上均未开展	33.0	36.4	34.6	29.0	34.1

但西部地区开业企业经营状况并不理想，开业企业中亏损企业占比为42.4%，高于全国平均占比7.4个百分点，是四个地区中亏损企业占比最高的地区，盈利企业仅占18.3%，低于全国平均占比3.5个百分点（见图

20）。从对就业的贡献来看，西部地区新设小微企业户均吸纳 6.3 人就业，比全国新设小微企业平均每户少 1.3 人，也是需要加强人才引进的地区（见图 19）。

三　2015年新设小微企业经营中存在的困难

1. 各类企业反映的问题相对较为集中，税负问题是再次创业企业和规模扩张型企业反映较为突出的问题

2015 年全国新设小微企业经营中面临的困难涉及诸多方面，其中主要的困难是成本高、租金贵，缺少资金、融资渠道少、融资难，以及竞争激烈导致企业利润被挤压，这三类困难分别占新设小微企业反映困难总数的 22.2%、21.0%和 20.6%，合计占比 63.8%。随着商事制度改革的实施和推进，反映行业准入门槛设置不合理、行业垄断和办理经营业务相关证件难问题的企业相对较少，各类企业反映的这两类困难占比均不足所反映困难总数的 1.5%，这也体现出了改革确实在企业准入、为企业办事等方面提供了便利性，这些问题已不是各类企业所面临的主要问题（见表 5）。

表 5　2015 年新设各类小微企业反映的经营困难占比

单位：%

经营困难	初次创业	再次创业	规模扩张	全部
经营成本高、人工成本高、租金贵	22.5	20.7	21.0	22.2
缺少资金、融资渠道少、融资难	21.8	18.5	14.5	21.0
竞争激烈、利润低	20.7	19.0	21.5	20.6
缺少人员、招工难	8.1	7.6	9.6	8.2
留人难、专业人才缺乏	6.5	7.3	9.0	6.8
经营场所受限、缺少合适的场所	6.2	7.3	7.3	6.4
技术水平不高、创新难	5.0	6.2	4.8	5.1
经营管理水平不高、经营管理不善	3.3	4.6	2.8	3.4
税收比例高、税收负担重	1.9	3.1	4.1	2.2
行业准入门槛设置不合理、行业垄断	0.7	1.4	1.0	0.8
办理经营业务相关证件难	0.7	1.1	1.4	0.8
其他	2.7	3.2	3.0	2.7

分企业类型看，初次创业、再次创业和规模扩张企业反映的主要困难较为一致，成本高、资金缺乏、竞争激烈等均是集中问题；从反映的各类问题的相对困难系数①来看，初次创业企业反映缺少资金、融资渠道少、融资难问题的困难系数相对较大，为1.04，表明初次创业者还缺乏资金积累，在融资方面还需要拓宽渠道；再次创业企业反映较为突出的问题相对较多，其中在税收比例高、税收负担重，经营管理水平不高、经营管理不善，技术水平不高、创新难，经营场所受限、缺少合适的场所等方面的相对困难系数分别为1.40、1.37、1.22和1.14，表明再次创业企业在税收、经营管理、技术创新等方面所遇到的困难较其他企业突出；规模扩张型企业反映税收比例高、税收负担重，留人难、专业人才缺乏，缺少人员、招工难，经营场所受限、缺少合适的场所等问题的困难系数相对较大，分别为1.87、1.33、1.17和1.15，表明扩张型企业相对其他企业在开展经营方面主要缺少场地和人才，另外就是面临税负重的问题较为突出（见图24）。

2. 无收入企业反映缺少资金问题突出，高收入企业税负问题突出，中低收入企业面临的突出问题相对较少

开业企业中无收入企业占比18.7%，是需要重点监测的对象。通过与不同收入企业对比，发现无收入企业反映缺少资金、融资渠道少、融资难问题占比较高，为26.0%，高于新设小微企业总体占比5.0个百分点，困难系数为1.24，相对于有收入企业该问题较为突出。收入百万及以上的高收入企业户均反映的困难数最多，为2.6件，比新设小微企业户均多0.4件，其中税收比例高、税收负担重问题占比4.0%，高于新设小微企业总体占比1.8个百分点，困难系数为1.82，表明相对于无收入和低收入企业来说，高收入企业对税负问题较为关心，面对税收困难问题较为突出；另外，高收入企业还面临缺少专业人才、技术水平不高、创新难等较为突出的问题。收入百万以下的中低收入企业占主导地位，相对于无收入和高收入企业，它们所

① 某类企业A类问题的困难系数 = 某类企业反映A类问题占比/所有企业反映A类问题占比，困难系数大于1表明该类企业面对A类问题的困难相对较大。

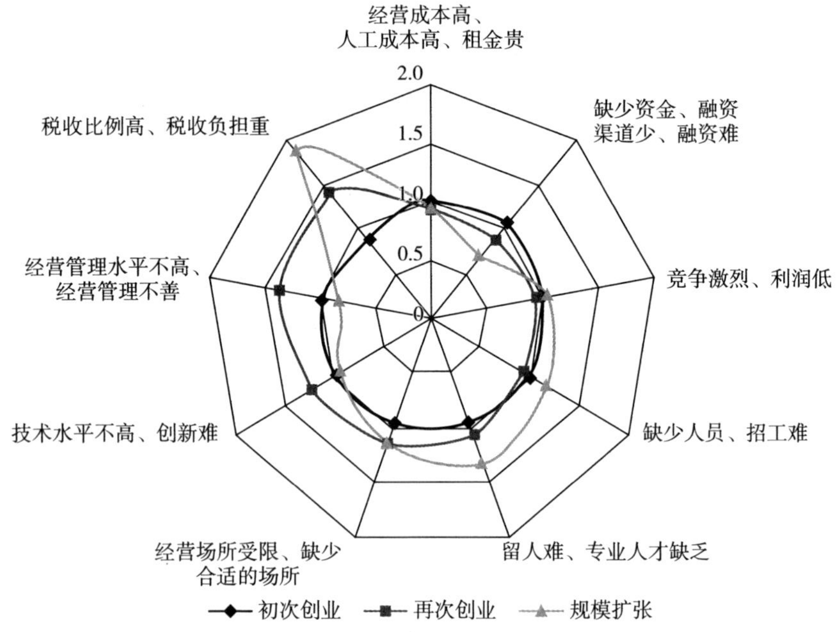

图 24　2015 年新设各类小微企业经营中面临问题的相对困难系数

面临的困难较为平缓，困难系数较大的相对较少（见图 25）。

3. 大学生新创小微企业面临的困难较多，经营成本高以及缺少资金、人才、技术和经验等问题较为突出

大学生新创小微企业经营中存在的困难 60.3% 集中于经营成本高、人工成本高、租金贵，缺少资金、融资渠道少、融资难，以及竞争激烈、企业利润低三个方面，这三类问题分别占大学生新创小微企业反映困难总数的 21.1%，20.1% 和 19.1%（见图 26）。

与新设小微企业①相比，大学生新创小微企业经营中面临的困难相对较多，平均每户企业反映的困难数为 2.6 件，比新设小微企业户均多 0.4 件；另外，大学生创业者明显缺乏经验和积累，所创企业反映缺少人员、招工难，留人难、专业人才缺乏，经营场所受限、缺少合适的场所，技术水平不

① 不包括 2015 年第一季度新设小微企业。

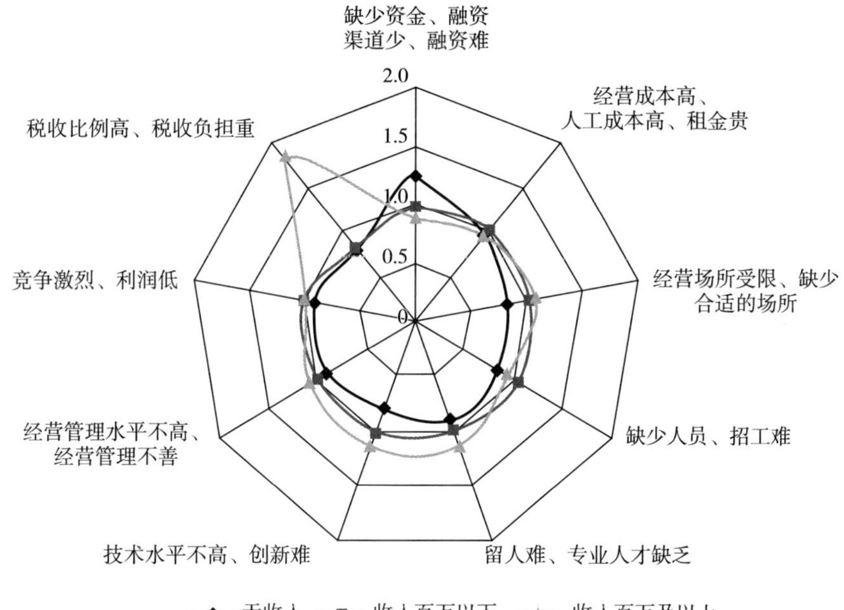

图 25　2015 年不同收入的新设小微企业经营中面临问题的困难系数

高、创新难，经营管理水平不高、经营管理不善等方面的问题占比均高于新设小微企业。说明大学生在创业初期需要投入的较多，但由于经营成本高，缺少资金、人才和技术，以及自身缺乏经营管理经验和资金、人脉等积累，遇到的问题相对较多，需要克服的困难较大。

4. 西部企业户均反映的困难较多，东部企业税负问题突出，东北地区资金问题突出

从各地区 2015 年新设小微企业反映的经营中存在的困难来看，西部地区企业户均反映的困难最多，为每户 2.4 件，比全国平均多 0.2 件，比东北地区多 0.7 件。从各种困难的分布看，主要集中在成本高、缺少资金、市场竞争激烈等三大方面，其中东北地区这三方面的问题占本地区新设小微企业反映困难总数的 73.5%，高于全国占比 9.7 个百分点，问题集中度相对较高。各地区新设小微企业反映行业准入、办理经营业务相关证件方面的问题占比均不超 1%（见表 6）。

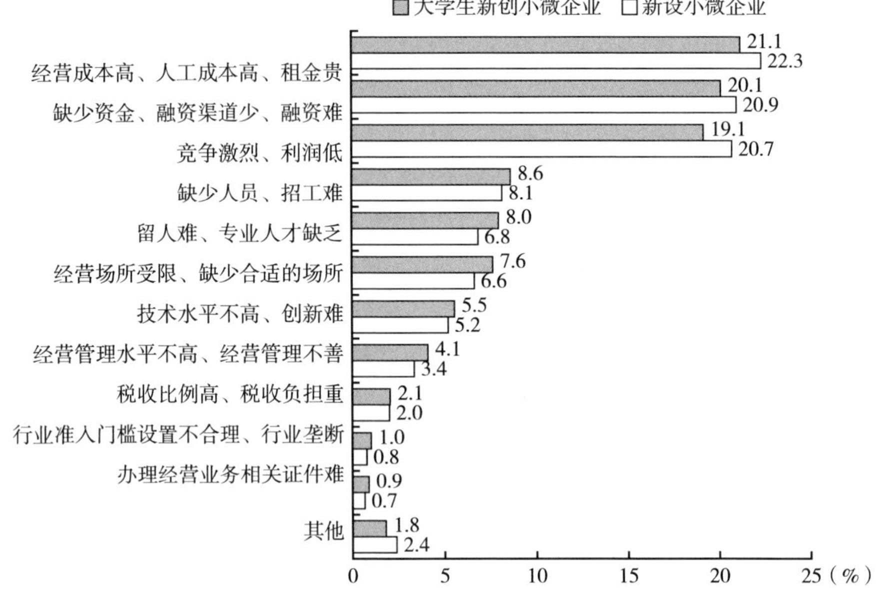

图 26　2015 年大学生新创小微企业和新设小微企业面临的各类经营困难占比

表 6　全国各地区 2015 年新设小微企业面临的各类经营困难占比

单位：%

经营困难	东北	东部	中部	西部	全国
经营成本高、人工成本高、租金贵	22.7	22.4	23.3	20.8	22.2
缺少资金、融资渠道少、融资难	26.3	18.5	20.6	24.7	21.0
竞争激烈、利润低	24.5	21.3	22.8	16.4	20.6
缺少人员、招工难	6.4	8.5	6.6	9.3	8.2
留人难、专业人才缺乏	4.0	6.8	6.7	7.6	6.8
经营场所受限、缺少合适的场所	4.2	6.3	6.7	6.7	6.4
技术水平不高、创新难	2.7	5.5	4.7	5.1	5.1
经营管理水平不高、经营管理不善	3.4	3.3	3.0	3.9	3.4
税收比例高、税收负担重	1.5	2.7	1.9	1.7	2.2
行业准入门槛设置不合理、行业垄断	0.6	0.9	0.6	0.8	0.8
办理经营业务相关证件难	0.6	0.8	1.0	0.6	0.8
其他	3.2	3.2	2.0	2.4	2.7

从各地区新设小微企业反映问题的相对困难系数来看，东部地区反映税收比例高、税收负担重的问题相对较为突出，困难系数为1.22；东北地区反映缺少资金、融资渠道少、融资难的占比较高，高于全国平均占比5.3个百分点，该问题的相对困难系数为1.25；西部地区新设小微企业经营中面临着缺少资金、融资渠道少、融资难，缺少人员、招工难，留人难、专业人才缺乏等相对突出的问题，这些问题占比分别高于全国新设小微企业平均占比3.7个、1.1个和0.8个百分点，相对困难系数分别为1.18、1.13和1.13，表明西部地区缺少资金和人才问题较为突出，扶持政策和人才吸引方面仍需加强；中部地区新设小微企业反映相对突出的问题较少（见图27）。

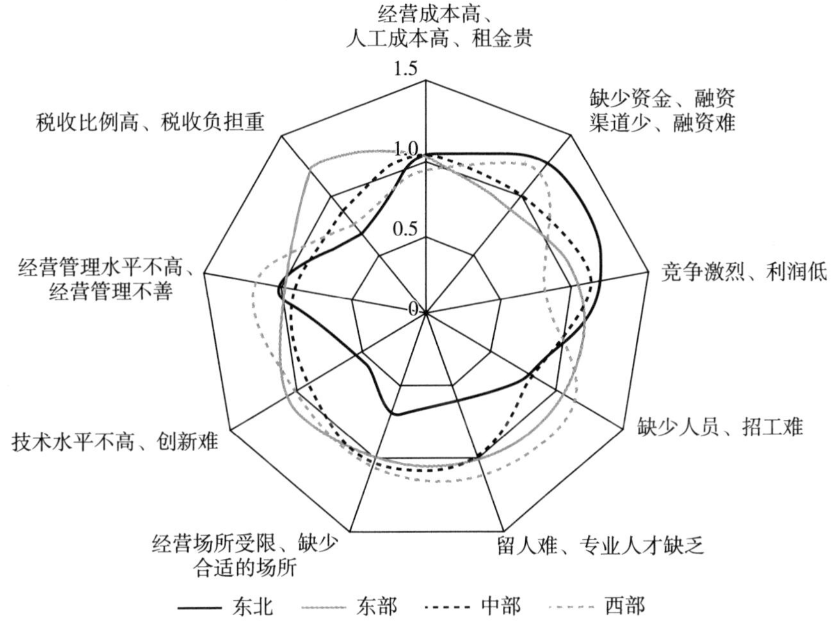

图27　全国各地区2015年新设小微企业反映问题的相对困难系数

四　对策及建议

从2015年各季度调查的新设小微企业经营中面临的主要困难来看，成

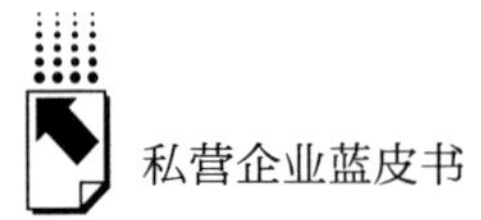

本高、市场竞争激烈、缺少资金、缺乏人员等是普遍存在的问题，也是反映相对集中的问题。另外，通过对不同群体、不同地区新设小微企业反映的问题进行分析，发现大学生新创小微企业面临的困难较多，西部地区小微企业面临的突出问题较多，初次创业企业和没有收入的企业均在资金方面存在困扰，而高收入企业则对税负问题较为关心。为了更好地促进小微企业发展，破解大学生创业所遇到的困境，促进不同区域企业均衡发展，应积极采取措施引导和帮助小微企业解决相关难题，激发小微企业的活力，促进经济平稳发展以及社会和谐稳定。建议做好以下几方面的工作。

1. 深化落实，进一步优化小微企业发展环境

小微企业作为经济发展的重要细胞，在活跃市场经济、促进社会稳定方面均具有重要作用。国家以及各地方政府均高度重视小微企业发展，出台了相关的政策文件，建议一是各级政府部门要提高认识，切实贯彻落实好促进小微企业发展的一系列政策措施，让政策进一步落地，让小微企业真正享受到政策带来的实惠。二是深化改革，进一步简化审批程序，提高办事效率，规范收费行为，营造高效廉洁的政务环境，切实减轻小微企业负担。三是建立专门机构，统筹解决小微企业发展中面临的问题。可以发挥个协等组织作用，在政策宣传、反映诉求等方面提供服务。四是转变工作作风，提升服务意识，指定基层工作人员专人负责联系小微企业，定期深入调查研究，发现小微企业发展中的突出问题并及时上报，为政府部门出台更具针对性的政策措施提供帮助。

2. 多措并举，帮助小微企业缓解融资难题

缺少资金、融资渠道少、融资难是新设小微企业尤其是初创企业面临的一大难题。为了缓解小微企业融资难的问题，建议一是引导金融机构加强和改善对小微企业的融资服务。定期组织开展多种形式的银企对接活动，运用现有灵活多样的金融产品全力为小微企业服务。适当放宽对小微企业贷款不良率的容忍度。二是加大对融资性担保机构的扶持力度，扩大担保机构规模，为小微企业贷款提供有效支持。加强监管的同时，在保证资金安全的情况下，逐步放宽小额贷款公司的审批限制，增加小额贷款公司数量，降低小

微企业融资成本，拓宽小微企业融资渠道。三是强化对初创小微企业的融资扶持，尤其是对初次创业者或大学生创业者，在创业初期缺少资金积累，可以申请创业扶持贷款，贷款利率执行同期基准利率，建议当地政府提供专项财政扶持创业资金；另外，创业者可按规定享受小额担保贷款财政贴息。四是加快诚信体系建设，积极鼓励和引导小微企业增加财务透明度，使金融机构对企业的经营环境与前景有足够的信心。将诚信建设作为支持小微企业发展的重要抓手，建立完善的小微企业资信评价体系和信用担保机制。五是鼓励采取动产抵押、股权质押、商标专用权质押和向金融部门推荐诚信文明企业的方式，帮助企业开辟融资渠道。

3. 创新扶持机制，切实减轻小微企业负担

随着原材料成本、人工成本以及税负等附加成本的不断增加，成本问题已成为困扰小微企业的主要难题。建议继续深化改革，不断创新小微企业扶持体制机制，切实减轻小微企业负担。一是扩大专项资金规模，改革创新支持方式。为了鼓励小微企业发展，近几年中央财政支持中小企业资金规模实现了较快增长，为了提高财政资金使用效率，在加大专项资金规模的同时，要加快完善资金政策，探索支持创新方式，调整支持重点。二是通过鼓励利用社会资金将闲置的工业楼宇、商务楼、科研楼等打造成企业生产经营活动场所，以低廉的价格租借给小微企业开展生产经营，降低企业的经营成本。三是对符合一定条件的小微企业在场地租金和贷款贴息等方面给予补贴，尤其是对由于规模扩张而需要扩大再生产的企业，为了鼓励发展，可以给予优先享受相关政策的优惠。四是设定不同标准，减轻小微企业税负，对于创新型的小微企业可以在税收方面放宽条件，减半征收税赋或实施免征税政策，对于收入百万以上的企业可以采取限额反税等优惠政策，既可以减轻企业负担也可以鼓励企业不断创新进取。

4. 增强创新意识，提升小微企业市场竞争力

调查显示，推出创新产品、申请专利、注册商标和软件著作权的小微企业盈利能力较强。在大众创业、万众创新的背景下，应鼓励小微企业增强创新意识，加大创新产品研发和投入，提升小微企业的竞争力，以缓解因为市

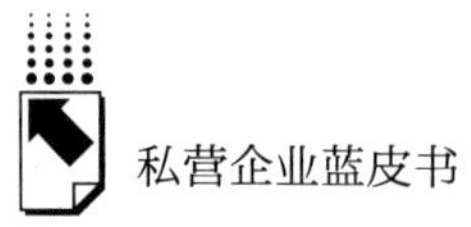

场竞争激励而导致利润被挤压的问题。一是建立全面的小微企业创新活动评价体系，使得小微企业的创新活动可以进行量化评估。二是对于开展创新活动的小微企业给予税收减免和租金优惠等财政支持。三是加强企业对创新成果的保护和创新行为的激励，定期组织企业开展科技创新成果评选活动，激励企业在市场竞争中不断创新，企业内部鼓励以技术入股等形式进行分配，将科技成果转化的数量与质量作为奖励的重要指标，激发全员创新的热情。

5. 鼓励大学生创业，推动小微企业不断创新

大学生创业更为偏好现代新兴产业，大学生的创业活动将成为持续推动产业结构转型升级的新动能。为了支持和鼓励大学生创业，建议一是各政府部门、协会组织、金融机构等单位协调帮助大学生创业者，在创业初期从贷款条件、经营场所选择等方面放宽条件，帮助大学生创业者解决资金和经营场所问题。二是定期开展创业青年、优秀创业人才经验交流会，以优秀创业人才的创业经验帮助创业大学生树立创业信心、掌握创业技能、提高创业管理能力。三是充分利用大学生创业者的学校教育资源，发动老师、同学等积极参与创业创新，补充人员的同时提升企业的创新能力，增强市场竞争力。

6. 发挥政策引导作用，促进区域协调发展

从新设小微企业的区域分布看，东部占主导地位，与其他区域间的差距仍较大。为了缩短地区间的差距，促进区域协调发展，建议一是发挥西部大开发政策的导向作用，有倾向性的向西部地区给予一些倾斜，放宽在西部地区创业的条件，给予更大幅度的优惠政策，吸引相关的人才到西部地区创业。二是充分挖掘西部相对落后地区大众创业潜力，为创业企业和创业人才提供一定的物质条件，降低创业成本，充分激发大众创业积极性。三是因势利导，引导资源密集型产业相关企业向中西部转移，落户在资源相对丰富的地区，帮助减少因成本问题所带来的困扰。四是加强区域间企业投资互动，鼓励东部发达地区企业或优秀企业家到西部落后地区投资创业，将成熟的经验和技术带到企业，推动企业发展，以发挥东部发达地区的辐射带动效应，促进区域协调发展。

B.5

科技企业的营商环境与政商关系

符 平　韩继翔*

摘　要： 本文基于对中部地区某行政区的企业家与政府官员的调研，分析了科技型企业的营商环境及其政商关系。文章描述了企业的组织规模、组织架构以及营商环境的制度化和安全性对政商关系紧密度和透明度的影响，发现政商关系整体上趋于稳定和透明，呈现出“互补共生”特征。不过，基层政商关系在实践中也呈现出不利于“亲”、“清”型政商关系构建的若干特征：（1）“冷商懒政”现象在一定范围内依然比较明显；（2）政府注意力分配机制导致政商交往出现“差序格局”状态；（3）服务企业的有效平台供给短缺导致“政商芥蒂”现象仍然存在；（4）企业与政府交流存在一定程度的信息不对称与信息获取不及时；（5）企业影响力的不同导致政商关系在不同企业之间呈现差异化特征。文章最后探讨了其中的原因并提出了相关建议。

关键词： 新型政商关系　基层政府　科技型企业

一　调查背景

2016年，习近平总书记用“亲”和“清”两字阐明了一种新型政商

---

* 符平、韩继翔，华中师范大学社会学系。

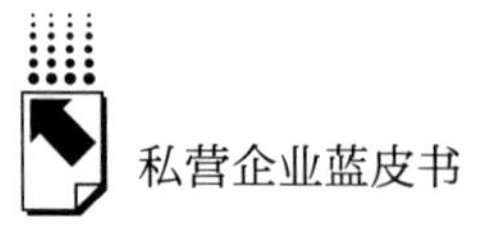

关系。这从根本上为中国当下及未来构建何种政商关系指明了方向。“合抱之木，生于毫末；九层之台，起于垒土”。只有在基层积极锻造这种新型政商关系，方能切实实现习总书记所提出的目标。创新驱动发展是我国当前的重要发展战略。2012 年，“创新”一词在党的十八大报告中出现的次数达 55 次之多。科技型企业作为创新的重要市场主体，其营商环境特别是政商关系如何，对于企业本身发展乃至创新驱动的经济发展都具有重要影响。

鸿文区（化名）是我国中部地区闻名的大学城和科技城，辖区内有高等院校近 40 所，拥有华中地区最大的科技电子与信息市场，是中部地区重要的科技成果转化基地。辖区内科技型企业是鸿文区建设集聚创业人才、创业资源、创业服务的科技企业孵化区的重要力量，也是推动当地经济发展模式转型升级的关键市场主体。推动鸿文区科技型企业的健康快速发展，解决其发展过程中面临的困境和阻碍，是实现地方发展目标的重要任务。鸿文区政府通过要求领导干部亲近企业的诸多举措，及时发现企业的问题，帮助解决企业的困难，也在积极推进“新型政商关系”的形成。鸿文区科技型企业的发展现状、营商环境和面临的政商关系，是我们认识当前基层新型政商关系实践的一面镜子。

本文主要通过 2016 年 7 ~8 月实施的“鸿文区科技型企业问卷调查”和四场科技型企业家代表座谈会来了解基层企业的营商环境和政商互动状况。鸿文区通过高新认证的科技型企业共有 127 家，包括税收在鸿文区但厂房不在鸿文区，以及税收和厂房都在鸿文区两大类。在鸿文区积极响应中央加快科技创新的利好背景下，科技型企业的发展现状和前景，以及其与当地政府的互动状况都具有一定的典型性。本次问卷调查采取随机抽样的方法，调查样本总数为 100 家企业，先是从上述 127 家高新科技型企业中随机选取了 58 家企业，然后在孵化器初创型企业中随机选取了 42 家企业。课题组采取现场填答或邮件寄送的方式发放了 100 份问卷，总共回收了 100 份问卷，回收率 100%，其中有效问卷为 98 份，有效率为 98%。参加每次座谈会的企业家为 4 ~5 位，同时也有 2 ~3 位地方政府官员参加座谈。

二　企业基本情况

1. 企业负责人的基本状况

被调查企业负责人的基本状况见表1。在性别上，在我们调查的98位企业负责人中，男性88人，占比89.80%；女性只有10人，占比10.20%。在代际上，属于“70后”的企业负责人占比最多，占36.73%，然后依次是“80后”（35.71%）、“60后”（19.39%）、“50后”（5.11%）。在政治面貌上，63人是群众，占比64.3%；33人是中共党员，占33.7%；只有2人是民主党派，只占2%。

表1　企业负责人基本状况的描述性统计

变量	样本量	百分比(%)	变量	样本量	百分比(%)
性别			出生年份		
男	88	89.8	1950年以前	3	3.06
女	10	10.2	1950~1959年	5	5.11
政治面貌			1960~1969年	19	19.39
中共党员	33	33.7	1970~1979年	36	36.73
民主党派	2	2	1980年以后	35	35.71
群众	63	64.3	MBA/MPA情况		
全日制学历			是	13	16.2
高中/中专	3	3.2	否	67	83.8
大专	12	12.8	公司是否为第一次创业		
本科	60	63.8	是	61	75.3
硕士及以上	19	20.2	否	20	24.7
最高学历			是否为企业创办人		
高中/中专	1	1.1	是	79	85.9
大专	13	14.4	否	13	14.1
本科	53	58.9	企业内职务		
硕士及以上	23	25.6	董事长	27	29.3

续表

变量	样本量	百分比(%)	变量	样本量	百分比(%)
境外学习经历			总经理	59	64.2
是	5	6.2	副董事长/副总经理	6	6.5
否	76	93.8			
境外工作经历					
是	2	2.5			
否	79	97.5			

在企业负责人的学历方面，我们调查了企业负责人的全日制学历和最高学历。首先是全日制学历，比例最高的是本科（63.8%），其次为硕士及以上（20.2%）和大专（12.8%）。持高中或中专学历的比例非常低（3.2%）。其次是在最高学历方面，占比最多的依然是本科（58.9%），然后依次是硕士及以上（25.6%）、大专（14.4%）、高中或者中专（1.1%）。其中，16.2%的企业家有 MBA 或者 MPA 学历。这说明，科技型企业负责人基本上可以说是一个高学历群体。而在境外学习经历和境外工作经历方面，绝大部分被调查的企业家没有过这些经历。只有 6.2% 的企业家有过境外学习经历，2.5% 的企业家有过境外工作经历。在我们调查的企业家中，75.3%的企业家属于第一次创业，85.9%的企业家是企业创办人，29.3%的企业家在企业内的职务是董事长，64.2%是总经理。

2. 企业的基本状况

一般而言，企业的总资产和雇工人数可以用于评估企业的规模，通过资产负债率以及贷款在流动资金中的占比等指标可以用于评估企业的发展前景。而利润和税收既可以作为判断企业规模大小的标准，又能成为基层政府注意力分配的重要衡量标准。总体来看，鸿文区的科技型企业主要以中小型企业为主，企业的资产负债率适中，贷款所占比较低，整体发挥势头良好。

问卷中询问了企业在 2015 年全年总资产规模，除去两份缺失值的问卷，我们将企业资产规模分为四类（见图 1）：100 万以下，100 万 ~ 1000 万，1000 万 ~ 1 亿，1 亿及以上。总体而言，企业的资产投入规模多处于千万元级别，其中资产规模在 1000 万元到 1 亿元区间的企业占到 37.5%；其次，100 万～1000 万区间的企业占比为 33.3%。问卷同时将企业雇工人数分为六类：10 人（含）及以下、10～19 人、20～59 人、60～99 人、100～199 人、200 人及以上。总体上看，大多数民营企业都是中小型企业，超过 60%的企业雇工人数超过 20 人（见图 2）。

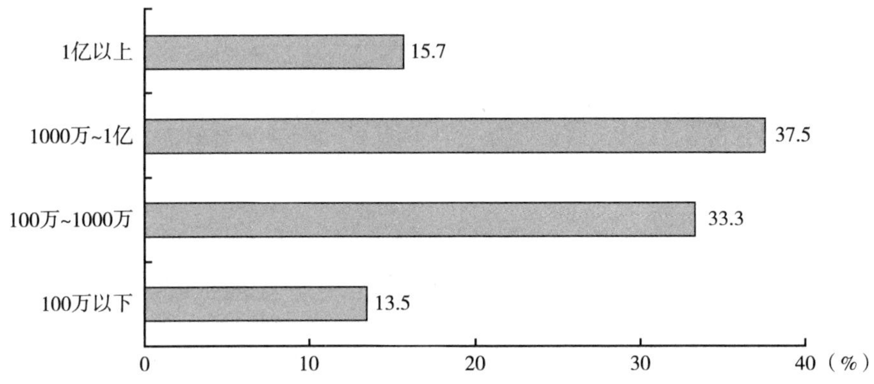

图 1　企业总资产区间的百分比状况

说明：每组范围包括下限不包括上限，以下各图同。

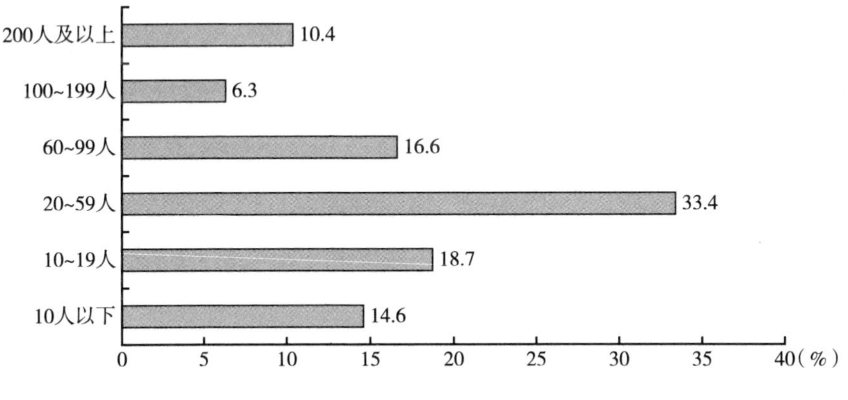

图 2　企业雇工人数

进一步地，在公司资产负债方面，2015 年被调查企业的资产负债率分布如图 3 所示。虽然有极少数（3.8%）的企业负债率超过了 100%，但将近80%的企业资产负债率在60%以下。结合企业的资产分布来看，科技型行业中企业整体上的运营处于较为平稳、健康的状态。

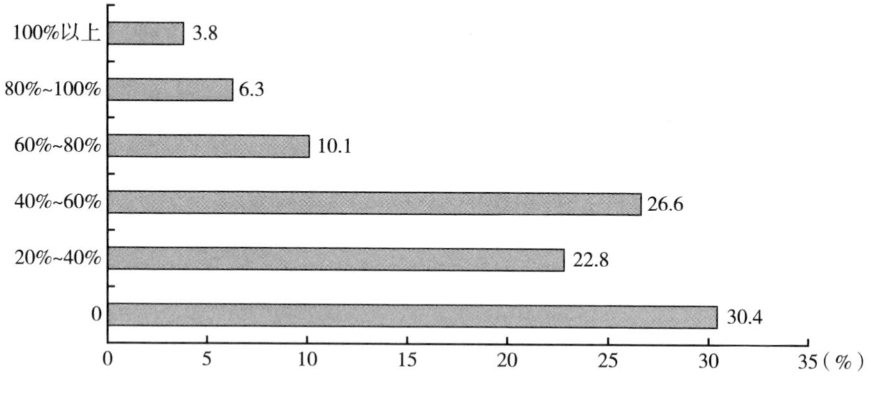

图3　企业资产负债率

为了方便数据统计，本次调查将企业的营业收入分为5组，随后进行频率分析：第一组，0～100万；第二组，100万～500万；第三组，500万～1000万；第四组，1000万～1亿；第五组，1亿以上。从图4可见，绝大多数科技型企业的营业收入在1000万以下，这其中在500万元到1000万元的企业比例最大，占36%。将营业收入与企业的资产规模放在一起分析，可以发现，企业的资产规模与营业收入基本呈现正相关关系，虽然资产规模超过千万的企业其营业收入所占比例并不与之匹配，但是这可能只是暂时不一致。在访谈中，不少企业表示近两年都在寻求技术创新和转型，以降低生产成本，这可能会对企业的营业收入产生一定的影响。

在企业利润问题上，通常而言科技型企业的利润来源主要依靠高新技术产品的生产和产品转化，处于平稳发展时期的企业理应具有较高的利润率。调查结果显示，被调查企业的利润总额主要集中于0～1000万，不过还有一部分企业处于负利润状态——根据座谈会的情况，有些企业还处于研发投入阶段，尚未进入市场。在对企业2015年净利润的测量中，我们将企业净利

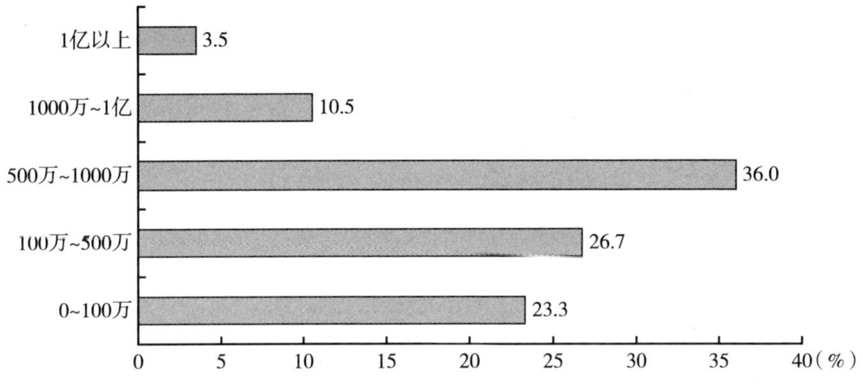

图4 企业营业收入

润分为五组。由图5可知，约62%的企业的利润在0~1000万元之间，同时仍有24.5%的企业净利润为负。

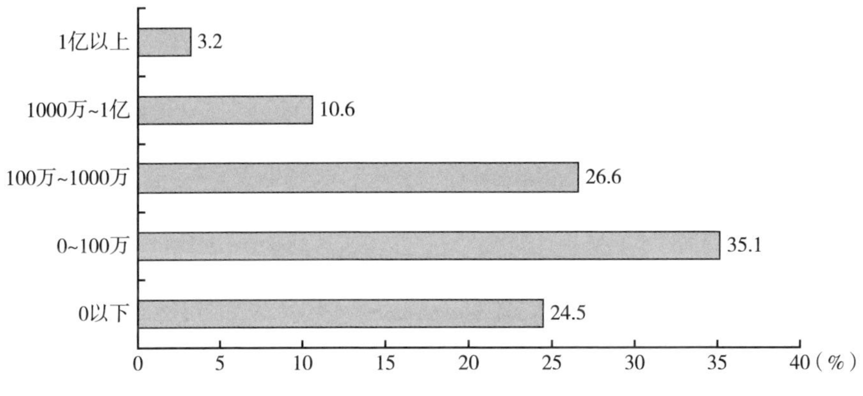

图5 企业净利润状况

为了进一步揭示高新技术在企业发展中的重要性程度，问卷调查了企业通过高新技术产品获得利润的情况。调查结果显示，相较于负利润的企业，依靠高新技术仍无法盈利的企业只占6%，而通过高新技术产品盈利规模在0~1000万元的企业占比达到了77%，仅有3.7%的企业盈利在1亿元以上（如图6所示）。同时截至调查期间，企业外部待回收的资金规模主要集中在100万元以下，占比70.8%，而这其中又有将近62%的企业表示并无欠债的情况。也有约一成的企业的外部待回收资金规模超过了 1000 万元（见图 7）。

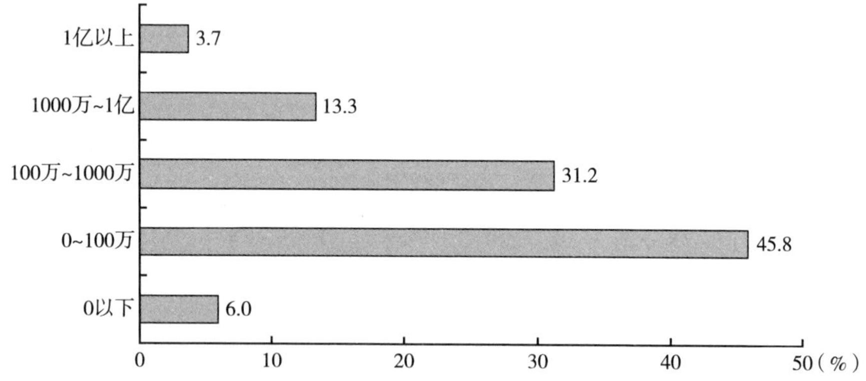

图 6　企业中高新技术产品所获利润

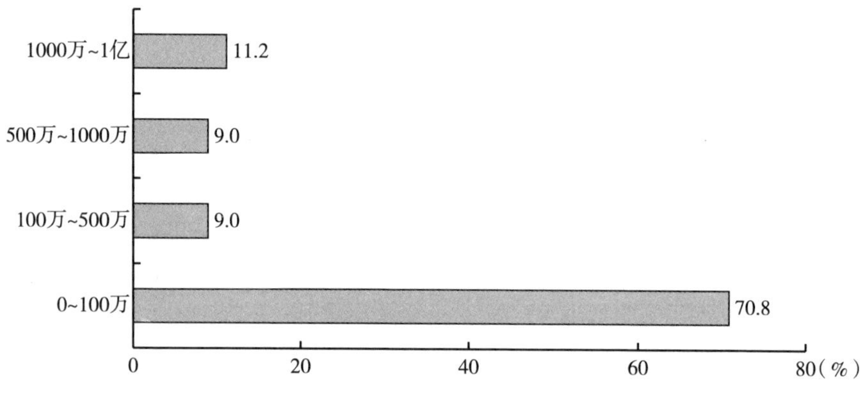

图 7　企业外部待回收资金的规模

总的来说，中央到地方出台的各种降低企业税负的政策成效还是比较明显的。我们按照纳税额将填答了此项问题的 93 家企业分为四个梯度：0～100 万、100 万～1000 万、1000 万～1 亿、1 亿以上。从我们调查的结果来看，企业的纳税支出相较于其资产规模而言所占比重较小，将近 70% 的企业纳税额低于 100 万元，只有 2.2% 的企业纳税在 1 亿元以上（见图 8）。

除了纳税之外，我们也调查了企业用于缴纳各种规定的费用（包括了

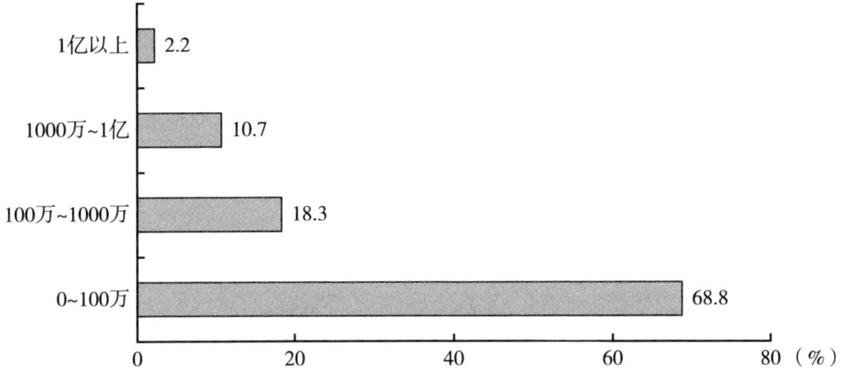

图 8　企业纳税数额分布

公关、招待等费用）的数额。其中，企业缴纳费用在 0 ~50 万元的占比约 3/4（75.7%），但仍有 17.2% 的企业在这方面的费用支出在 100 万元以上，在 50 万到 100 万之间的企业相对较少，占比为 7.1%。

对科技型企业而言，其核心技术、科技人才等科研投入在营业收入中的比重，都是判断其发展潜力的重要指标。这些指标不仅能反映企业自身的发展，也会影响到企业获得政府扶持的可能性。在科研成本投入上，根据作答的 70 家企业反馈，投入的科研成本占营业收入在 20% 以下的科技型企业是主流，占总数的超过 4 成；其次是 20% ~40% 的科研成本占比，为 22.9%（见图 9）。这一结果表明，被调查企业总体上在科研上投入占比较大的仍不太多，多数企业还有待加大对科研创新的投入。

在企业的融资状况方面，总体来看，企业主要将内部积累当作第一资金来源，且有 80% 的企业贷款占比在 10% 之下，有 74.4% 的企业在国有和股份制商业银行的贷款总额集中在 100 万以下。在问卷设计中，企业获取资金的渠道大致有 6 个，其中企业倾向于将“内部积累”作为资金的第一来源（占 91.4%），而作为第三个备选项，企业更青睐于“政策性扶持资金”，占 65.2%（见图 10）。

问卷主要从贷款额度以及贷款来源两个问题分析企业贷款情况。有 70 家企业对流动资金与贷款占比这一题做出了回答，具体情况如图 11 所示。

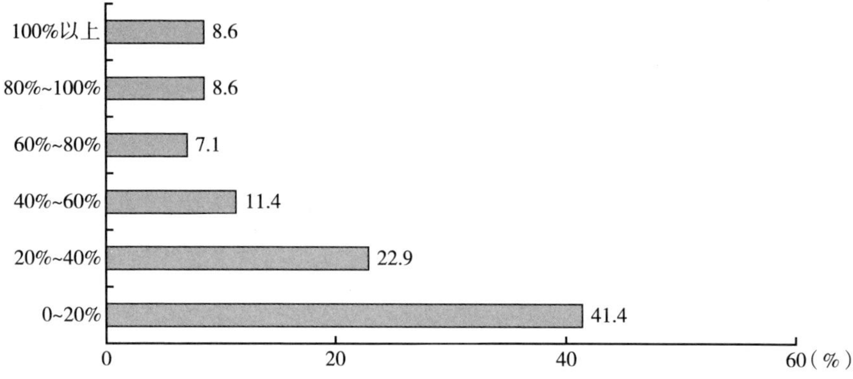

图 9　企业的科研成本占营业收入的比重

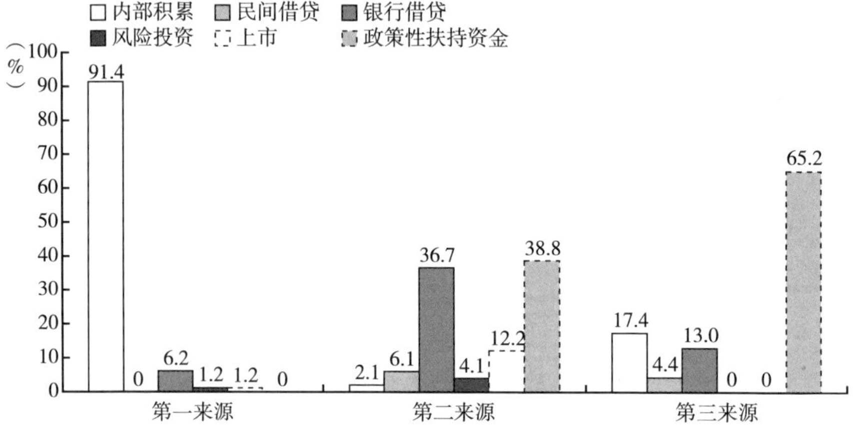

图 10　企业资金的主要来源

在有效样本中，对于企业流动资金而言，有将近 8 成的企业贷款占比在 10% 之下，其次有 8.2% 的企业贷款占比在 20% 到 30% 之间。而在这其中有不少企业在国有和股份制商业银行有贷款。为了方便分析，将在国有和股份制商业银行贷款总额分为四组：100 万以下、100 万 ~ 1000 万、1000 万 ~ 1 亿、1 亿以上。其中，没有贷款的企业占到总数（78 家企业）的 74.4%；贷款总额在 100 万至 1000 万之间的企业占到 12.8%；而在 1000 万至 1 亿元的企业有 10.3%，剩下不到 2.5% 的企业贷款超过 1 亿元。更具体地，贷款总额最高达到1.8亿元，有74.4%的企业在国有和股份制商业银行的贷款总额集中在100万以下，在100万到1000万之间的企业为12.8%，在1000万到1亿元之间的为10.3%。相比之下，在民间银行贷款的企业只有4家，因数量太少，此处不做具体分析。

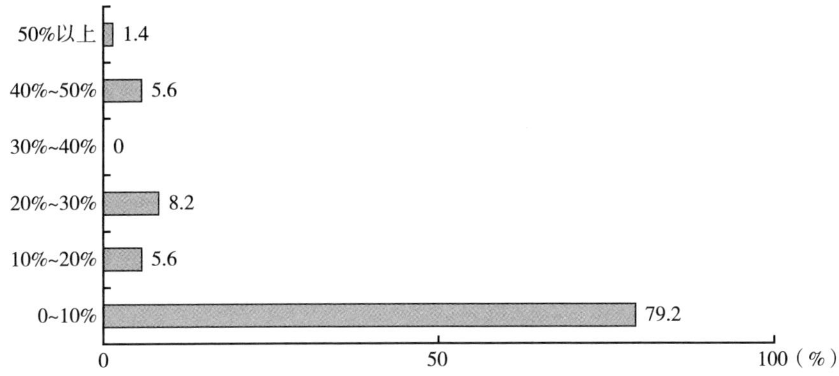

图11　企业贷款在流动资金中的占比

三　企业的内部治理与营商环境

1. 企业的内部治理

在本次调查中，我们从机构设置、重大决策权、经营管理权、制度建立四个方面考察了企业的内部结构与治理状况。

（1）企业内部的机构设置

在企业中，相较于党委会、工会和职代会等机构，股东会、董事会以及监事会是现代公司制度的重要组成形式。部分企业设有党委会、工会和职代会，且有些新成立的公司也建立了党委会等组织机构。这种组织内部机构的构成在一定程度上体现了党的方针政策对民营企业的影响。

数据显示，超过一半的公司有股东会、董事会，比例分别为64.8%、54.9%；有些公司还设有监事会、专职处理与政府关系的部门或人员、职工代表大会、工会，但设有这些机构的企业比例逐渐减少，分别为 38.5%、30.8%、28.6%、27.5%。少数企业设有中共党组织和法律（务）部门，设有中共党组织的比例为 14.3%，比设有法律（务）部门的高 3.3 个百分点。极少数公司还设有家族委员会或类似机构（2.2%）和共青团组织（4.4%），具体见图 12。

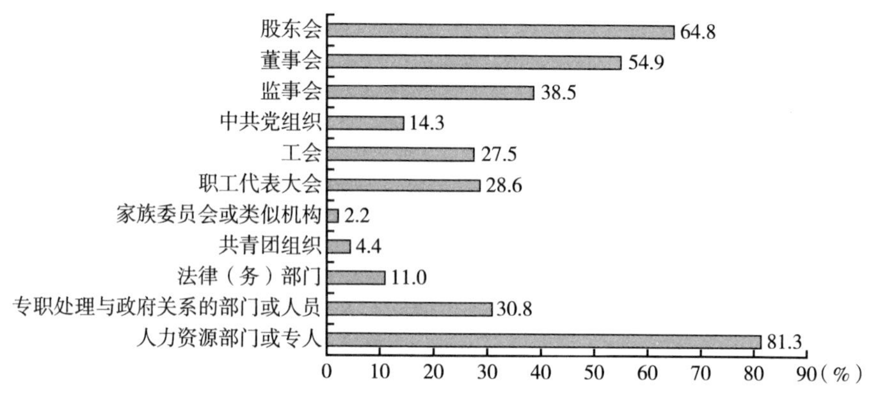

图 12　企业机构设置情况

除此之外，超过 4 成（42.3%）的企业已经完全建立现代企业制度，一半以上（54.4%）的企业基本建立现代企业制度。这表明，科技企业自身的发展有着制度性的保障（见图 13）。

（2）重大决策权与经营管理权的归属

在我们调查的企业中，企业组织内部做出重大决策的部门主要是全体股东（27.4%）、主要出资人和高层管理（都是 24.2%）；其次，许多企业中也会由董事做出决策（占 16.8%）；只有不到 7.4% 的企业选择由职业经理人或创业元老或家族成员做出重大决策。另外，在我们调查的企业中，有 1 家一人公司、2 家独资企业、10 家合伙企业、66 家有限责任公司、16 家股份有限公司。但因为一人公司、独资企业数量太少，偶然性比较强，所以这里我们只考虑合伙企业、有限责任公司、股份有限公司这三种注册类型与企业做出重大决策部门之间的联系，结果如下表 2 所示：合伙企业的重大决策主要由全体股东（66.7%）做出；有限责任公司的重大决策权比较分散，

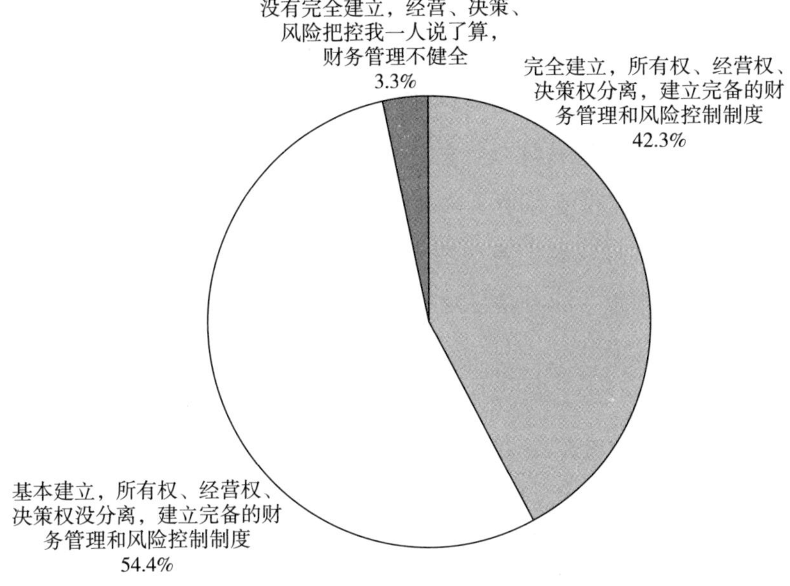

图 13　现代企业制度建立情况

主要出资人（29.4%）、全体股东（23.0%）、高层管理（24.5%）都是重要部分；股份有限公司的决策权也比较分散，主要由全体股东（31.0%）、董事（28.6%）、高层管理（28.6%）做出。

表 2　企业性质与重大决策权关系表

单位：%

	主要出资人	全体股东	董事	高层管理	职业经理人	家族成员	创业元老
合伙企业	16.7	66.7	8.3	8.3	0	0	0
有限责任公司	29.4	23.0	14.3	24.5	4.0	2.4	2.4
股份有限公司	9.4	31.0	28.6	28.6	2.4	0	0

同时，在我们调查的企业中，大部分企业的经营管理由高层管理会议负责，比例为44.3%，比由主要出资人负责的比例 38.6% 高 5.7 个百分点，由职业经理人负责的比例为 15.7%，由企业家的接班子女、家族其他成员负责的比例都分别只有 0.7%。

我们还考察了企业注册类型与经营管理负责问题的联系。总体来说，不同类型的企业都主要由高层管理会议来决定日常事务的管理，其中合伙企业经营管理中高层管理会议占比高达83.3%；有限责任公司则为37.1%；股份有限公司由高层管理会议负责的占60.0%。并且，合伙企业与股份有限公司都没有出现由企业家接班子女和家族其他成员负责的情况，但有限责任公司仍有极少数这种现象，比例都为1%（见表3）。这表明，企业不仅建立了相应的组织制度，同时在日常事务的管理和决策上也是严格按照现代制度标准来执行的。

表3　企业性质与经营管理负责权关系表

单位：%

	主要出资人	职业经理人	接班子女	家族其他成员	高层管理会议
合伙企业	16.7	0	0	0	83.3
有限责任公司	42.3	18.6	1.0	1.0	37.1
股份有限公司	32.0	8.0	0	0	60.0

2. 企业的营商环境

营商环境直接影响了企业的投资、交易决策，影响企业的绩效，对企业的发展至关重要。因此，我们在问卷中将经营环境细分为知识产权、人力资源、社会关系网络、融资环境、法律环境、安全保障环境等指标进行详细分析，以呈现企业营商所面临的外部环境。

（1）知识产权保护与人力资源服务

科技型企业的核心竞争力在于技术，尤其是原创技术，因而企业在申请专利、知识产权方面的满意情况是企业所处外部环境的一个重要维度。调查显示，将近95%的企业家认为这一过程是很顺畅或比较顺畅的。其中，23位企业家认为很顺畅，占比25.3%；而绝大部分（69.2%）表示比较顺畅，远远高于认为不太顺畅的企业家比例（5.5%），且没有企业家认为申请过程是不顺畅的。

本次调查发现，企业家对知识产权（商标和专有技术等）保护的情况整体上是满意的。企业家中对此表示非常满意和满意的分别有29位、53位，比例合计高达85.4%；而对此保持一般态度的企业家只有14位，占比为14.6%，且没有表示不满意或者非常不满意的企业家。

而对于知识产权的保护，企业家抱怨最多的是“知识产权管理制度尚不完善”问题，占比将近30%；其次是抱怨“知识产权的专门管理机构、专职人员匮乏”、“缺乏知识产权保护手段”，占比合计达到45%。相对来说，选择“知识产权管理意识薄弱”和“技术创新成果产权化意识薄弱”的要少些，但分别也有15%左右的企业如此认为。可见，这5类问题在知识产权保护上都或多或少地存在，但没有哪类问题显得特别突出（见图14）。

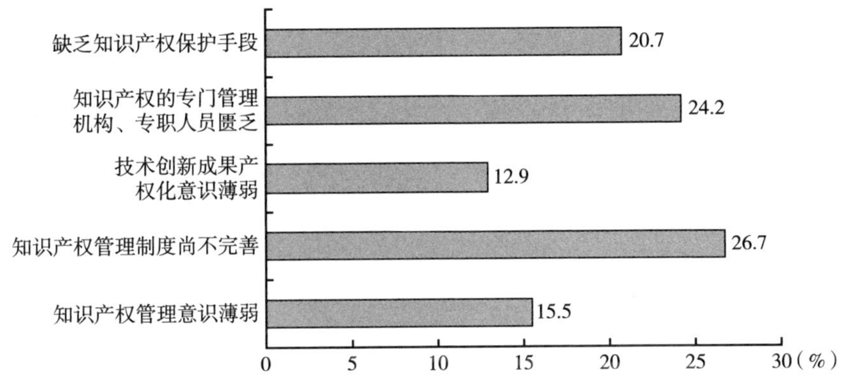

图14　企业在保护知识产权存在的问题

对于企业在当地找到所需的科技人才的难易程度的问题，有一半的企业家表现出一般的态度，有31%的企业家对市场的环境表示满意，剩下17%的企业家对此不满意或非常不满意。在座谈中，企业家普遍表示在鸿文区的人力资源市场上很难招聘到企业所需的技术型人才，其中一个很重要的原因是人才流失特别严重，当地高校和企业培养的技术人才往往更多地流向了北上广深等地区。企业对于人才招聘整体上并不十分满意的原因还在于当地提供的人力资源服务不尽周到。问卷调查显示，人才招聘会和网络招聘这两种人力资源服务是企业最迫切需要的，超过一半以上的企业表示需要地方提供这两种服务，特别是人才招聘会，占了将近3成，比网络招聘高约4个百分点。其次，劳动法律法规培训的需求也较大（15.7%）；猎头服务、工资福利指导、档案托管需求相对较小，且百分点相近，分别为12%、11.1%、7.4%（见图15）。

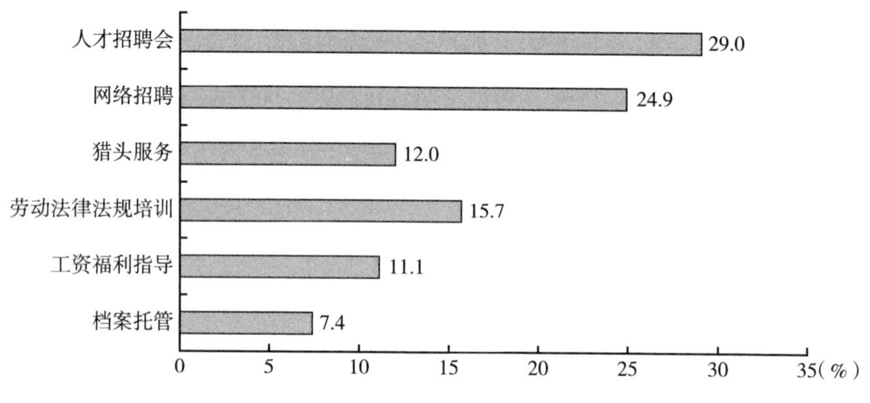

图15　企业的人力资源服务需求情况

（2）企业间关系

企业除了要面对自身的问题，还需要与产业链条上的其他不同企业发生各种业务往来，这种企业间的关系不仅关系到企业自身的发展，也影响着行业的发展前景。为此，我们考察了企业供应链间关系的稳定性，包括企业“和主要分销商的关系”、“和主要供应商的关系”、“和主要合伙人的关系”三个方面。

结果显示，没有任何企业在任意一个方面是不稳定和不好说的，企业与主要分销商以及与主要供应商的关系状态从结果上看几乎差不多（图16），非常稳定的百分比分别是34.1%、34%，比较稳定的百分比分别是63.7%、63.8%，选择不太稳定的百分比都只有2.2%。值得注意的是，在“和主要合伙人的关系”方面，没有任何企业是不太稳定的，全部企业都是非常稳定和比较稳定，且非常稳定的比例是63.4%。可见，企业与供应链间的关系是比较稳定的，特别是与主要合伙人的关系最稳定。

在客户满意度方面，调查结果揭示，企业家全都认为客户满意度是非常稳定或者比较稳定的，其中认为比较稳定的有55.2%。在企业的社会形象上，几乎全部被调查的企业都认为他们企业的形象是非常稳定或比较稳定的，仅有1%的企业家的态度是“不好说”，没有企业家认为是不太稳定或者不稳定的。

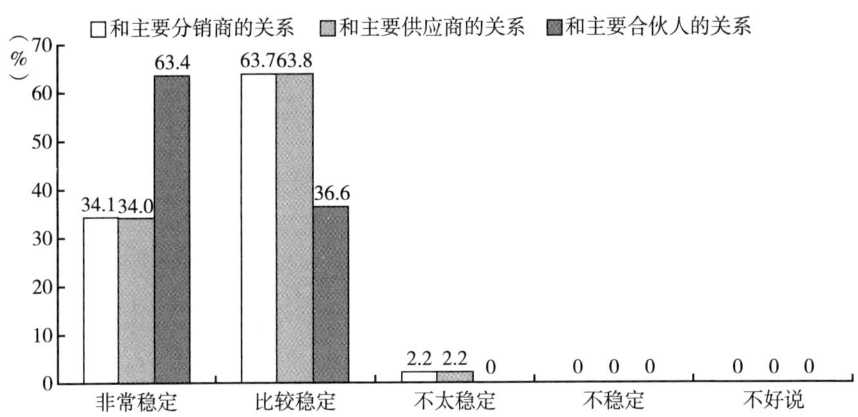

图16　企业关系的稳定情况

(3) 融资环境

对于企业发展来说，提高企业绩效可以通过扩大企业规模或者通过技术创新、产品创新来实现。但不论是哪一种战略，企业最后都可能需要通过融资来获取物质资本。对于初创期的民营企业而言，自有集资通常无法满足需要，银行贷款则是一种有效的融资途径。调查结果显示，56.2%的企业家对银行的贷款服务表示非常满意或者满意，这说明目前科技型企业的资金筹备相对而言是比较容易的。在所有企业中，表示对银行的贷款服务不满意或者非常不满意的比例虽然只有11.2%（见图17），但这可能反映出目前一些微创企业所面临的融资困境。

整体来看，企业家对从民间渠道筹资难易程度的满意情况与企业家对从银行贷款难易程度的满意情况相比，企业对前者的满意度比后者低：对前者表示满意的比例是40.9%，比后者少了15个百分点左右；有将近50%的企

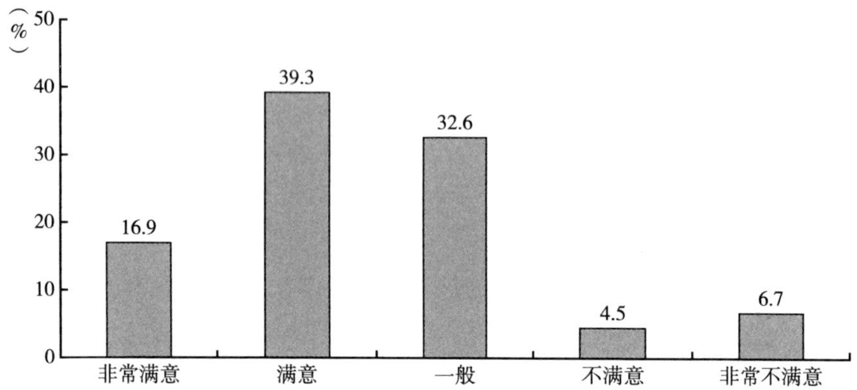

图 17　企业家对从银行贷款难易程度满意情况

业家表示“一般”；而表示“不满意”或非常不满意的比例是 11.3%，这与对从银行贷款难易程度“不满意”或者“非常不满意”的比例相近，只多了 0.1 个百分点（见图 18）。

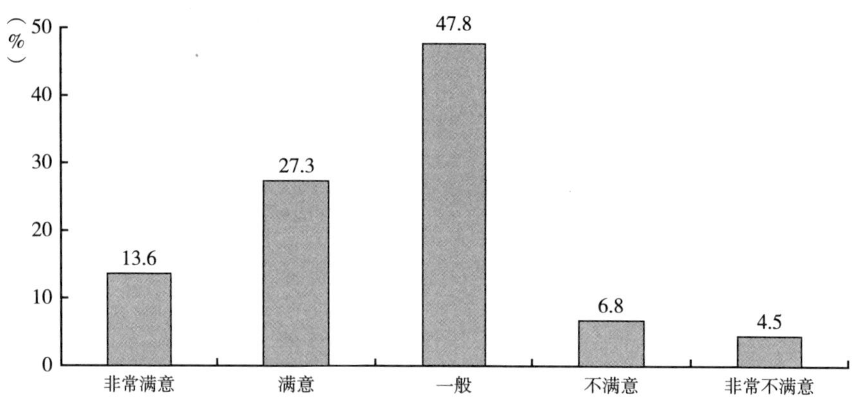

图 18　企业家对从民间渠道筹资难易程度的满意度

（4）法律环境与安全保障

在我们调查的企业家中，没有企业家对司法机关执法表示不满意或者非常不满意，但表示满意的企业家接近了一半（47.9%），而且还有 36.1% 的企业家表示非常满意，有 16% 的企业家态度是“一般”。这表明党的十八大以来，中央积极推动全面深化改革与全面依法治国确实使得企业所面临的法律环境变得越来越规范。

调查表明，有 71.6% 的企业家对当地的律师、会计师等市场服务条件表示非常满意（20%）或满意（51.6%）；26.3% 的企业家认为“一般”，只有 2.1% 的企业家表示不满意，没有企业家是非常不满意的。对于企业而言，制度化地获得律师、会计等专业服务有利于企业长期发展战略的实现。虽然仍有将近 3 成（28.4%）的企业对上述领域的服务市场并不是很满意，但是这可能并不是环境本身的问题，而是有些企业主动寻求服务的意识不够。在访谈中，就有企业表示在创办前期未招聘专业会计，试图自己亲自操作，结果许多账务出了问题，导致公司平白亏损，在有意识地引进专业人才之后，公司账务才变得十分健康。

在地方办企业，企业家自身的人身和财产安全、企业的财产保护等是影响企业去留的重要因素。在问卷中，我们把安全保障分为两个方面：经营者和家人的安全保障、经营者财产的安全保障来调查，这两个方面的调查结果非常相似，如下图 19 所示：没有企业家对这两方面的安全保障表示不满意或者非常不满意；对经营者和家人的安全保障、经营者财产的安全保障的态度为“一般”的企业家比例分别为 13.8% 和 12%；对经营者和家人的安全保障、经营者财产的安全保障的态度为非常满意或者满意的比例分别为 86.2% 和 88%。

总之，从企业内部结构与治理上看，被调查的科技型企业基本上都建立起现代企业制度，企业的日常管理与重大决策都是按章办事，并未出现家族式管理模式，企业的日常决策交由董事会或管理层，但企业的重大事项决议权仍保留在家族手中。这种企业结构为企业自身的发展提供了较好的制度性基础。

组织需要不断地同外界交换资源才能维持自身的生存，科技型企业也不例外。企业知识产权的保护、银行贷款的难易度、市场的竞争环境以及自身的财产安全等都直接或间接地影响着企业发展。从调查数据中可以看出，虽然企业自身在知识产权的保护制度方面不够完善，一些小

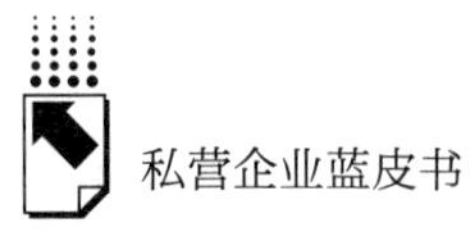

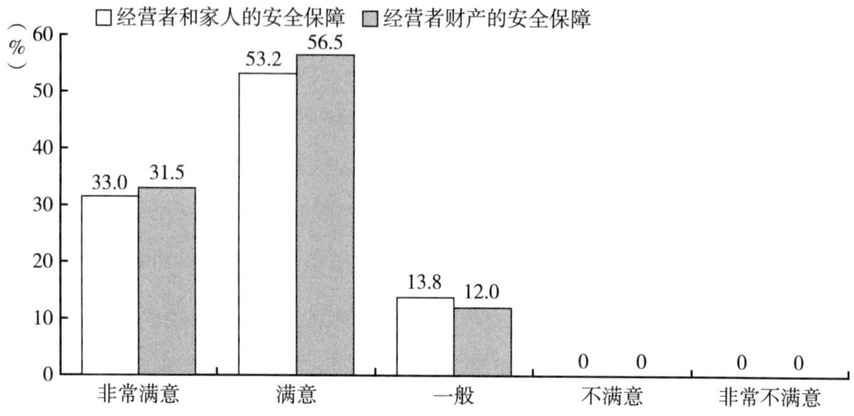

图 19 企业家对安全保障的满意度

微企业仍然面临着银行借贷难的问题，但是企业家对于当前所面临的生存环境普遍持较为肯定的态度，这也间接折射出企业家对于整个行业发展的乐观态度。

四 政商关系的实践形态

要形成对经济新常态背景下政商关系的客观判断，我们有必要同时对企业和政府两个行动主体进行分析，从而全面展现这一重要关系的实践形态。在针对企业的调查中，我们准备通过两个方面的指标来初步认识企业与政府之间的关系：一是企业对于政府的评价，特别是对其与政府交往过程中出现的问题及产生原因的认识，这是认识政商关系的基础和条件；二是通过政府对企业的评价和回应（主要通过座谈的内容反映），去剖析基层政府在与企业互动中所试图扮演的角色及其定位。

1. 企业的评价、动机与期待

（1）企业对基层政府的整体认知

调查显示，企业在评价自身与政府之间的关系时，有 62% 的企业认为其与政府的关系较为稳定，有 34. 7% 的企业认为其与政府的关系非常稳定，而认为自己企业与政府关系不稳定的只有1.1%。调查同时还发现，企业对政府改革成效总体上持比较积极、正面的评价态度（见图20）。

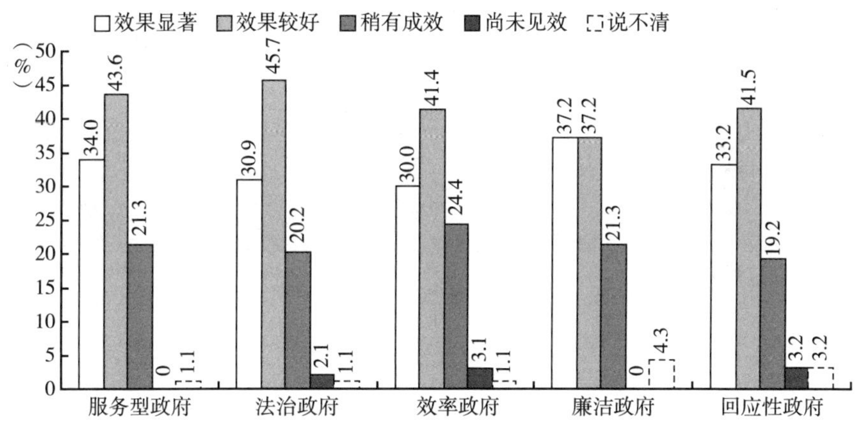

图20　企业家对当地政府改革成效的评价

（2）政府服务与企业满意度

政府为企业提供的服务包括政府人员的工作效率和服务意识、执法的公正性等诸多方面，而这些事实上都是企业经营所面临的外部环境。良好的外部环境是企业健康成长和顺畅发展的前提条件。企业所面临的不仅仅是市场环境，还有营商环境，更具体而言是包括基层政府所提供的服务质量在内的外部环境。这也是企业在选择地方落户时所需重点考量的因素。问卷分别从企业面临的“行政手续的便捷性”、“政府官员的廉洁守法”、“政府官员的积极服务”、“工商行政机关的公正性”和“司法行政机关的公正性”五个方面测量企业的满意度。总体上来说，企业对地方政府的服务普遍比较满意，且满意度（非常满意和满意两种合并）均达到了70%以上。相对来说，企业对工商行政机关公正执法的满意度最高，高达86.6%，而对政府行政手续便捷性的满意度最低，但也达到了76%（见图21）。

从企业对政府不同维度上的评价来看，以上结果表明，相对其他维度的政府角色，企业对政府的行政服务效率评价总体上来说是最低的。与此相对应的就是回应型的政府，这表明企业在与政府的互动中无法得到及时的回应

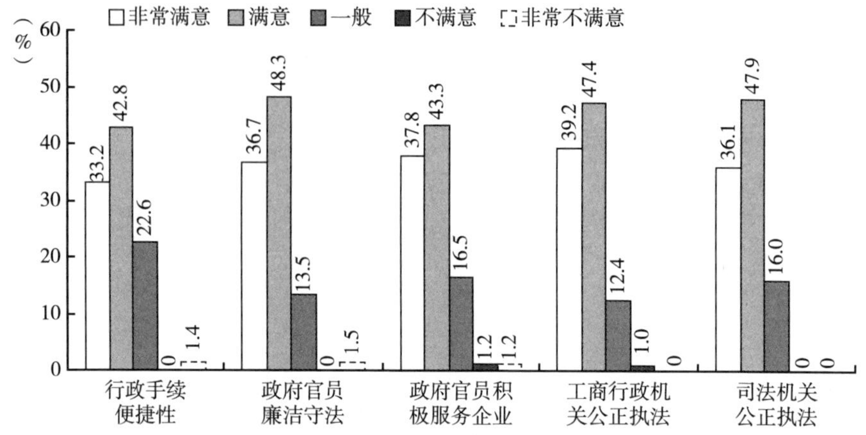

图 21　企业家对政府的评价

和高效的服务，因而政府在服务和回应企业方面仍需要进一步的改进。当然，政府服务企业的方式本身也处于一个转变的时期，比如政府相关职能部门开始深入企业进行调研，了解企业需求和困难。有企业家表示：

> 政府的方式转型之后，我们确实感受到了一些新的东西。这一块就是说，像工商局、科技局原先从来不会亲自下到企业。那么第一次来我们企业的时候，我很紧张的，不知道要来查我们什么东西。那来了之后是说，企业有什么需求可以提出来，这个确实后来也有一些反馈给企业。（企业家访谈，2016 年 10 月 12 日）

企业对政府角色的定位、对政企关系的态度，会直接影响企业在与政府交往过程中的行为选择，因而会成为影响政企关系的重要因素。企业家同意“经济改革需要政府和企业共同合作”的说法的人占 97.8%，同意“现阶段政府主要目的是服务企业”的占 87.6%。由此可见，企业对于政府的角色定位主要是“服务企业”，且企业也愿意主动承担经济改革的责任。

（3）企业与政府交往的动机与期待

从企业对政府职能的认知状况上不难判断出，企业期待政府主动解决企业的困难。调查数据显示，企业在与政府交往的过程中的主要动机是解决企业问题，这一项占63%，其次是为了维护政商关系（占36.2%），而企业与政府交往的动机中表现为“联络私人感情”和“解决私人问题”的比例只有不到1%。这在一定程度上表明，企业对于政商关系的认识不同于以往的“官商勾结”、“寻租”时的商业观。

根据已有的数据分析，企业普遍表示需要政府的资金扶持，并认为最有效的措施是“提高税费优惠和政府补贴”，这一项占比将近45%，远远高于其他举措；其次，政府给予企业的技术和人才支持的举措也非常有效，占比有13%。政府对于企业早期发展的扶持，也往往更能获得企业家的认可并被铭记。有企业家表示：

> （我们企业享受到的政府支持）包括人社局、科技局、区政府、市政府的各种奖励吧，七七八八的奖励可能有上十项，很多是带有资金扶持的项目，虽然可能不是特别多，但是三五万聚在一起还是比较多的……比如我们拿了两个区的创业先锋，一个市的创业先锋，这个确确实实帮助到我们，因为我们自己没有工资，早年创业都没有工资，这些钱都是我们的生活来源。（企业家座谈，2016年10月12日）

企业在成长初期和转型发展的阶段往往需要政府进行一定的帮扶，而这一时期的帮扶往往十分有利于企业的发展。但实际上，企业在获得政府的资金扶持与其成长时期有着显著的倒“U”形关系。从图22可见，53.1%的企业在成长期获得资金支持，但在初创期企业获得资金支持的企业只有11.1%。这种不及时的资金支持可能导致很多初创企业无法渡过难关，也可能在一定程度上影响创业的积极性，降低企业对于政府的好感等。

2. 企业与政府的互动形态

（1）政府行为与企业回应

为进一步厘清企业和政府的关系，我们将从企业和政府两个交互的主体出发，剖析企业和政府是如何互动，又是如何通过互动维持政商间特定的关

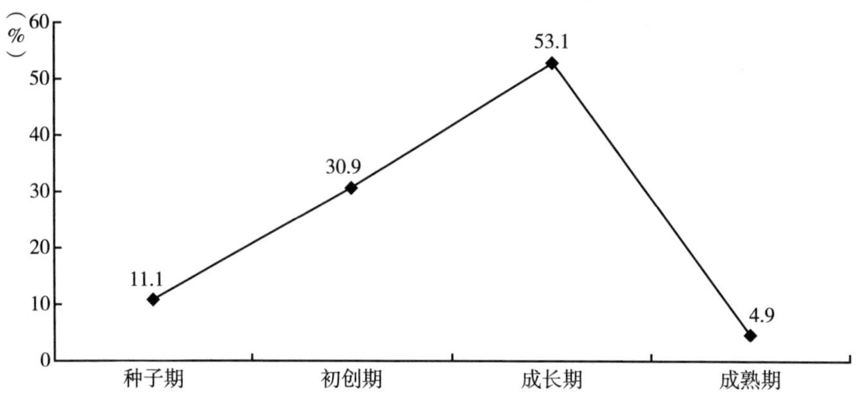

图22　处于不同发展时期的企业享受资金政策资金支持的比例

系模式的。地方政府对企业的干预可以是从生产流程，也可以是从生产要素上入手，但最终还是落在企业身上。因而在这个互动的过程中，企业对政府干预的态度可以反映政府干预的度是否把握到位，还可以反映出企业在面对政府干预行为时的能动程度，进而反映出政企之间是否处于对等地位。对此，我们从企业对政府干预的满意程度进行测量，分为“非常满意”、“较为满意”、“不满意”和“不好说”。从数据结果来看，企业对地方政府的干预行为感到非常满意的比例为28.4%，满意的占57.9%，两项合计占86.3%。最为重要的是，没有企业对政府的干预行为表示不满意和非常不满意。虽然部分企业可能为了迎合政府而避免表达不满意的态度，但没有企业表现出不满意的态度，这在一定程度上能反映出企业与政府间关系的真实性。

企业即便积极主动地与政府打交道，但交往过程中也难免遭遇各种各样的困难。基于对调查数据的分析汇总，我们的基本发现是，企业和政府的互动中存在制度性和人为性困境。首先，企业与政府打交道过程中面临着的一个突出问题是，企业在办理某些事项时所遭遇的各种手续过于烦琐，因为此项原因而让企业感到与政府交往困难的占到总数的43.5%，这是制度设计所带来的困境。其次，企业在按章办事时也会因为自身准备不充分、未能及时地了解政府的相关政策等自身原因导致无法享受相应的待遇补贴，此项原因同样占总数的43.5%，此类原因主要是人为因素造成的（见图23）。分析结果表明，当与政府交往感到困难时，选择动用关系、人情和送红包的方式解决问题的企业很少，只有 10.3%，转向与同行业的其他企业家咨询、交流经验的占到了总数的 54.7%（见图 24）。

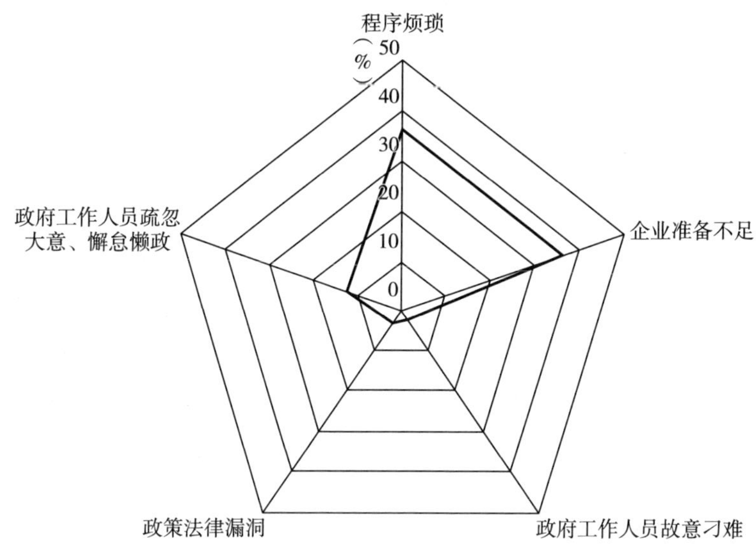

图 23　造成企业与政府交往困难的原因

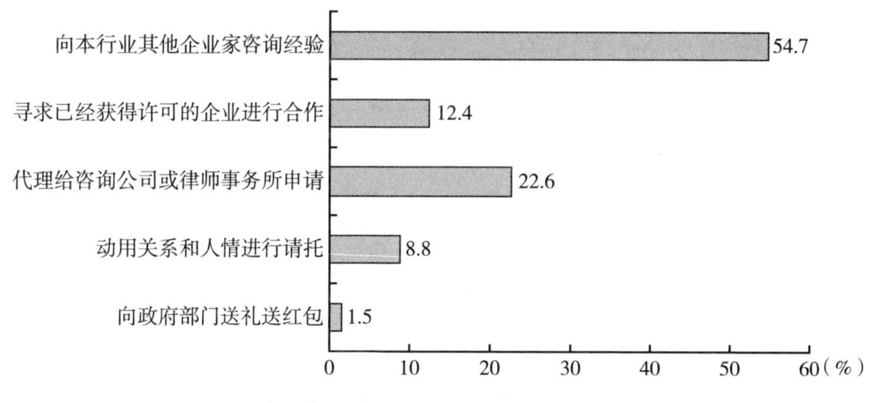

图 24　企业与政府交往困难时所采取的应对措施

在客观上，找不到与政府相关职能部门有效对接的途径是许多企业家面对的困境。不过另一方面，一些企业家自身缺乏与政府交往的主动性和能动性，也是政商健康互动出现阻隔的重要原因。有企业家表示：

> 我们还是遇到过很多问题，确实在找很多相关部门的时候，实际上找到一个（政府服务）部门的位置、电话都很困难。我觉得在某些部门能够设立一些服务性的岗位，（通过）一些资源信息或者引导信息为我们做些服务的话，可能会方便很多。其实有些事情就应该公事公办，该找谁找谁。（企业家座谈，2016 年 10 月 12 日）

就政府而言，在政府部门本身规模并不大，同时要服务的企业数量又特别庞大的时候，要通过政府积极而深入地了解不同企业的不同需求和问题，似乎也是一个短时间内无法解决的难题。在服务对象数百倍甚至数千倍于服务者的现实背景下，政府可能只有根据某些绩效标准或其他条件选择性地帮扶少数企业。曾经在鸿文区经信局挂职的一位副局长谈道：

> 企业与政府部门之间的信息不畅，其实对于政府部门也很头疼，比如为中小企业发放贷款的春风行动、奖项申报，有时候是没有企业来申请的。我不认为是政府部门主动造成的情况。政府主动来找你，这是很困难的。经信局只有 11 个人，服务对象有五六千家企业。哪些企业会进入政府视野呢？重点企业、纳税增长、打交道比较多、比较熟悉的企业……如果没有在这些视野里的话，政府主动去找你的机会就会比较少。（领导干部访谈，2016 年 9 月 22 日）

在企业与政府交往的主要动机这一选项中，为解决私人问题或者联络私人感情的企业家只占 0.8%。此外，有 54.8% 的企业认为政商交往中重要的原则是“法律法规”，只有 3.8% 的企业认为重要原则是“人情习惯”。这些数据表明，企业与政府间的关系已经有别于以往那种“官商勾结”的关系模式。

虽然企业和地方政府都在积极地推动建立一个“亲”和“清”的政商

关系，但在双方的交往过程中还是存在一些困难和问题。在“亲”方面，一方面，企业不愿意主动亲近政府；另一方面，政府也难以面面俱到，服务到每一个企业。在访谈中，某企业家就表示：

> 我搞这个企业搞了上十年的时间，从国家贷款方面看非常难，我用自己的房子压着去贷了两百万。政府在这方面的力度比较小。再个呢，我跟领导接触的比较少，我也不想去找领导的麻烦。作为企业去找领导不好，又耽误时间又影响生产。（企业家座谈，2016 年 9 月 22 日）

而在“清”方面，企业与地方政府的关系在变得“清廉”的同时，政府官员严格按章办事、不敢作为等行为也引发了新的问题。在对企业家进行访谈时，有企业家就反映当地政府在很多服务事项上对待不同企业确实是一视同仁，但由政府行为导致的办事效率降低却又成为阻碍企业获得政府扶持的又一个重要原因。如有 12.8% 的企业因手续烦琐而未能及时获得政府对科技企业的资金资助。有企业家表示：

> 像外省对待大的企业有个绿色通道，就是有时候我们报几个项目或者国家有些政策下来，我们可能不需要做个文案或者备案啊什么的，地方政府已经准备好了东西，等着给我们盖章。但我们在这里还是要和其他一般企业一样走个流程，感觉这个效率马上就降下去了。（企业家访谈，2016 年 9 月 26 日）

另一方面，在反腐这一大背景下，许多地方政府对待政商关系时表现出“消极躲避”的态度。部分政府官员在高压反腐态势下奉行“少干事就不出事”的理念，不敢与企业家接触，不愿关注企业的生产经营活动。比如有企业家便指出了当前存在的一种政府官员不作为现象：

> 过去呢，把钱他办事（意思是：给钱他办事），不把钱就不办事。

你把他请来，买烟呢，你给他四十、五十块钱的他不要，起码要一百，又要吃又要喝又要闹。现在他不吃你的、不拿你的，也不给你办（事）。（企业家座谈，2016年9月22日）

以往，民营企业家无处发声或不敢发声。现在，已经有越来越多的企业家走上“两会”参政议政、共商国是。问卷还通过两个问题测量企业家参政议政的意愿：一是测量企业家对人大代表等职位的意愿；二是测量企业家对“经济政策的制定需要企业家参与”的态度。结果表明，有约61%的企业家表示愿意通过人大、政协及工商联参政议政，只有9.5%的企业负责人不愿意。96.7%的企业家认同“经济政策的制定需要企业家参与”的说法，其中36.7%的企业家非常认同这一说法。

在参政议政动机的问题上，企业负责人认为参政议政的动机主要是拓宽反映诉求的渠道（占24.9%）和提高企业的知名度/个人声望（占25.3%）（见图25）。这实际上是企业家将自身的政治资本转化为经济资本的具体表现。结果还表明，倾向于积极主动、比较积极与政府交往的企业所占比例为78.2%；有20.2%的企业倾向于在有需要的时候与政府交往；倾向于消极交往的企业只有不到1%；没有企业表示厌恶或害怕。

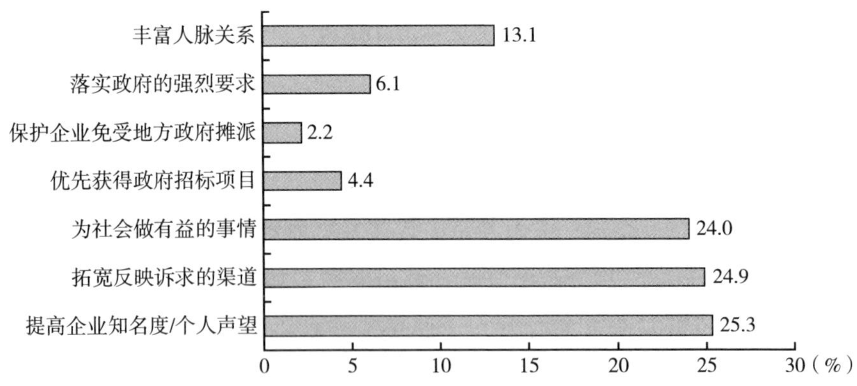

图25　企业家参政议政的动机指标

（2）政策补贴与企业获得

在目前“大众创业、万众创新”的政策利好背景下，科技型企业本应享受许多的政策补贴，包括政府的科技项目、科技资金方面的支持。但现实情况是，在获取政策补贴时，有 39% 的企业感到困难，而相较之下，感到容易的企业只有 19%。并且在访谈中，有相当一部分的企业家表示并不了解相应的补贴政策，常常是通过同行或朋友获知相应的消息，事后再去申请补助则已经错过了申请时间。此外，尽管还是有相当一部分企业享受到了政府的扶持，但在项目的申请程序、行政效率及时间安排上仍然存在一些不大令人满意之处。有企业家表示：

> 项目申报时间特别短，我们都是一个萝卜一个坑，没办法在很短的时间内完成这个事儿，如果公司要设几个人来做这个事儿，我们就觉得没有太大必要。……（问：刚才您说政府对企业的服务效率要差些，能不能具体阐释一下，或者举些例子。）我简单举一个吧，因为这个事情目前是我具体经办的。去年 9 月份，区政府提出给我们新增一块地，旁边的这栋楼其实是我们租的。区政府给了我们 40 亩地，我们有 4 万多平已经投入使用，还有 5 万多平现在还在建。我们是因为一个是企业要整体迁过去，第二个是因为今年的 3、4 月份，我们要申报 IPO，我们希望在 IPO 募投的项目中更明确些。就是我们现在的 40 亩地的一墙之隔有一块空地，我们主要是想政府能协调这块地的工作。其实主要领导对企业还是认同的，但是在具体落实上比较慢，导致我们原来想作为募投项目，现在只能把具体手续全部办了才能启动。（企业家座谈，2016 年 9 月 26 日）。

通过数据分析可知，企业没有享受到政府给予的科技政策的支持的主要原因包括企业自身不了解相关政策、企业自身不符合政策条件以及相关政策太少等多项因素。其中，由于企业自身的原因而造成的未享受到补贴的企业占到了 50.7%，因为政策的原因而造成的占到 26.8%（见图 26）。

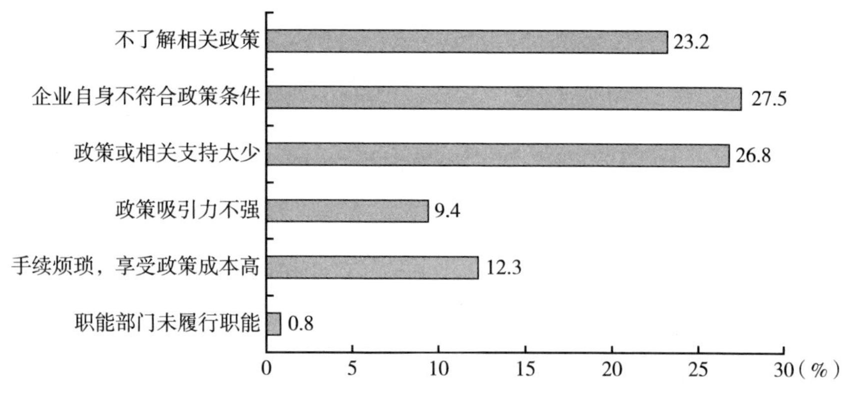

图 26　影响企业享受科技优惠政策的因素

为更好地解释企业无法获得政策支持的原因，我们将“不了解相关政策”这一原因操作化为“是否设置了专职处理政府关系的人员”。调查结果显示，在企业与其获得政策支持的影响因素上，有专职人员的企业感到获得资金困难的有 27.8%，而没有专职人员的企业感到困难的有 44.9%，并且，有专职人员的企业容易获得资金的占 33.3%，是无专职人员企业的 3 倍（见表 4）。

表 4　企业设置专职人员处理政府关系与获取科技资金的难易度的相关性

单位：%

	有专职人员	无专职人员
比较容易	33.3	10.3
一般	38.9	44.8
比较困难	27.8	32.8
特别困难	0.0	12.1
总计	100（N＝95）	100（N＝95）

（3）企业的组织结构与政企关系

从分析结果来看，企业与政府关系的稳定程度受到企业自身组织结构完整性的影响（见表 5）。企业本身在制度架构上的不完善是阻碍政商交往效率的重要原因之一。而与政府之间缺乏有效交流的企业，自身也在制度架构上不尽完善。对于企业而言，建立起完善的现代企业制度、基层党组织等十分必要，不仅有利于企业自身的健康发展，也有利于维护企业与政府之间稳定的关系。

具体地，企业如在制度构架上设有专门的部门或专人对接政府部门的工作，则有助于企业更好的发展。调查数据显示，在所有企业中，只有37.1%的企业设置了专门处理政府关系的职位，占比未超过50%。而在设置了专门处理政府关系的职位的企业中，有33.3%更容易获取扶持性的资金资源。相比之下，未设置专职人员的企业只有10.3%易于获得资金资源，两者相差3倍之多。

企业完善自身的组织和制度构架特别是基层党组织的创建，对于企业更好地处理与政府的关系作用显著。调查发现，已建立起基层党组织的企业都与政府的关系处于稳定状态；与之相反，在那些未建立起基层党组织的企业中，处于“非常稳定”状态的只有处于“较为稳定”状态企业总数的50%。除此之外，未建立起基层党组织的企业中还有2.6%的企业与政府的关系处于“不稳定”状态。

调查结果表明，与政府的关系处于稳定状态的企业中，完全建立起现代企业制度的企业占97.4%，基本建立起现代企业制度的企业占98%，而未建立现代企业制度的企业则表现为：一半稳定，一半不稳定。这可能是由于建立现代企业制度的企业与政府组织的架构存在相似性，这种类似的科层制及其逻辑使得政企之间能遵循同样的逻辑办事，因而双方关系更加稳定。

而对于建立起基层党组织的企业而言，其与政府的关系处于稳定状态的占所有企业的100%；与之相对应的，未建立起基层党组织的企业处于“非常稳定”状态的只有“较为稳定”状态企业的一半，且还有2.6%处于“不稳定”状态。这种情况可能是由于政治权力在企业中的渗透给企业添加了获得政治影响力的可能，这种可能模糊了政企之间的明晰界限，使得政企之间更容易建立起稳定的联系。

此外，参加商会的企业与未参加商会的企业相比，其与政府的关系处于

稳定状态的分布相差无几。相反，未参加商会的企业与政府更多地处于“非常稳定”的状态。这可能的原因是商会组织内部利益结构的差异化，致使商会的利益诉求并不能与企业的诉求保持一致。

表 5　企业的组织结构与政企关系稳定程度的相关分析

单位：%

		现代企业制度			基层党组织		参加商会	
		完全建立	基本建立	未建立	有建立	未建立	参加	未参加
政企关系稳定程度	非常稳定	44.7	30.6	50.0	53.3	31.6	30.6	42.2
	比较稳定	52.7	67.4	0.0	46.7	63.2	66.7	55.6
	不稳定	0.0	0.0	50.0	0.0	2.6	0.0	2.2
	不好说	2.6	2.0	0.0	0.0	2.6	2.7	0.0
	总计	100（N＝89）	100（N＝89）	100（N＝89）	100（N＝94）	100（N＝94）	100（N＝81）	100（N＝81）

五　总结、讨论与建议

总体上来看，党的十八大以来鸿文区的企业与政府之间的关系不是媒体和学界以往所揭示的“官商勾结型”或“官商共谋型”。政府在与企业家交往的过程中，显现出更加“清廉”的形象。政府这只“扶持之手”与市场这只“看不见的手”相互配合，整体上呈现出“互补共生”的特征。尽管如此，结合我们在调研期间的观察、座谈和思考，当前基层政商关系在实践中所呈现出的不利于“亲”、“清”型政商关系构建的几个重要特征或趋势值得重视。

1. 当前基层政商关系中值得重视的几个方面

（1）“冷商懒政”现象在一定范围内比较明显

自从中央实施“八项规定”以来，受到反腐倡廉、三严三实的影响，基层政府部门的一部分公务员在对待政商关系时表现出了消极躲避的态度，这从问卷结果中企业家对“效率政府”的评价最低中即可看出。尤其是近两三年以来，因受处分的基层领导干部比例很高，部分政府官员于是开始奉行“少干事就不出事”的理念，不敢与企业家接触，更不愿关注和支持企业的生产经营活动。甚至以前有担当、愿意干事的干部也显现出畏缩不前的倾向，不敢贸然地主动服务企业。虽然企业家所说的“（官员）以前拿钱办事，现在不拿钱也不办事”不能概括总体，但至少说明了“冷商懒政”是基层政府一部分公务员的工作状况，是在一定范围内存在的现象。因此，当前基层政商关系的确在“清”的方面发展得较好，但企业与基层政府的关系在变“清”的同时，也出现了基层政府相关职能部门严苛按章办事所带来的服务效率降低、官员不作为和贻误企业发展时机等诸多新问题。

（2）政府注意力分配机制导致政商交往出现“差序格局”的状态

政府部门面临复杂的任务环境，而多任务环境反过来又进一步争夺着政府领导干部稀缺的注意力资源。注意力分配是一个组织和制度问题。具体就企业方面的服务任务而言，在政府部门本身规模并不大，同时要服务的企业数量又特别多的现实约束条件下，期望政府积极而深入地了解每个企业、不同企业的异质性需求和诸多复杂问题，似乎是一个短时间内无法解决的难题。

在服务对象数百倍甚至数千倍于服务者的背景下，基层政府可能只有根据某些绩效标准或考核条件选择性地关注和帮扶少数企业。在现实中，政府注意力分配会更多地放置在辖区内的重点企业、纳税增长比较高的企业、打交道比较多和比较熟悉的企业等。这导致政商交往出现“差序格局”的状态：以政府为中心，越是重点龙头企业、越是占据行业制高点的战略性企业、越是纳税额增长比较快的企业、越是与政府部门打交道比较多的企业，与政府交往关系也就越密切，可以说处于政府关注的核心圈，反之则处于边缘圈，甚至完全不在政府的关注范围之内。

政府的注意力和重点帮持方向会随着企业在政府的差序格局圈中所处的位置而发生变化。具体来说，越是处于外圈层的企业，受到的政府关注和帮扶往往也就越少。显然，央企、国企，纳税大户、资产规模大的企业往往处于内圈层，而一般民企、初创企业、小微企业等则往往处于外圈层。央企、国企、大企业也因此与政府有着更大的谈判成本，可以提出要土地，要贷

款，要优惠政策，政府跟这些企业在交往中从某种程度上来说甚至是处于弱势一方。例如，某大企业在鸿文区投资项目时，要求区政府出台配套政策全面对照隔壁区的相关政策，甚至提出了比隔壁区政策优惠力度更高的要求，区政府为此成立专班，各局委办派出人员参加专班，加班加点开会讨论研究。企业的态度则很强势，各种要求寸步不让。相比之下，中小型民营企业要求解决的问题可能不过是消防验收或者环保验收手续的顺利办理。

（3）服务企业的有效平台供给短缺导致“政商芥蒂”现象仍然存在

“政商芥蒂”可以说是“亲”、“清”型政商关系的反面。而这一现象由于政府服务企业的有效平台和渠道供给的短缺，可以说在一定范围内仍然存在。具体表现为，一方面政府不了解企业基本的经营状况，另一方面，企业也对政府不信任、不亲近。以鸿文区经信局为例。区经信局掌握的企业相关数据主要来自统计局、财政局等部门的月报表或季度报表，而这些部门的数据主要来自各街道上报的数据，也有来自各自部门的直报系统。比如统计局的直报系统，各个企业可以在网上填报每月的数据。但并不是所有企业都愿意网上填报，而且这个数据的真实性也缺乏可靠措施来予以保障。对于企业而言，由于填报数据并没有任何奖励和好处，对其来说仅仅是配合统计局采集数据，所以企业填报数据信息的积极性并不高。另一方面，从统计局、财政局等部门获取的数据是各自割裂的，经信局要靠人工方式从这些数据中把本局需要的部分进行提取组合。同时，政府各组成部门的统计数据还存在重复现象。有的是横向重复，比如统计、税务和财政的数据；有的是纵向重复，比如市里统一的直报系统和经信局内部的中小企业数据库、软件与信息企业数据库。

政策信息传达到企业的渠道不够通畅，也容易造成“政商芥蒂”现象。尽管有相当一部分符合政策条件的企业享受到了政府的各种扶持，但在项目的申请程序、传达渠道、行政效率及时间安排上仍然存在一些不大令人满意之处。虽然现在政府各级部门基本上都建有自己的网站，大多也有专人负责信息更新，但对于企业来说，他们最需要的办事流程、服务机构组成及人员、办公电话等关键信息通常却是缺失的。因此，在需要通过政府办理的企业事务上，企业找不到与政府相关职能部门有效对接的途径，这是许多企业尤其是中小型民营企业的普遍困境。

（4）企业与政府沟通交流中信息的不对称与获取不及时

虽然企业与政府之间的信息沟通渠道也有不少，但实际沟通效果并不太理想。从问卷调查和企业家代表座谈的情况来看，仍然有很多企业认为政府与企业之间存在信息不对称、信息不透明或获取信息不及时等问题。一方面企业不能及时获取自己感兴趣的信息，另一方面，政府部门要掌握企业的情况，除了来自统计、财政部门的抽象数据之外，基本上也没有比较有效的途径和方式。QQ 群、网站主要起到了信息发布的作用，但信息传达到了多少企业，企业是否及时获取了有效信息，企业对于信息的反馈情况，这些基本上仍然都是未知数。由于信息在政府和企业之间的传递很大程度上是从政府到企业，单向且有选择性的，所以企业方面的信息不对称和获取不及时就较为普遍。

政企双方的信息不对称，也部分地源于政企双方在信息交流中的需求不匹配。网站发布的信息覆盖面广，理论上可以覆盖所有辖区企业，但满足不了具体企业的具体需要，企业最关心的是最务实的问题，哪些政策、哪些项目能让企业可以获得资金，办事该找哪个科室哪个岗位的工作人员，需要准备些什么材料等。某些服务于企业的政府部门虽然建有 QQ 和微信群，可以即时交流信息，但也存在覆盖面较小的问题，而且政府工作人员主要用来发通知，因此服务企业的作用也很有限。

（5）企业政策影响力的不同导致政商关系在企业之间呈现差异化特征

当政府在政策、项目资金等资源分配中处于主导地位时，有的企业出于逐利目标，往往以利益诱惑为手段与政府官员建立起私人联系，从而获取一些跟企业相关的重要事项的政策信息，或者获得相应的政治资源。但是，政府本身的指标任务也会赋予地方的重点企业、大企业以及企业负责人有政治身份（比如各级人大代表和政协委员）的企业很大的话语权和影响力。这些企业也可能自恃基层政府对其财税的依赖而不断地对当地政府提出政策上和其他方面的要求。

在企业对政策的影响力存在差异的前提下，政府与企业的关系呈现出“迎合”与“要挟”两种形式：前者表现为企业家充分利用自身的优势，迎合基层政府官员的政绩需要，从而争取最大的政策影响力；后者则是凭借政府对其的依赖性，也即企业作为政府完成各项指标任务考核的保障等，提出有利于企业自身发展的需求而无论政府是否存在规范行政上的实际困难。对企业而言，企业政策影响力的一个重要来源是企业家的政治身份，企业家获得的政治身份能转化成相应的资源反过来服务企业的发展。那些企业规模和社会影响力比较大的企业，企业家越有可能获得政治身份。而在行政审批等一些政府业务上，这种政治身份有助于企业需求得到政府的积极回应，甚至出现“一路绿灯”，普通的中小型企业则很难获得这类企业的优待。

2. 当前基层政商关系形态的深层成因

（1）“政治安全”至上的官员行为逻辑

“懒政”现象的出现一方面与公务员福利规范化发放以后导致福利缩减有关，但根本的原因在于政府官员当下秉承“政治安全”至上的行为逻辑。这样不仅会产生如前所述的“冷商懒政”现象，也导致公务员在正常公务和业务工作范围内，对政策过度执行，从而让企业在办理某些事项时，所遭遇的各种行政审批手续过于烦琐。

近两年来，对违规违纪干部的严肃查处，一方面严肃了纪律，但同时也导致官员的行为逻辑遵从唯“政治安全”至上。基层政府违规违纪查处的案例很多，包括渎职、受贿、公车私用等诸多方面的问题。“终身追责制”对公务员形成了很大的威慑，在强化了公务员按法律法规从事公务活动、提升了公职人员职业行为的规范程度的同时，也导致了“懒政”现象的发生。一些基层领导干部不敢负责、失去了担当精神，怕风险，担心做多错多，而一部分普通工作人员则干脆不做。由于一些领导干部存在这样的心理，认为反正做了也没好处，便不如干脆不做，以求“政治安全”。同时，政府领导班子成员越来越倚重集体决策，大小事务都要全体班子成员集体决策和签署意见以分散政治风险。“政治安全”至上的行为逻辑导致了基层政府服务企业的行政效率大大降低。

（2）“指标驱动”与“经济为先”的政府组织逻辑

基层政府部门的工作在很大程度上仍在因循“指标驱动”和“经济为先”的组织逻辑。也就是说，基层政府的工作一方面以一系列量化的考核指标为中心，日常工作致力于考核指标和目标任务的完成（有地方干部形容“跟打工分一样，干了这件事，就能增加一分”）；另一方面，经济增长仍然是基层政府面临的首要任务，也是领导干部被考核的重要方面。

能被政府额外关注的少数企业，在很大程度上也是因为这些企业能够更好地为政府实现其自身的考核指标，为实现当地的经济发展目标做出更大贡献。以经济指标为核心的基层政府绩效考核制，导致基层政府甚至会强行要求企业上新的生产线，要求企业搬迁暖地，要求企业固定资产投入达到多大规模等。每年的经济指标从上到下逐层下达。对于领导干部个人来说，完不成这些考核指标则要受批评和惩罚，甚至失去职位。同时，每年考核的指标参照前一年的数据基本上只增不减。为了完成这些指标，主管官员常常会要求企业配合完成，甚至分解任务到企业。这种配合由于在很大程度上纯粹是为了基层政府考核指标任务的完成，因而并不见得就一定符合企业的实际发展需求。

（3）本位主义与部门利益化

本位主义，是指在处理单位与部门、整体与部分之间的关系时只顾自己，而不顾整体利益，对别部、别地、别人漠不关心的思想作风或行为态度和心理状态。许多企业家反映政府工作效率低下，有的是因为前述的“政治安全”至上的官员行为逻辑所导致，但也有的是政府部门的本位主义和部门利益化的结果。这体现在政府行政部门的权责划分不清、沟通不畅、互相推诿、机构臃肿、手续烦琐、流程不合理等诸多方面。政府部门的本位主义和条块分割，致使每个职能部门只考虑自己的绩效考核，而不注重和考虑以事为中心的协调配合，导致在许多问题的解决上存在相互冲突和相互叠合的现象。

本位主义和部门利益化对企业的影响表现在，由于政府各部门之间并不太了解对方的具体办事流程，或者要求并不一致，或者没有形成协调机制，

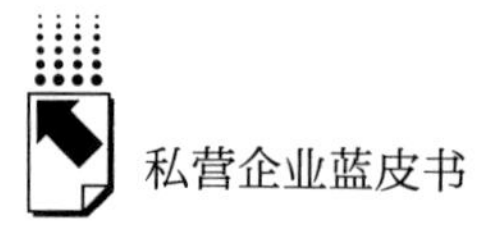

因此企业去政府部门办事就经常容易出现材料不全、手续不全等问题。基层政府在经济发展中表现出的诸侯竞争、政府机构和部门的条块分割，客观上增加了企业的营商成本，企业与政府需要沟通的地方越多，便越增加政商互动关系的复杂性。

（4）企业对于基层政府的直接需求与政府的多层级治理结构属性的冲突

对于企业家较为普遍地反映地方官员在回应企业需求、构建政商关系方面的“不作为”现象，除客观属实的情况之外，政商交往中还存在这样一种情况，即政府对企业的直接需求的“不作为”事实上是由政府结构本身所造成的困境，即基层政府对某些事项“无权作为”。

政府是一个多层级的治理体系，这种治理体系形成了一种纵向的权力结构。同时，同级的各部门之间权力分立，彼此之间一定程度上存在竞争关系。在这种多层级治理结构压力之下，政府与企业之间的互动过程中，企业往往感觉政府对自身的需求“不作为”，而这并不一定就是政府本身不作为，而可能是因为基层政府的权力有限所导致的结果。或者说，只有在上级政策目标和企业需求相一致的情况下，基层政府才能表现得有所作为，否则在有些情景下的政府行为对企业来说就是“不作为”。在企业家座谈会中，区政府官员和企业家都意识到了将对某类企业（比如经政府认定的高新技术企业）的一些补助由原来的竞争性补助转变成现在的后补助、奖励性补助所存在的问题。但回应特别需要政府扶持的微创企业的需求，却超出了基层政府的职权范围。上级政府的政策目标与企业需求不一致，在企业的主观感受中容易视为基层政府的“不作为”。

（5）少数企业家对政商关系的“投资”行为腐蚀了新型政商关系构建的基础

在少数企业家的认知观念里，权力决定一切，也是商业机会和企业生死的决定者。这种观念和行为以前曾经较为普遍地存在。这些企业家通过各种方式去巴结政府官员，寻找庇护关系。少数企业家认为经营市场不如经营政商关系，视政商关系的本质为一种投资关系，乃至于将贿赂视为“生产成本”。他们对政府官员的“投资”行为，使政商之间原本的服务与被服务关系蜕变成了一种交易关系，这既极大地破坏了公平竞争的市场环境，更腐蚀了新型政商关系构建的基础。这种现象迄今也并没有完全绝迹，而是有可能以改头换面的形式在较小范围内存在。

3. 构建新型政商关系的建议

第一，通过明晰领导干部权责、规范行政流程、建立更合理的绩效考评制度扭转“懒政”，采取更合理的激励机制促进公务员的“勤政”行为。

目前少数公务员“懒政”现象的出现可以说是他们不适应规范行政的形势变化的正常反应。尽管有少数公务员抱怨近年来的政策规章是“矫枉过正”，但政府服务于企业和社会的行政工作作风的新常态必然是规范行政和勤政，通过明晰领导干部责权和规范行政流程，并建立更合理的绩效考评制度，经过一段时间的“过渡性状态”后最终可望实现“勤政”。对于部分基层公务员的“懒政”现象，基层政府应当引入现代管理制度，一方面明晰各部门、各岗位权责，避免各部门之间的职能设置交叉重叠，消除互相推诿行为的发生，同时明晰各部门行政流程，并向社会公示，让“规范行政”有据可依；另一方面，出台合理的绩效考核和工作考评制度，奖励先进，警示懒政，激发工作积极性。对于基层政府部门的绩效考核和工作考评应围绕着政府服务效率和质量来制定，而不是围绕着经济指标来制定。对服务效率和质量的评价应以被服务对象，也就是企业的评价为重要依据，而不是以上级部门或领导的评价为唯一依据。

第二，加强和完善相关法律法规，强化对政府官员的宣传教育，帮助他们树立牢固的法治意识和服务意识，正确处理与企业的关系，避免乱作为。

构建新型政商关系需要以法治作为根本保障，因此需要加强和完善相关经济法如《企业法》等法律法规。对政府行为和企业行为进行明确的规范，为新型政商关系范畴内的领导干部和民营企业家的行为提供具体的可操作的细则和依据，使企业家遇到问题时首先想到的不再是去托关系、找熟人、走后门，而是有法可循、有法可依，依靠法律法规解决问题。对于基层领导干部而言，更要有法治意识，在法律框架内处理政商关系，将政府和企业的关

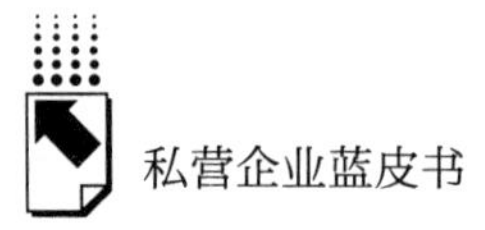

系建立在法治基础上，不能干预正常的市场运行和企业发展，避免乱作为。同时，政府也需要树立积极的服务意识，通过合法的途径给予企业更多便捷的服务和帮助。各级政府和领导干部要树立服务理念，转变工作作风，创新服务手段方法，公平公正地为民营企业发展提供实质性的服务。

第三，充分利用现代化信息技术，通过“互联网 +”政府实现政务信息公开、透明，搭建集成化的信息平台，即时采集企业数据和信息，网络化办理行政事务。

政府信息公开的程度凸显了政府对其行政和服务工作的自信程度，因为政府部门的信息公开越多，接受全社会审视的方面就越多。而这也能激励政府部门更加注重规范意识和服务意识，激励其不断改进、提供更好的公共服务。当前，政府部门政务信息的公开和透明度比以前有了很大进步，但仍满足不了企业的需求。基层政府应该在与企业相关的业务工作上加大力度提高信息公开的透明度。与此同时，搭建集成化的信息平台，即时采集企业数据和信息，网络化办理行政事务，实现企业和政府的点对点连接和互动，这样能解决政府和企业之间信息不对称的问题。集成化的信息平台有助于政府实现高效实时的公共服务，是打造“亲”、“清”型政商关系的重要途径。

第四，企业家需要正确认识并积极构建新型的政商关系。

部分企业特别是一些科技型企业以及新生代企业的企业家，一味地只专注于企业自身的业务和埋头开拓市场，全身心投入企业的日常经营活动，而漠视甚至主动远离与政府的关系。企业这种有意无意地忽视政府的立场和行为，是导致政商之间良性互动关系很难建立起来的重要原因。“背靠政府”而不是依靠政府的行为取向是阻碍良好政商关系构建的绊脚石。在政商交往过程中，企业需要积极对接基层政府相关职能部门，以便及时获取政府的政策信息，并通过正规渠道向政府部门反映企业发展中存在的困难与合理诉求。

第五，着力提高行业协会和商会的自治功能。

在很多情况下，企业对自身利益的诉求在很多情况下是通过个体化、非正式的方式表达的，企业与政府沟通交流的制度化渠道目前还并不完善。行业协会和商会是企业通过组织渠道表达利益诉求、同政府沟通的有效渠道。因此，在新型政商关系的构建过程中，政府应该通过协助商会和行业协会的创建来帮助企业提升其自身自治能力，借助行业协会和商会来创建企业与政府之间制度化的联系与沟通机制。对于政府部门而言，这也是一种对话效率更高、风险更低、效果也更可靠的交流机制。行业协会和商会自治功能的提高，有助于避免企业家对个别政府官员的人格依附，降低政府官员私人利益对企业利益侵吞和损害的可能性。提高行业协会和商会自治能力的目标是规范政商关系的合作空间，通过组织的渠道明确政商互动的合法规则和程序，挤压政商关系中潜规则运作的空间，借此逐步改善政商互动的组织生态，使新型政商关系获得深厚的社会与制度空间。

提高行业协会和商会的自治能力、构建新型政商关系，对于政府来说也是一个向市场简政放权的过程。这要求政府把资源配置的权力让予市场，政府只充当“守夜人”弥补市场缺陷，督导企业合法经营，鼓励企业自主经营，真正为企业松绑，为其健康发展提供充分的条件和宽松的空间。总之，基层政府和企业都还需要采取更多有效举措，促进行业协会和商会更好更快地发展起来，通过提高企业社会组织的自治功能来实现企业的健康成长和政商之间的良性互动。

B.6

私营企业的社会责任：发展与困境

杨 典 欧阳璇宇*

摘 要： 2014年，中国经济处于“新常态”的战略机遇期，国民经济总体保持在合理的增长区间并呈现出稳中向好的态势，私营经济在挑战中奋发有为，不但在经济效益方面实现了同期增长，还在环保、公益等社会责任方面持续发力。本次调查综合分析了私营企业规模、所属行业、企业发展阶段和企业主特征如何影响企业的社会责任行为，指出私营企业在社会责任方面取得了以下成就：环保费用支出大量增加，主动治污意识凸显；社会捐赠事业发展迅速，公益事业参与度高；劳动关系更趋和谐；但仍存在部分问题和待改进之处。最后，就国民经济中私营经济成分的社会责任方面存在的不足给出了相应政策建议。

关键词： 私营企业 企业社会责任 企业污染治理 公益捐赠 和谐劳动关系

近年来，我国私营经济不断攻坚克难、奋勇向前，在我国经济结构中所占的比重进一步扩大，在困难与挑战中迸发出更强的经济活力。截至2014年底，全国实有个体工商户4984.06万户，比上年同期增加547.77万户，

* 杨典，中国社会科学院社会学研究所、中国社会科学院私营企业主群体研究中心。欧阳璇宇，中国社会科学院研究生院。

增长 12.35%，高于 2013 年的 9.29%；私营企业资金数额 2.93 万亿元，比上年同期增长 20.58%。

私营企业在效益不断增加的同时，积极回报社会，吸纳了大量就业，发挥着越来越大的作用。国家统计局公布的数据显示，截至 2012 年底，我国私营企业就业人数达到 11296 万人，年均增长率达到 17.2%，吸纳了大量社会就业，大大地改善了人民生活。就这次进行的 2014 年第十一次中国私营企业抽样调查来看，企业在环保和公益捐赠方面有了很大的增长：2013 年每家私营企业在环保上平均投入了 88.95 万元，比 2011 年增加了 200.01%，每家私营企业平均社会捐赠 26.33 万元，比 2011 年增加了 30.3%。同时，私营企业更加主动地对外发布企业社会责任报告，参与或成立公益性组织，社会责任意识明显提高。

改革开放以来，我国私营企业更新责任理念，积极承担社会责任，参与到和谐社会的构建中去，形成了政府引导、行业推动、企业实践、社会参与、国际合作“五位一体”的社会责任发展理念。《中共中央国务院关于构建和谐劳动关系的意见（2015）》中指出，教育引导企业经营者积极履行社会责任，建立符合我国国情的企业社会责任标准体系和评价体系，营造鼓励企业履行社会责任的环境。在全面改革的新时期，私营企业史无前例地将承担和履行企业社会责任上升到企业发展的全局性和战略性高度，切实增强社会责任感和使命感，更加注重将社会责任融入到企业文化中去，构建先进的企业管理体系，关注职工长远发展，积极回报社会，在实现经济目标的同时积极履行社会责任，为实现“中国梦”及私营企业大发展贡献力量。

一　被调查企业样本特征与社会责任承担情况分析

（一）企业规模与企业捐赠

企业社会责任的履行和实现程度与企业自身的发展息息相关。企业规模越大，捐赠就越多，在大额（高于 2013 年私营企业捐赠额平均数）捐赠中，大中型企业占到62.2%。而在企业捐赠数量上，小微企业所占比重更大，被调查的4230家企业中有2532家企业有过捐赠行为，意味着有60%的私营企业有过捐赠行为，而在被调查的1361家大中型私营企业中，有1193家有过捐赠行为，捐赠率达到了88%。这表明，大中型企业拥有更强的捐赠意愿，捐赠行为也更为积极，是私营企业公益捐赠的中流砥柱。随着经济改革进一步深化和我国私营企业部门的快速成长，大中型私营企业将在公益捐赠中发挥更大的作用（见表1）。

表1　2013年不同类型企业捐赠额比重

单位：家，%

企业类型		捐赠等级			合计
		未捐赠	低于2013年私营企业捐赠额平均数	高于2013年私营企业捐赠额平均数	
小微型企业	数量	1698	2312	220	4230
	比重	91.0	73.6	37.8	75.7
大中型企业	数量	168	831	362	1361
	比重	9.0	26.4	62.2	24.3
合计	数量	1866	3143	582	5591
	比重	100.0	100.0	100.0	100.0

注：2013年私营企业捐赠额平均数为26.33万元。

（二）所属行业与企业捐赠

作为制造业大国，我国第二产业中的企业和从业人数众多，涉及面宽，上下游关系庞杂，利益相关者分布广，对企业社会责任的履行提出了更高要求，同样也是推动行业内社会责任发展的动力。据本次调查，制造业、建筑业、批发和零售业捐赠企业数量分别占总捐赠企业数量的39.7%、7.3%、7.3%，而农、林、牧、渔企业也占到9.4%（见图1），第三产业内各行业能力有限，处于发展的前期阶段，捐赠比例较低，还有很大的提升空间。随着经济结构的转型，第一、二产业由数量向质量，“制造”向“智造”、“创造”方向转变，高附加值、高资源利用率低能耗的生产方式将被提倡，企业做大做强的同时也将更加有助于社会责任的承担。

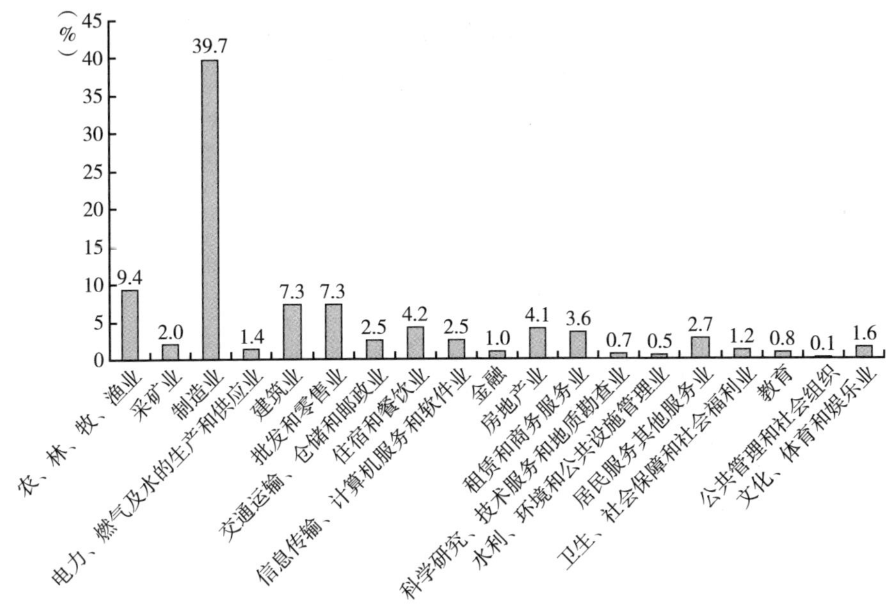

图1　不同行业捐赠企业数量占总捐赠企业数的比重

（三）企业发展阶段与企业捐赠

企业社会责任内涵广，考量指标复杂，对企业的经济状况、管理水平、运营能力等方面都有较高要求。调查显示，处于稳定发展阶段的企业无论在捐款数额（高于2013年私营企业捐赠额平均数）还是在总捐赠企业数量上都占最大比重，分别为59.8%、48%；其次是初步稳定的企业，两项指标分别为20.5%、25.4%。这表明，进入到稳定发展阶段的企业更有条件和能力来履行社会责任、捐赠公益事业。而处于创业初期的企业在奋力实现自身发展、壮大的同时还能占到总捐赠企业的13.3%实属不易，应大加支持、鼓励；20年以上的企业虽然占总捐赠企业数量的比例较小，但捐赠数额较大，可能是因为这一发展阶段的企业数量较少所致。发展到20年以上阶段的企业虽有一些资本积累，但同时也面临企业的转型和可持续发展问题。因此，国家既要支持新生企业的发展壮大，也要出台政策使发展稳定阶段的私营企业能够更长久地可持续发展（见表2）。

表 2　不同发展阶段企业的捐赠比例

发展阶段		捐赠等级			合计
		未捐赠	低于 2013 年私营企业捐赠额平均数	高于 2013 年私营企业捐赠额平均数	
创业初期（3 年以内）	数量	588	449	30	1067
	比重（%）	32.5	14.8	5.3	19.7
发展阶段（3～5 年）	数量	156	177	15	348
	比重（%）	8.6	5.8	2.7	6.4
初步稳定（5～10 年）	数量	496	801	116	1413
	比重（%）	27.4	26.3	20.5	26.1
稳定发展阶段（10～20 年）	数量	514	1399	338	2251
	比重（%）	28.4	46.0	59.8	41.5
20 年以上	数量	55	218	66	339
	比重（%）	3.0	7.2	11.7	6.3
合计	数量	1809	3044	565	5418
	比重（%）	100.0	100.0	100.0	100.0

（四）企业主特征与企业捐赠

图 2 至图 5 分别反映了不同年龄组、不同地区、不同政治面貌、不同文化程度的企业主捐赠情况。数据显示，在捐赠的企业中，位于经济发达的东部省份的企业占到 54%；企业主年龄越大，捐赠行为越积极；企业主政治

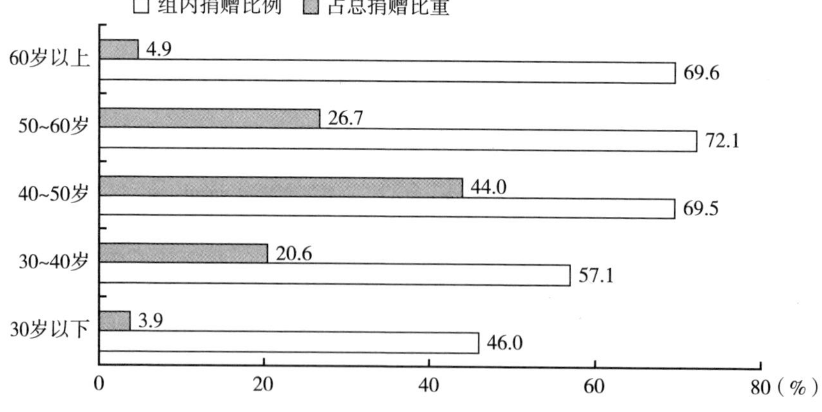

图 2　不同年龄组企业主捐赠情况

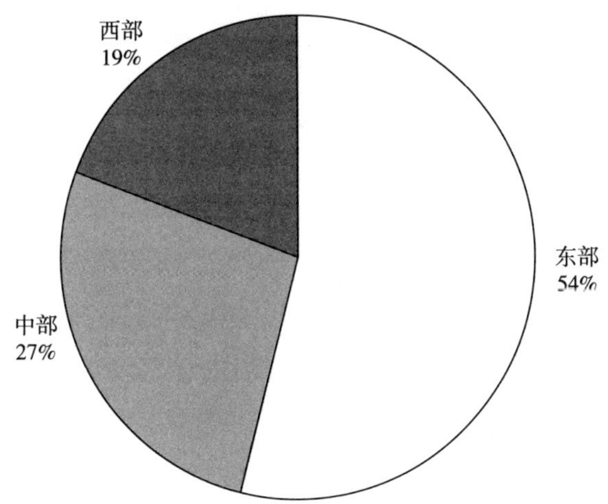

图3　不同地区企业捐赠情况

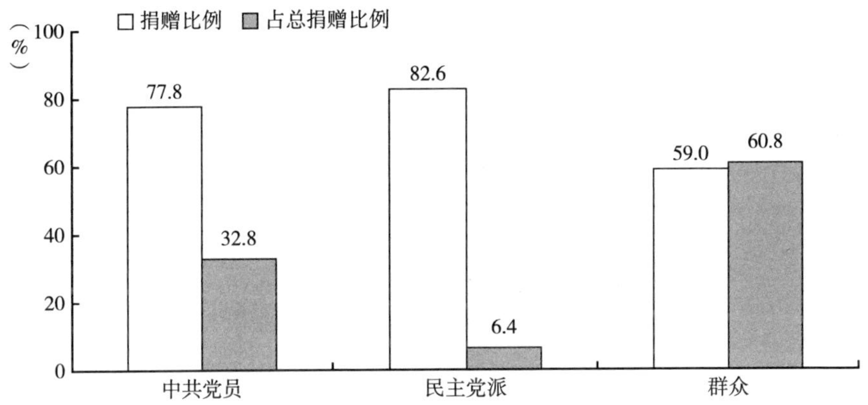

图4　不同政治面貌企业主捐赠情况

面貌为群众的企业占总捐赠企业比重最大，占到60.8%，其次是中共党员，占32.80%，同组内，民主党派捐赠比例最大，达到82.6%，其次是中共党员，占到77.8%。在不同文化水平的企业主中，拥有大专学历的企业主占总捐赠数额比重最大，为32.30%，其次是大学学历，占26.50%。

在企业主与其他阶层的关系中，企业主自我经济地位、社会地位认同处于中等水平（第四、五、六阶梯）的企业捐款比重比较大。

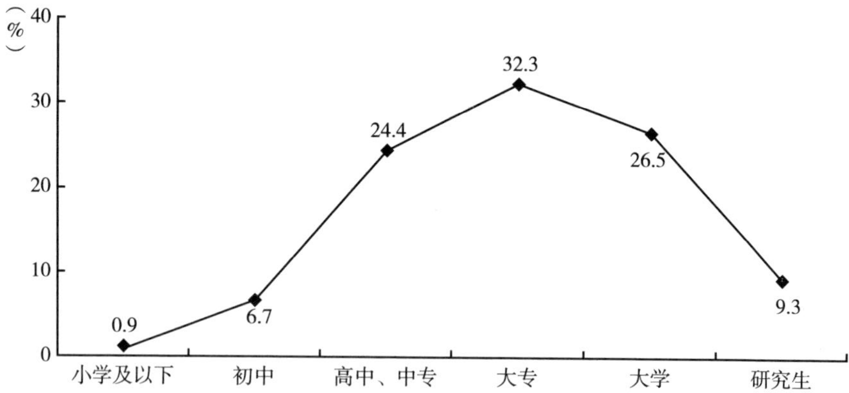

图5　不同文化程度企业主捐赠情况

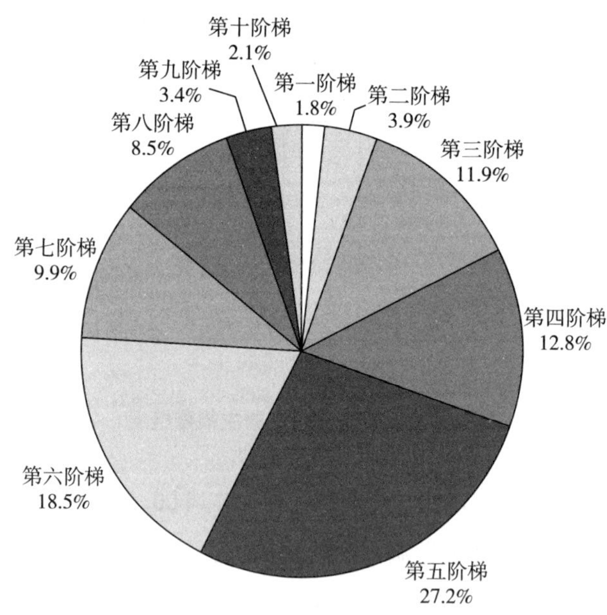

图6　企业主自我社会地位认同与捐赠情况

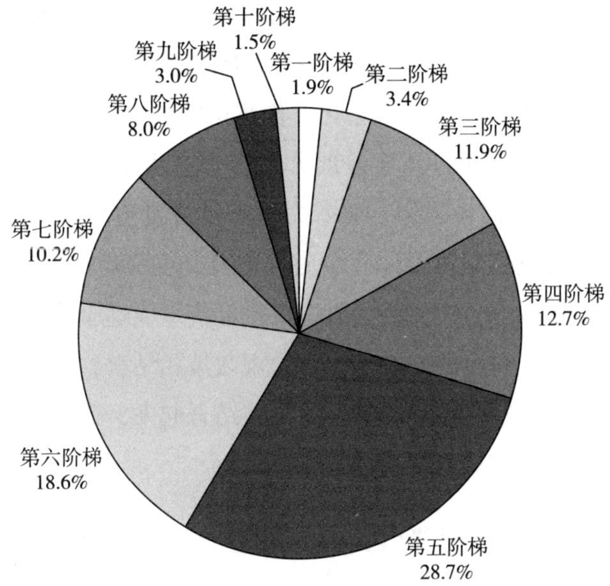

图 7　企业主自我经济地位认同与捐赠情况

二　中国私营企业社会责任各项事业发展概况

（一）总的发现

在全球经济复苏缓慢之际，中国私营企业社会责任发展实现了巨大的增长，在环保治污和公益捐赠方面，较往年均实现了30%以上的增长，有些指标的增长率甚至达到了200%。这说明，我国私营企业积极履行社会责任不仅仅是政府和法律的强制，也不是完全出于经济竞争，在很大程度上是企业自主、自觉的行为，是在经济形势严峻的情况下仍然关怀社会、回报人民的主动选择。

第一，企业参与面有所扩大，中小企业贡献常态化。调查统计显示，受调查企业捐赠、公益投资规模进一步扩大，项目不断增多。公益项目进一步多样化，企业广泛参与到政府、媒体、民间公益项目中，参与比例越来越高。大量中小企业不断参与到社会事业的发展中来，成为一股不可忽视的力量。这一趋势也说明了我国私营企业社会责任的发展逐渐从“一枝独秀”向“百花齐放”转变，呈现出常态化、普及化趋势。

第二，经济结构优化，企业发展方式转好。从我国经济体制转型上来看，2015 年政府工作报告强调，要着力提高经济发展质量和效益，把转方式调结构放到更加重要的位置……全面推进社会主义经济建设、政治建设、文化建设、社会建设、生态文明建设，促进经济平稳健康发展和社会和谐稳定。私营企业将企业自身的发展与国家宏观政策相结合，顺势调整粗放的发展方式，将企业社会责任与和谐社会的构建结合起来，通过积极履行社会责任提升核心竞争力，创造良好品牌形象。

（二）私营企业环保费用支出大量增加，主动治污意识凸显

2015 年 1 月 1 日起，新环保法和《企业事业单位环境信息公开暂行办法》正式施行。社会公众对环境问题给予了更多的关注，对企业履行环境责任提出了更高的要求。本次调查数据显示，2013 年为治理污染投入的有 1881 家（约占提供该数据的私营企业数的 35%），缴纳环保治污费的企业有 1705 家（约占提供该数据的私营企业数的 32%）。2011 年，企业为治理污染共投入了 484844 万元，平均每家企业投入 88. 95 万元，相比 2011 年的均值 29. 24 万元，增长了 200%；缴纳环保治污费 602857 万元，平均每家企业缴纳 113 万元。从百分位数来看，虽然半数以上企业仍未在环保上进行投入，但 75% 的企业治污投入为 5. 00 万元，高于 2011 年的 2. 40 万元，增长了 100. 08%，治污费为 1. 00 万元，与 2011 年持平。以上指标说明，越来越多的企业日益重视环境问题，环保意识在提升，主动治污力度在加大（见表 3）。

（三）私营企业社会捐赠事业发展迅速，公益事业参与度高

本次调查结果显示，大部分私营企业在最近两年都为扶贫、救灾、环保、慈善等公益事业进行过捐助。2012 年有 3671 家（约占提供该数据的私

表 3　2013 年中国私营企业环保费用支出总体情况

单位：万元

项目		治理污染投入	环保治污费
N	有效	5451	5327
	缺失	693	817
总计		484844.00	602857.00
均值		88.95	113.17
中值		0.00	0.00
众数		0.00	0.00
极小值		0.00	0.00
极大值		100000.00	195367.00
百分位数	25	0.00	0.00
	50	0.00	0.00
	75	5.00	1.00

营企业数的 65.7%）为公益事业进行了捐助，而 2013 年则有 3733 家（约占提供该数据的私营企业数的 66.7%）。2013 年企业捐助总额达到 147384.64 万元，比 2012 年捐助总额 112179.24 万元高出 35205.40 万元，增长了 31.40%；2013 年每家企业平均捐赠额为 26.33 万元，比 2012 年的 20.07 万元高出 6.26 万元，增长了 31.19%。企业通过对扶贫、救灾、环保、慈善等公益事业的捐助，既提升了自身品牌的知名度和美誉度，也有利于改善人民生活，助力每个人实现“中国梦”。

表 4　2012、2013 年中国私营企业公益事业捐赠情况

单位：元

项目		2012 年	2013 年
N	有效	5588	5597
	缺失	556	545
总计		1121792390.00	1473846388.00
均值		200750.25	263327.92
中值		10000.00	10000.00
极小值		0.00	0.00
极大值		120000000.00	150000000.00
百分位数	25	0.00	0.00
	50	10000.00	10000.00
	75	58000.00	70000.00

在企业参与公共事业方面，本次调查显示，有61.6%的企业与政府主办的公益组织合作或参与其中；46.4%的企业向民间慈善组织捐款或与之合作；30.3%的企业向媒体组织的公益活动捐款或与之合作；更有40.9%的企业自行组织慈善公益活动；而仅有8.4%的企业发布了企业社会责任报告（见表5），虽然较往年有所提升，但说明私营企业的企业社会责任制度和机制建设没有跟上来，大部分企业还没有建立战略性企业社会责任意识。相较2011年来说，无论是参与政府主办的公益组织还是民间组织，都有很大的提升，但仍有更多的企业愿意加入到政府性的公益活动中去。这反映了我国公益事业社会化程度还有待提升，政府、社会组织以及捐赠人三方的关系有待进一步明晰。

表5　2013年中国私营企业参与公共事业情况

单位：家，%

企业社会责任行动方式				
项目	是		否	
	数量	比例	数量	比例
参与政府主办公益组织	3438	61.6	2147	38.4
参与民间慈善组织	2448	46.4	2829	53.6
参与媒体组织公益活动	1526	30.3	3510	69.7
自行组织慈善公益活动	2148	40.9	3102	59.1
发布企业社会责任报告	401	8.4	4364	91.6

（四）劳动关系更趋和谐，劳动者权益保护存在进一步提升的空间

劳动关系事关广大职工和企业的切身利益，事关经济发展与社会和谐，是最基本、最重要的社会关系之一。《中共中央国务院关于构建和谐劳动关系的意见（2015）》明确，企业应切实承担报效国家、服务社会、造福职工的社会责任。教育引导企业经营者自觉关心爱护职工，努力改善职工的工作、学习和生活条件，帮助他们排忧解难，加大对困难职工的帮扶力度。加强对企业经营者尤其是中小企业经营管理人员的劳动保障法律法规教育培训，提高他们的依法用工意识，引导他们自觉保障职工合法权益。

因此，企业所承担的社会责任并不仅仅是对外的慈善、环保等公益事业，还有对内部职工工作条件的改善和劳动权益的保护。目前而言，作为全球第一个可用于第三方认证的社会责任国际标准的 SA8000 值得关注。SA8000 体现的是改善工人工作条件，实现体面劳动。它以工人利益作为企业社会责任的重点，涉及劳动保障、人权保障和管理系统三个层次。自我国外贸增加以及《劳动合同法》实施以来，社会各界加深了对企业工人保护的认识，并使得劳动用工逐渐规范化、制度化。

但“强资本，弱劳工”的现象依然存在。在国有企业的用工中，仍然区分“正式工”、“临时工”或者“固定工”、“合同工”，两个群体在工资、福利水平上相差较大，实现同工同酬压力比较大。此外，国有企业中劳务派遣工群体庞大，造成劳动合同短期化，工资差别大，劳动者权益得不到保障。

同样，就本次对私营企业的调查来看，受调查的企业总雇工人数为 147.27 万人，雇用半年以上不足一年以及雇用半年以下的临时用工共有 28.53 万人，另有 4.90 万劳务派遣工，两者合计共占全年用工的 22.70%，合同短期化现象比较明显，员工流动率比较大。2013 年，被调查企业中有 91.34 万人与企业签订了个人劳动合同，占总用工人数的 62.02%。

（五）私营企业社会责任发展迅速，但国有企业、私营企业社会责任发展仍存在较大差距

“总体说来，2014 年中国企业 300 强社会责任发展指数为 32.9 分，同比 2013 年提升 6.5 分，整体处于起步阶段……六年来，我国企业社会责任发展呈现出‘起步低、发展快、水平仍较低’的‘两低一快’的阶段性特点。国企 100 强，尤其是中央企业社会责任发展指数持续领先于民营 100 强，且差距不断拉大；相比国企，民营 100 强（20.5 分）的差距不断扩大，由 2013 年与国企相差 27.3 分进一步扩大到 2014 年的 31.5 分，可见，民营 100 强社会责任管理和信息披露水平亟待改进。”①

① 黄群慧等：《企业社会责任蓝皮书（2014）》，社会科学文献出版社，2014。

虽然企业将经济利益作为根本目的，但通过承担社会责任将非经济利益与经济利益结合起来，从而建立起品牌、公司文化的口碑，形成消费者以及全社会对企业的认可，扩大市场占有，进而将无形资产转变为现实的经济效益，形成竞争力。此外，当企业的发展涉及多方利益和社会关系时，若能将企业社会责任的履行与企业价值增值的每一个环节相结合，那么，短期的支出就能获得巨大的长远经济利益。

在我国，社会主义初级阶段的性质决定了我国市场经济中存在多种所有制企业，在一定程度上造成了不同所有制企业间经济活动的差异。国有企业作为全民所有的企业，决定了其开展的市场经济活动兼具经济目的和社会目的。在一些掌握国家经济命脉和基础设施的行业中，国有企业的初衷是为提供公共性、公益性产品和服务，同时，国有企业还是国家宏观调控、稳定社会经济的重要工具。而私营企业则是通过合理的决策、有效的利用稀缺资源来实现利润最大化。另外，私营企业拥有更大的生产经营自主权，能更灵活地适应市场，随时调整经营策略，而国有企业则更多地受到政府的影响和指导。

由于计划经济时期包揽职工一切的“企业办社会”思想在一定程度上依然存在，为社会做贡献，为国家做贡献，不给国家添麻烦的做法使得国有企业的职工工资和福利待遇普遍优于民营企业。但由于“编制”、“指标”、人事成本等的限制，国有企业中出现了大量的“临时工”、劳务派遣工，使得工人群体出现分化，这些“编外工人”在工资待遇方面与“正式工人”存在着巨大差异。此外，国有企业在开展经济活动时，受到更严格的限制和面对繁复的审批程序，不可随意地开展项目和动用企业资金，这对企业社会责任的履行也会造成一些阻碍。

与国有企业先天承担社会责任不同，民营企业的社会责任行为更多是源于市场环境和企业自身对经济利益、社会利益的追求。在企业发展壮大的过程中，民营企业开始更加关注消费者利益的实现以及品牌的声誉，因此，社会责任伴随实现经济利益的需求而生，并为促进经济目标的达成而存在。另外，我国家族企业、家族式管理型企业众多，这些企业以关注管理层以及与管理层有“关联”的特定人群的利益为主，以最大化降低成本、最大化获得利润为根本目标。这样的做法难免影响到员工和社会利益的实现。

同样一个不可忽视的是企业资金来源问题。国有企业凭借“先天优势”和垄断性地位，能获得四大国有银行等大量借贷资金和投资，而民营经济所面临的政策性歧视和体制性障碍虽已逐渐破除，但是融资难、税收压力大、生存环境相对较差等问题依然存在。加之近年来全球经济复苏缓慢，大批民营企业自身发展都存在困难，无暇他顾。在这方面，国有企业的优势凸显，在经济困难时期，根据政府或上级的精神，即使降低经济目标也要力保职工人数的稳定以及社会运转的稳定。

三　私营企业社会责任存在的问题及建议

从2006年我国“企业社会责任元年”发展至今，私营企业积极履行社会责任，不仅实现了企业自身的价值，还解决了诸多突出的社会矛盾，促进了经济社会健康发展。但问题仍然存在，一是部分企业的社会责任实践片面走向慈善、捐助，忽略了对企业内利益相关人、股东、员工，以及消费者、环境的责任，没有全面了解企业社会责任的内涵；二是当前社会责任的履行以自愿为主，企业自主权过大，法律和政府只在企业社会责任承担上做了原则性规定，缺乏实际可操作性；三是企业在履行社会责任时随意性过大，社会责任实践活动缺乏企业内部规范和制度约束，发表的社会责任报告数量少且质量不高；四是过分关注非经济目标，而没有兼顾社会责任中的经济目标。

党的十八届三中全会要求全面深化改革，发挥市场在资源配置中的决定性作用，继续鼓励和支持非公有制经济发展，私营经济的发展迎来了除旧布新的好时机。如何在新常态下更好地使私营企业在发展经济、搞活市场的同时履行社会责任，要从政府、企业以及公众与社会多方、多角度、多领域革新思想、转变理念，结合我国社会主义初级阶段私营经济的特征，建设有中国特色的企业社会责任体制机制，推进在依法治国要求下企业社会责任的规范化、制度化。

（一）全面深化改革，完善相关法律法规，营造社会责任制度化环境

政府要加快完善法律法规，加强企业社会责任立法。目前，《公司法》、中央出台的各项文件都对企业社会责任的履行做了原则性的规定，但可操作性不强。在全面深化改革的背景下，一方面，政府应该继续简政放权，给予企业更大的自主权，为企业发展壮大创造良好的制度化环境，引导企业行为，破除企业在承担社会责任上的制度、环境限制，让企业无后顾之忧；另一方面，我国企业社会责任发展迅速，但规范化、制度化程度不够，一部分企业仍未能发布企业社会责任报告或者社会责任报告质量不高，与国际先进水平相比仍有较大差距，政府应该为企业社会责任提供一定的技术指导，规范信息发布标准和制度依据，并加强监督。

（二）加强外部监督，强化社会组织作用，提升企业社会责任社会影响力

外部舆论环境和行业监督是企业社会责任发展的重要影响力。要根据行业不同特点建立不同的企业社会责任组织，在企业间建立起沟通和交流平台，加强公众和社会的监督。行业性社会责任组织、媒体以及学者还可以定期开展对社会或行业内企业社会责任的调查研究，并向公众发布调查结果和报告，促进政府决策和相关社会责任标准的制定。

（三）结合企业文化，纳入经营战略规划，推动企业自身可持续发展

企业自身要将积极承担社会责任纳入企业文化中去，通过企业规章制度的形式固定下来，使其成为在日常生产经营活动中所遵守的行为规范和道德约束。企业要将社会责任提升到企业战略发展的高度，根据企业内外环境的变化，在追求经济效益的同时，树立以人为本、关爱员工、奉献社会的可持续发展理念，以社会利益促进经济利益。

地方研究

Regional Studies

B.7 广东省商会协会的覆盖、治理与挑战

黄冬娅　董　明　黄靖洋*

摘　要： 为了了解广东省商会协会发展以及统战工作向商会协会覆盖的基本情况，广东省工商联就该省商会和行业状况开展了一次调研，同时在四个城市进行了较为深入的调研。本文首先回顾了广东省商会行业协会发展的历史进程，接着通过对数据和访谈资料的展现，分析统战工作向商会协会全覆盖的情况和面对的挑战，对广东政会关系发展的现状和存在的问题进行了总结，提出了统战工作向商会协会全覆盖的下一步工作方向。

关键词： 商会　行业协会　广东省　全覆盖

* 黄冬娅，中山大学政治与公共事务管理学院；董明，中共浙江省委党校；黄靖洋，香港科技大学社会科学部。

习近平总书记在参加工商界人士座谈会时做的重要讲话中，用“亲”和“清”二字，作为构建新时期政商关系的指导思想。这不仅为党和政府的干部队伍建设指明了方向，也给统战部门的日常工作，尤其是面向商会协会的统战伸延和覆盖，提出了新的要求。广东商会协会走过了几十年的发展历程，在一业多会和政企脱钩后出现了新的发展形势，也对统战工作提出了新的挑战。

为了了解广东省商会协会发展以及统战工作向商会协会覆盖的基本情况，广东省工商联向地方工商联发放问卷230份，回收有效问卷121份；向工商联会员协会发放商会协会调研问卷400份，回收有效问卷283份，其中省级协会27个，地级市协会150个，区县级79个，镇街20个，另有信息7个不明。地区综合性商户78个，行业性商会121个，地区异地商会69个。同时，广东省工商联宣调部联合专家学者于2016年2～3月赴广东省中山市、珠海市、惠州市、广州市进行了较为深入的调研，了解统战工作向商会协会全覆盖的情况和面对的挑战。

一　广东商会协会的发展历程

广东作为我国改革开放的排头兵，非公经济发展迅猛，商会协会的发展长期走在全国的前列。改革开放后，广东商会协会的发展大致可以分为以下三个阶段。

第一，萌芽发展阶段（1988～2005年）。1988年，广东省工商联与省委省政府、省政府体改委联合下发《开展组建同业公会工作的通知》，标志着广东商会协会发展大幕的拉开。1989年，在广东省工商联会员大会上通过了《关于广东省工商业联合会同时称为广东省总商会的决定》，在全国首先进入“一个机构，两个牌子”的阶段。1991年中央政治局会议下发了《中共中央批转〈中央统战部关于工商联若干问题请示〉的通知》，明确了工商联是共产党领导下具有统战性、经济性、民间性的人民团体和民间商会，是党和政府联系非公经济人士的桥梁和纽带。2000

年，广东省工商联经批准正式获得法人社会团体登记证书，正式拥有"半官半民"的身份。这个时期，由于相关管理条例的限制与滞后，诸如关于法人团体必须有业务主管单位和"一业一会"的规定，以及工商联在是否拥有业务主管单位资格上的反复，造成地方商会组织（尤其是市与县一级）处于"野蛮发展"的阶段。很多商会组织只能作为非法人的二级商会身份加入工商联，或者转而挂靠在其他的职能部门。在这个时期，为数不少的地方商会都在灰色地带游走，不断为自己的合法性而奔波。

第二，规范发展阶段（2006～2011年）。2006年，《广东省行业协会条例》出台，规范了商会协会成立、管理与运作。同年，省委省政府颁布《关于发挥行业协会商会作用的决定》，明确了商会协会"自愿发起、自选会长、自筹经费、自聘人员、自主会务"的"五自"原则基础，与实行无行政级别、无行政事业编制、无行政业务主管部门的管理要求，将政府与行业协会、商会之间定位为指导与被指导、监督与被监督的关系。广东省商会协会正式进入规范化发展阶段。部分过往是"黑户"的商会正式获得法人身份，部分商协会共同接受职能部门与工商联的双重指导。这个阶段的商会民间性得到加强，商会协会在行业维权、培训、标准制定、信息服务、法律咨询、行业自律、融资、对外贸易等诸多领域服务非公企业会员，努力推进商会协会的自我管理和自我服务。

第三，多元发展阶段（2012年至今）。2012年，广东省委省政府发布了《关于进一步培育发展和规范管理社会组织的方案》，开始了大刀阔斧的社会组织管理体制改革，继续深化政社分离，率先在全国推动商会协会与行政机关的完全脱钩，并放宽行业协会商会准入条件，允许一业多会。2014年广东省制定了《关于行业协会商会与行政机关脱钩方案》，并加大力度推动去行政化工作的落实，截至2015年，已实现了全面的政会分开，广东商会协会发展进入多元发展阶段。商会协会如雨后春笋般涌现，社会组织发展空前繁荣，为社会服务差异化的供给提供了良好的契机。

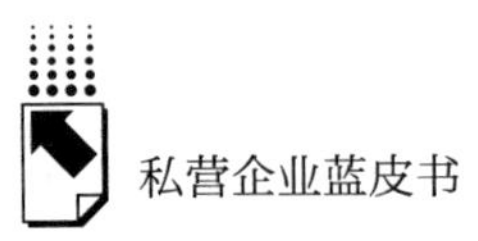

二 商会协会统战工作的新形势

当前，政社脱钩、一业多会与新型政商关系建设构成了加强商会协会的统战工作必须面对的新形势。

第一，政社脱钩：抓手的变化。在政社脱钩之前，与其他社团一样，商会协会是处于党政部门的领导和管理之下。一是相当大比例的协会本身就是八九十年代政府机构改革中职能部门转制划转而成立的，还有相当大比例的协会是政府职能部门推动成立的，协助政府部门进行行业管理。二是所有的商会协会成立都需其业务主管单位审查同意，接受民政部门和业务主管单位的双重管理，业务主管单位对商会协会的人事、经费和日常运作有管理权。因此，这一时期的商会协会并非是与国家完全隔绝的社会组织，相反，它们往往呈现出“官民二重性”，商会协会通过各种“行政捆绑”与国家关联在一起。一是日常运作捆绑在一起，包括政府部门提供办公场所、聘请人员、提供部分日常运行经费以及影响重大决策等；二是人员捆绑在一起，包括党政部门官员在商会协会兼任职务；三是职能权力捆绑在一起，商会协会承担政府的法定授权职能和委托授权职能。前者指的是《邮政法》、《证券法》和《拍卖法》等法律法规规定的相关行业协会承担的政府行业管理职能；后者指的是政府通过合约外包的方式授予相关行业协会承担的政府职能。

一方面，这种“行政捆绑”，特别是双重管理体制，限制了商会协会的注册登记，有碍于其自主性的发展，强化了商会协会对于国家的资源依赖，也滋生了人事旋转门中的腐败现象；另一方面，它却也搭建了国家与商会协会之间的桥梁，既使得国家可以通过行政捆绑加强对于商会协会的管理和统战，也使得商会协会可以有较为制度化的渠道与党政部门沟通，发挥一定的桥梁作用。

2012 年开始，广东开始推动经济类社团政社脱钩，在社团登记管理改革上先行一步，对于突破登记管理的限制，对商会协会发展有了很大的推动作用，商会协会数量呈显著增长，同时，也对厘清政社之间的边界、遏制政商之间的腐败行为有较大的帮助作用。

不过，政企脱钩也对统战工作构成了重大挑战，它意味着国家与商会协会之间的“行政捆绑”被打破，两者之间的常规性制度化联系在一定程度上被“斩断”，经济类社团前所未有地与国家脱离开来。在这种情况下，如果没有新的制度化桥梁建立起来，一方面，统战工作对商会协会的全覆盖就缺乏硬化的抓手；党组织建设、意识形态工作、政治方向把握等工作都可能走向碎片化，缺乏有力的支点。另一方面，商会协会也会由此缺乏与党政部门沟通的制度化桥梁，诉求表达会更难获得党政部门的回应。因此，目前全省工商联系统共有 1795 个商会协会，如何在“斩断”政社勾连之后，在充分尊重商会协会民间性基础上，构建新的制度供给，建立与非公经济人士的联系，寻找新的统战工作抓手，是新形势下统战工作面对的新问题。

第二，一业多会：统战工作对象的新情况。社团注册登记制度的放开，使市县级商会协会在 2013 年之后迎来井喷式增长，尤其是异地商会更是蓬勃发展。问卷显示，41.7% 的商会协会是 2012 年经济类社团登记注册放开后登记注册的；商会同质化呈上升态势，其中最多的一个行业有 14 个协会，平均每个行业有 5 个左右商会协会。一业多会的不断发展使得统战对象出现了三个方面的新情况。首先，商会协会组织较为混乱。各种同质商会的成立无疑使得商会间在争取会员与组织发展资源上面临愈加剧烈的竞争。调查显示，工商联系统有近 1/3 的商会出现部分领导班子素质参差不齐、组织混乱、会务停顿等现象，甚至少数商会无力完成换届工作。在良莠不齐的众多商会协会面前，如何加强分类指导，创新工作手段，提高工作针对性、有效性，对商会协会统战工作提出新的更高要求。其次，一业多会对工商联统战工作的覆盖面提出了挑战。政社脱钩斩断了挂靠政府部门的商会协会与业务主管部门的关联，为工商联发展团体会员创造了良好的条件。但是，随着大量新生商会协会的建立，如何将它们吸纳到体制中来成为工商联的团体会员，以逐步实现统战工作向商会协会全覆盖，构成了工商联统战工作的重大任务。最后，虽然目前一业多会并没有激发协会之间激烈的

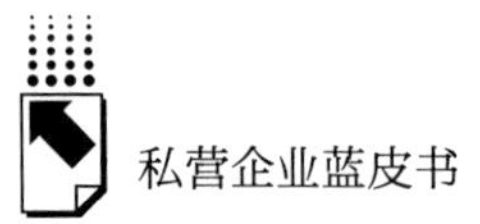

竞争，但是，西方社团发展的经验表明，一业多会的竞争性会逐步强化，特别是当它们竞争的目标从争取政治和行政资源逐步转向争取会员的参与和支持之后，协会的动员性会大幅度提升，这在一定程度上隐藏了相当大的政治风险。因此，统战工作如何应对这些新情况，构成了工商联统战工作的重大挑战。

第三，经济新常态与新型政商关系：工作形势的变化和工作方式的转型。长期以来，安排非公经济人士担任人大代表、政协委员、党代表和在工商联任职是统战工作的重要方式，这种政治吸纳被认为是政党适应性和政权调适性的重要组成部分，在过去几十年中，对于推动非公人士的统战工作发挥了重要作用。不过，经济新常态和新型政商关系对这种以政治吸纳为核心的统战工作的成效提出了新挑战。

一方面，在经济形势新常态下，非公人士在企业成长和市场经营等方面面对更多的问题和困难，对于政府的诉求表达，特别是以商会协会为载体的组织化的诉求表达，会更加凸显；他们也不再仅仅满足于企业家个人的政治安排，对于政策过程直接参与的要求不断增多；进而，他们对于包括标准制定在内的政策制定有更强烈的参与和影响愿望，而不仅仅局限于通过非正式的方式影响政策执行。这些变化对如何推动统战工作发展，有效吸纳多元化和组织化的诉求，提出了更高的要求。在经济新常态下，对于党和政府而言，如何调动非公人士继续参与国家与地方经济建设，实现产业转型和升级，服务社会发展的积极性，也构成了统战工作的重要目标。另一方面，习近平总书记提出要围绕“亲”、“清”两字构建新型政商关系，这就要求今后的工作方式要集中到厘清政府和市场、官员和企业家的边界上来。在相当长时期，在表达自身利益诉求时，非公企业家往往通过非制度化的方式影响政策的执行，构成了官商之间“勾肩搭背”的腐败温床。反腐工作持续有效推进已经破除了旧式政商关系中“官商勾结”、“私相授受”等阻碍“清”的问题。但是，如何重新构建“亲”的制度和组织连带，如何让非公企业的合法正当诉求在政策制定阶段就能够有制度化的渠道表达出来，对新形势下工商联在统战工作中发挥更重要角色提出了新要求。

三　广东省商会协会发展的现状

商会协会是统战工作开展的重要抓手，这需要商会协会本身能够有效地动员、协调、指导与团结社会成员，成为有活力的社会团体。在此基础上，推动统战工作通过协会商会进行有限的延伸和整合。日前，广东省的商会协会组织发展呈现出一些新特征和新趋势，也对统战工作提出了新挑战。

（一）广东商会协会发展的基本情况

1. 商会协会建立情况

在调查问卷中，我们可以看到，对于经济类社团登记管理的逐步放开，为商会协会的发展创造了良好的条件。在调查的283个商会协会中，除有1个登记时间不明外，有95个是在2005年以前登记注册的，69个是在2006～2011年之间登记注册的，118个是在2012年后登记注册的，（见图1）。

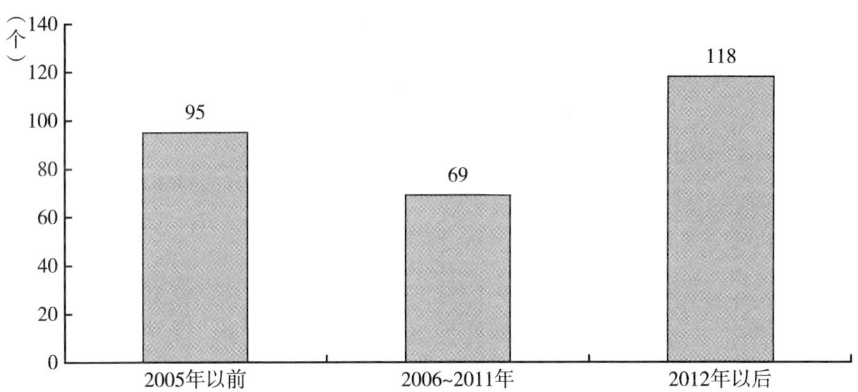

图1　商会协会注册时间

可以看到，2012年经济类社团登记注册放开后，商会数量的增加呈现显著的上升趋势。在这些商会中，政府部门转制成立的只有10个，分会独立成立的也只有7个，而大部分是政府倡议组织（116个）、核心成员牵头（180个）以及多数成员自发成立（121个）等几种形式共同推动建立的。

在报告本行业存在一业多会的79个行业协会中，一个行业最多的有14个协会，平均每个行业有5个左右协会。对于行业协会之间的竞争，有近22%的协会认为竞争激烈或者非常激烈，24%的认为不激烈或者没有竞争，认为竞争性一般的有大概53%的比例。

2. 商会协会的内部组织和治理制度

从问卷调查来看，协会的内部组织和治理制度有一定的发展，但仍有待进一步健全。

第一，内部组织和治理制度情况。具有专业性或者功能性委员会的协会比例仍然占少数。只有86个（近30%）协会建立了专业性或功能性委员会，形式多样，包括了青年委员会、基金会、专家委员会、调解委员会、施工专业委员会、瑜伽分会、金融工作委员会等。

同时，七八成的商会协会建立了民主选举制度、会员大会制度、理事会制度和财务管理制度。但同时，只有分别约30%、30%和45%的协会报告说建立了信息披露制度、法定代表人述职制度和重大活动备案报告制度。只有16.5%的协会报告说建立了与党委和政府沟通联系制度（见图2）。

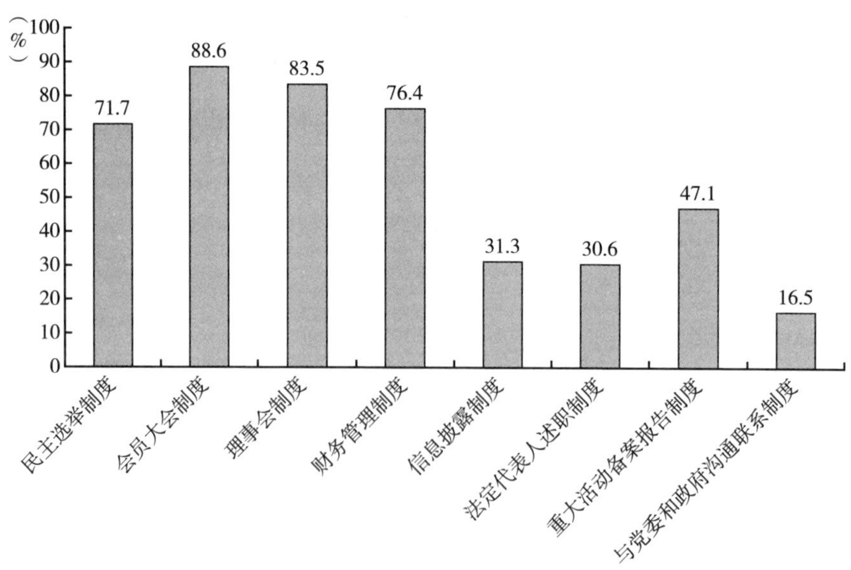

图2　商会协会制度建立情况

对于协会发展方向和重要活动等重大问题，只有分别23.3%和14.1%的商会协会报告是由会长决定、会长和秘书长商量决定，2.5%和4.9%分别报告说是由其他政府部门决定和业务指导单位决定，有高达68.2%的报告是由领导班子集体讨论决策，63.6%的报告说是按照制度规则决定的。不过，报告由多数会员讨论决定的也只占18.7%（见图3）。

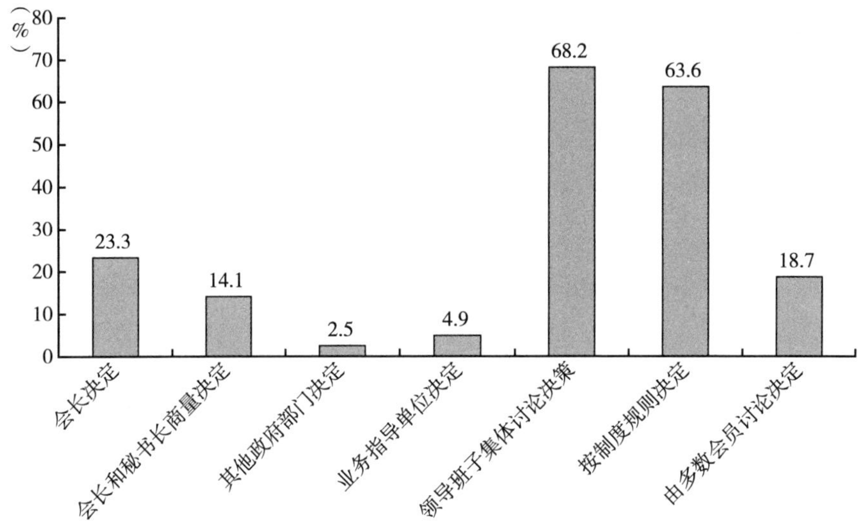

图3　商会协会重大问题的决策

第二，领导班子和常设人员情况。在调查中，79.2%的商会协会的会长是由本行业或者本地区的大企业担任。对于决定启动换届及下一届领导班子组成的因素，认为业务主管部门的意见、本届领导班子的意见最重要的，分别占比80.2%和68.6%，认为主要发起人、核心会员、全体会员的意见占决定性作用的分别占比36%、36.7%、46.3%（见图4）。

对于处理协会日常事务的秘书长，48.4%的秘书长是专职，22.3%的秘书长表示虽然不是专职，但是投入大部分精力。秘书长的年薪（税前，含福利和五险一金）在5万元以下的占比为28.6%，5万~8万的占比为19.4%，大概20%达到10万元以上。很多秘书长有体制内经历：有42%的秘书长是中共党员；有28%的秘书长曾经在体制内机构（政府事业单位或

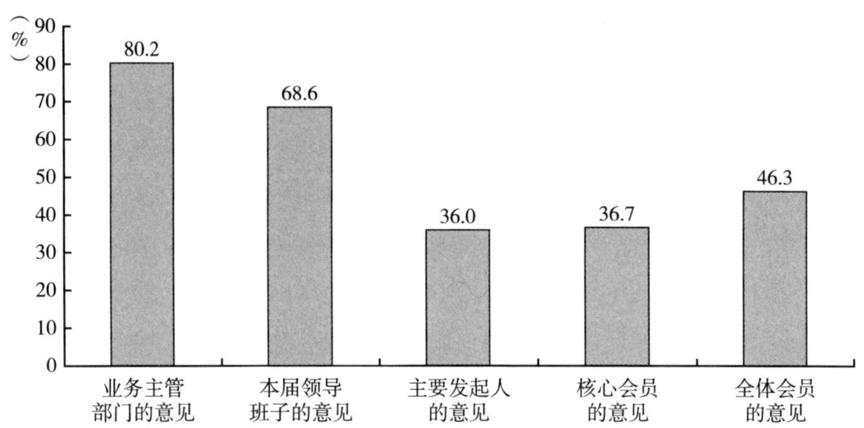

图 4　决定启动换届及下一届领导班子组成的因素

国企）工作过，其中，离任前最高级别是副科级以下、科级、县处级、地市级、省部级及以上的比例分别是 27.7%、38.5%、21.5%、4.6%、1.5%。此外，秘书长的学历较高，大学本科及以上学历占比达到 81.6%。他们的年龄大部分在 30～50 岁之间，占比 67.5%，30 岁以下的只占 6.4%。

相比较而言，秘书处专职秘书的中位值和众值都是 2，也就是说大部分秘书处专职秘书是两位，专职秘书工资 5 万元以下的占比 60.4%，5 万～8 万的占比 14.8%，也有 2.1% 在 10 万～15 万之间。67.7% 的协会表示专职秘书每年都有培训机会，76.5% 是每年 1～3 次。对于秘书长和专职秘书来说，他们最希望提升的能力是组织策划能力（88%）、经济及企业管理知识（81.6%）、协调安排能力（72.8%）以及政策及形势分析能力（72.4%）。

第三，会员及会员服务情况。在问卷中，近 44.92% 的协会会员数在 100～300 之间，29.73% 的协会会员数在 50～100 之间，会员数在 50 以下的占比 5.72%，300～500 的占比 9.91%，500～1000 的占比 4.61%，1000 以上的占 3.94%（见图 5）。

总体来说，商会协会在过去三年会员数保持稳定增长，2013 年、2014 年、2015 年会员平均增长率分别为 13.8%、14.1% 和 15.7%。

2015 年度，86.2% 的协会召开了 1～2 次会员大会或者会员代表大会；

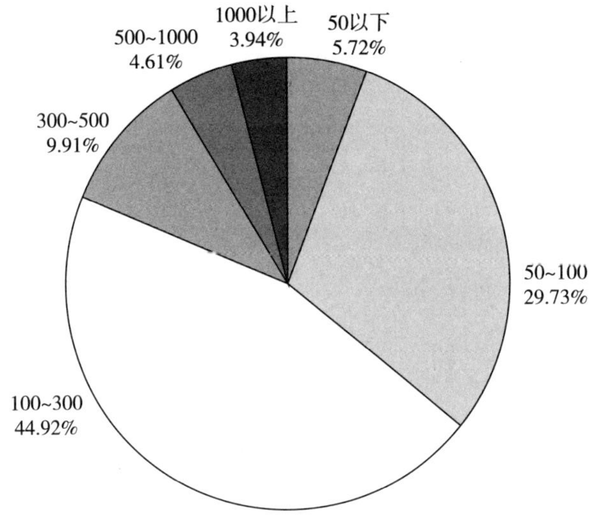

图 5　商会协会的会员数

召开理事会的次数相对较多，有近 50% 的协会召开了 3 次以上的理事会；会长会议更加频繁，召开 3 次以上会长会议的占比 71.3%。有近 90% 的协会报告说最近一次会员大会，出席的会员占比达到 60% 以上。

第四，经费情况。大部分协会依赖会费作为最重要的经费来源。72.4% 的协会报告说第一大经费来源是会费，领导班子赞助作为第二大经费来源的占到 43%。同时，也有 1.4% 的协会报告说以商养会是其第一大经费来源。并且有 78.1% 的协会认为，协会发展面临的主要问题是经费短缺。

（二）广东协会商会发展对加强统战工作的挑战

第一，凝聚力难题：提升商会协会的组织化程度。如何提升商会协会的组织化程度、更好地凝聚会员是切实保障统战工作覆盖面和组织力的重要基础。放开经济类社团登记管理以来，私营企业主对于组织的需求出现了显著的增长。这不仅表现在商会协会数量上的快速增加，而且也体现在私营企业主要求形成力图突破行业和地缘等限制、以自助互助为目标、有利于整合资源和促进合作的综合性商会或跨地区的异地商会联盟。还有的商协会内部的组织体系也不断发展，建立了隶属的二代青联会和妇联会等。不过，在调研中也发现，许多商会协会也都不同程度地存在着动员会员的困境。一方面，难以激励大部分会员积极参与组织活动，出现了少数会员主导的状况，有“俱乐部化”的倾向；另一方面，不少组织内部都存在大量“僵尸”会员，既增加了动员难度，又破坏了凝聚力。在日常运作中，商会协会能够给会员提供有吸引力的服务，是增强其凝聚力的关键。虽然一些发展完善的商会协会在推动会员市场合作和参与标准制定等方面有丰富的经验，不过，也有相当的协会停留在依靠单纯的联谊活动维持协会运作的阶段。除去资源紧缺的限制之外，工作方式的落后也是重要的原因。

第二，内部治理问题：如何保障协会的制度化良性运作。在调研中发现，有些商会协会已经发展出了较为健全的内部治理制度，比如，会长轮值制、候任会长制、片区联络主任制、片区主任制等，有些协会不断完善财务审批制度，推动财务的公开透明。但是，许多商会协会仍然面临内部治理制度的不完善问题，影响了协会制度化的良性运作。有的商会协会存在十年会长不换届的情况，其中既有会长威望高不换届的情况，也有会长不愿意换届的情况，还有找不到接班人的情况，而目前缺少有力的制度来避免这种情况的发生，这使得协会领导班子更替的制度化得不到保障。有的商会协会财务不公开，会员也因此拒绝继续缴纳会费，引发协会的内部争端。还有的协会内部决策程序缺失，存在少数人说了算的情况，这也极大地影响了会员对协会的认同和参与活动的积极性。

第三，人财物问题：如何保障协会运作的持续性。人力、物力和财力是商会协会作为组织发展的基础。目前，大部分商会协会都缺乏优秀和专业的工作人员，依赖企业主兼职往往不能保证时间和精力的投入，直接影响了商会协会的能力。发展得相对成熟的商会协会，又极大地仰赖具有特别热情和责任心的会长或秘书长的投入，但这具有相当的偶然性。就财力而言，调研中，许多商会协会都表达了“以商养会”的迫切希望。但是对于“以商养会”模式的具体开展，却遭遇了很多现实问题。例如，收益如何分配？与纯盈利活动的界限在哪里？如何有效控制内部合作的风险？目前以商养会的形式多种多样，但仍然缺乏以商养会的制度性规范，其中蕴藏了不少经济风险。

第四，退出机制问题：如何守住商会协会的底线。“一业多会”显著释放了商会协会自组织的活力，民营企业家可根据自愿原则成立和参加多个组织，极大地推动了商会协会数量的增长。然而，在调研中发现，目前也有相当比例的商会协会处于瘫痪状态，并不能给会员提供基本的会员服务。据各地工商联反映，在所属商会协会中，发挥作用比较差和失去联系基本瘫痪的占比24%左右。而对于这些瘫痪的协会，它们往往继续作为合法的在民政部门登记的社团而存在，但实际上已经名存实亡了。目前，仍然没有建立商会协会有效运作的“底线原则”，也缺乏有效的机制识别和掌握这些商会协会的基本信息，更没有有效的退出机制解散这些商会协会。在调研中，协会普遍反映，民政部门对于商会协会的星级评定往往只是“纸面上”的，主要靠各种规章制度的建立，而没有“落地”，并不能掌握商会协会的实际运作状态。

第五，公平竞争问题：如何保障工商联团体会员的公平环境。“一业多会”推动了协会之间的竞争关系，这种竞争关系不仅仅是争取会员之间的竞争，更是承接政府公共服务和对接政府职能部门的渠道的竞争。虽然政会脱钩使得原先挂靠在政府职能部门的协会独立出来，但是，较之于挂靠工商联的商会协会，这些协会仍然有更多的机会承接政府的职能转移，获取更多的资金补助，并有更多与职能部门对接的渠道。作为工商联的团体会员单位，很多商会协会希望与原先挂靠在政府职能部门的协会一样，在承接政府职能、对接政府部门上有平等的机会和通道。

第六，异地商会问题：如何探索异地商会统战新抓手。本次调研发现，在一业多会后，异地商会的增长尤为迅速。由于异地商会往往基于地缘产生，因而表现出了相对于其他商会协会来说更强的凝聚力，在群体成员之间建立了非常密切的联系。在异地经商的会员既寄望于商会解决孩子上学、企业筹资、广告宣传等切身难题，也乐于通过组织集体娱乐活动提高生活幸福感。并且，全国各地的异地商会之间也结成了正式的组织间关系网络。在这样的情况下，异地商会的统战工作也应与时俱进，进一步探索与异地商会特性相适应的统战新抓手。

四　广东政会关系发展的现状和存在的问题

（一）广东政会关系总体情况

调查问卷显示，商会协会与党政部门的关系呈现出多种面向。第一，统战覆盖面相当广泛。51.2%的协会会员中有人大代表，66%的会员中有政协委员，68.9%的有在工商联任职的会员，18%有党代会代表，有36%的协会报告设立了党组织，有23.3%的表示有专职党建工作人员（见图6）。

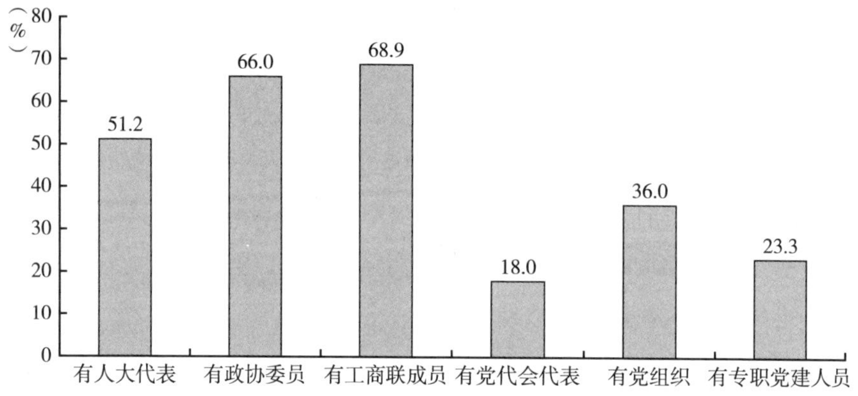

图6　商会协会统战覆盖面

第二，协会承接政府职能不断发展。在调查中，工商联的会员协会有21.6%承接了政府职能。在承接政府职能的协会中，承接的职能排名前四位的是：行业培训（41%）、公共服务平台（27.9%）、技能或行业竞赛（14.8%）、购买鉴定评审（13.1%）。此外，过半的协会表示曾为政府提供本行业相关的统计数据和相关分析（57.6%）、帮助政府进行过政策宣传（51.2%）以及慈善捐助扶贫（59.7%）。

第三，政会制度化沟通机制仍缺乏。在“协会发展面对的问题”中，除了经费问题之外，缺少政府部门支持成为协会面对的第二大困难，44.5%的协会表示制约其发展的因素在于缺少政府部门支持，相对而言，认为制约因素是会员参与不积极的只占22.3%。对于“协会缺少渠道将困难和问题反映给政府部门”，有25.4%和16.6%的协会表示赞成和不好说。对于“协会向政府部门反映问题一般难以得到有效解决”，分别有21.2%和28.6%的协会表示赞同和不好说。此外，关于政府支持的方式，大部分仍然是较为个体化的方式。排在前几项的分别是党政干部出席活动（46%）、陪同领导参观访问（44.6%）、支持培训（38.8%），以及视察接见（32.1%）。

第四，商会协会组织化诉求增强。在问卷中，74.2%的协会报告说有代表会员向政府反映问题、寻求解决问题。其中，反映问题最多的是劳动关系问题（52.4%）、财政扶持和补贴问题（47.6%）、环保税费问题（41.4%）、权利维护问题（36.8%）、土地问题（34.8%）、环保问题（33.3%）。

在问卷中，虽然有22.3%的协会表示它们仍然会找熟识的官员寻求问题的解决，但是，有51.6%、42.8%、25.8%的协会表示会通过组织会员与政府部门座谈、以商会协会名义向政府反映问题，以及通过人大、政协提交建议和提案来寻求问题的解决。与此同时，商会协会希望发挥政府的助手参谋作用：对于商会协会与政府关系的定位，有46.4%认为商会协会是政府的助手参谋，25.8%认为是独立的社会团体，17.2%认为是合作伙伴关系。

第五，工商联缺乏工作抓手。在问卷中，工商联对于支持商会协会开展工作的形式多样，排在前几位的方式是：联系政府部门反馈情况（86.8%）、安排商会主要领导担任执委等政治安排（82.6%）、领导参加商会重点活动（82.6%）、指导协助商会协会开展工作（80.2%）、提供工作便利（71.9%）、组织经贸考察（69.4%），以及培训会长、秘书长和工作人员（49.6%）。不过，在这些形式多样的工作之后，可以看到工商联仍然较为缺乏新手段和硬手段来加强对于商会协会的领导。77.7%的地方工商联表示没有硬有力的手段开展商会协会工作，仅限于工作支持。同时，通过商会协会领导在工商联任职开展工作的占 80.2%，“靠感情”开展工作的占 47.1%。同时，对于考核，29.8% 的工商联表示开展了对商会协会领导班子的考核，而就考核的方式而言，有指标体系的占 37.8%，没有量化考核指标的占 45.9%。

（二）广东省加强商会协会统战工作的情况

自 2015 年中央统战工作会议召开以来，在要求把统战工作向商会协会延伸的新形势下，广东省各地结合自身客观实际，在加强商会协会统战工作方面已开展了不少初见成效的探索与实践，较突出地体现在以下几个方面。

第一，党委政府更显重视，法规政策支持先行。2015 年 12 月 25 日，珠海市第八届人大常委会召开会议正式通过了《珠海经济特区民营经济促进条例》，2016 年 3 月 1 日已正式施行。条例共 46 条，其中包括设立专项资金支持民营经济发展；明确规范工商联以及行业协会、商会协助政府管理和服务民营经济的职能定位；建立市民营中小企业公共服务平台；鼓励民营经济组织参与提供公共服务，参与公共管理政策的制定；等等。以此为民营经济发展提供更切实的制度保障，也为统战工作向商会协会延伸铺垫了较好的基础。

第二，各级工商联创新形式，积极引导和服务商会协会健康发展。为应对经济社会发展的各种变化，同时积极响应中央要求政会脱钩所带来的现实挑战，广东各级工商联积极创新形式，拓宽工作抓手，为切实提升商会协会良性的自我造血功能，并确保正确发展方向保驾护航。积极探索主要有以下几项。

首先，成立社区商会，更好地整合社区资源，服务社区内企业、居民等不同主体的多元诉求，成为推进管理服务全覆盖的有效新载体。珠海市香洲区工商联率先在广东省成立了辖区内的首家社区商会，已初步取得良好成效，并准备今后逐步有序地推开建立。

其次，重视并努力做好新生代培养工作。改革开放至今，新生代正在开始成长为民营企业家队伍的中坚力量，如何有效团结这些多有海外留学背景、思想活跃、价值观多元，又通常正处于事业起始阶段从而存在多种可能的新生代及其经济组织，广东各级工商联正在做着多种积极探索。珠海香洲区工商联注重工作方法上的创新，用服务加感情的方式，以实现较有效的团结和引导的作用。珠海市总商会则关注青年企业家群体的整体健康发展。2014 年成立的珠海青年商会，就是接受珠海市工商联、市总商会业务指导的综合性商会，以“培育青年人才，促进企业发展，整合青商资源，成就青年领袖”为宗旨，现已吸纳会员 310 家，多为 70 后、80 后、90 后年轻人。商会通过举办一系列活动开展青年领袖培训，其中有代表性的“珠海青年领袖沙龙”每两个月举办一期，积极助推新生代企业的创业创新、资源整合、解决融资等问题。

第三，以创新管理、拓宽平台、考核跟进等方法，积极推进商会协会的组织建设。鉴于商会协会的工作积极性参差不齐，甚至每年都有完不成换届的商会协会，珠海市总商会在其所属的 60 家商会中，探索会长轮值的制度创新，现已有 1/3 建立了会长轮值制度，极大地调动了会长的积极性，提升了商会的凝聚力和影响力。中山市工商联积极畅通参政议政渠道，向人大、政协推荐商协会的恰当人选，同时推荐担任职能部门的行风监督员等，增进企业与职能部门的相互理解，规范企业更好发展。中山市黄圃镇工商联以积极落实全联“五好”工商联管理模式为考核载体，有效规范并促进着工商联服务能力的提升。将“五好镇区工商联建设”任务逐项分解打分，把“组织建设”、“履职能力”、“履职条件”三大指标细化为项目、“五好”建设要点、负责人和完成情况等栏目，再按具体建设要点逐项打分，推进精准落实，均衡发展，提升引领和服务企业的能力。中山市工商联还结合本地异地商会数量多的特点，成立了异地商会发展委员会，以打破区域间隔阂，有效整合资源，抱团发展。

广州市越秀区是考核商会协会的试行者。在政社脱钩后，之前挂靠工商联的协会商会只是工商联的团体会员，而不再有挂靠关系。2015 年越秀区工商联出台了“团体会员奖励方案”，除了“支持参与区工商联日常活动（30 分）”、“扶贫和慈善工作参与（30 分）”等之外，还有很大的内容在于考察商会协会的组织情况，比如，“会员数据库完善（30分）”、“行业商协会自身活动开展（24分）”、“行业商协会会员发展（10分）”、“参政议政、承接政府职能转移和社会公共事务（30分）”。根据考核情况，区工商联给予一定的奖励，同时，有的协会商会会长也会根据考核的情况来给协会秘书长相应的奖罚。

总之，广东各级工商联面对新形势新挑战，不断开拓新方式，同时也继续抓好商会协会的党组织建设、行业自律、慈善公益等常态化工作，从而持续加强、提高对商会协会引导和服务的自觉意识与能力。

（三）广东省商会协会发挥桥梁纽带作用的现状

在调研中我们看到，商会协会在发挥服务企业发展、积极沟通政府与企业关系、营造较好经营环境等方面已经发挥了不可或缺的重要桥梁纽带作用。主要有以下几方面的突出亮点。

第一，商会协会积极服务企业、抱团前行的意识清晰且具体落实在其组织架构的常态化运行中。几乎所有的商会协会都把致力于服务企业作为安身立命之本，并作为宗旨写入商会协会的章程。如珠海市民营企业商会自成立20多年来，始终秉承“搭建沟通桥梁，服务会员企业”的发展宗旨，不断深化会员服务意识，加大会员服务力度，拓展会员服务领域。相继打造出了商会论坛、高端培训、外出考察等系列品牌活动，帮助会员把握经济新趋势、了解政策新动向，为会员分享资讯、提升视角、真切交流、拓展商机搭设广阔平台，尽心打造“民营企业之家”。其组织架构中，秘书长下设的机构除了办公室外，均为会员服务部门：会员服务部、金融服务部和法律服务部。中山市经济促进会把服务会员的理念同样落实在其独特的“四二一”组织架构中。“四”即“四个部门”：战略发展部、商学院、身体健康部和幸福家庭俱乐部。“二”即“两大系统”：一是二代系统，服务于企业家第二代；二是慈善系统，让企业慈善从身边做起。“一”即“一个党支部”，引领企业的正确发展方向。总之，在服务会员企业方面绝大多数商会协会不遗余力，既打造沟通交流平台，同时链接、整合国内外各种资源，不断拓宽会员企业发展新思路。

第二，积极充当企业与政府职能部门沟通的桥梁纽带，反映企业利益诉求，维护企业合法权益。民营中小企业通常困难较多，且往往缺乏与政府职能部门有效联系的渠道。商会协会在这方面发挥了较显著的沟通协调功能。2015 年成立的中山市古镇镇商会协会联盟，为把企业更好地联合起来，明确以沟通企业与政府为要旨，替企业做了很多单个企业自身难以做到的事情。珠海市金湾区中小企业促进会则主要从事企业基础数据的采集与研究，精准反映企业各种诉求。中山市高新技术民营企业协会在 2013 年就与中山市经侦支队网络警察建立联系，建立警务室，以绿色通道及时为会员企业排忧解难。中山市黄圃镇工商联则借助本地律师资源，成立了人民调解委员会，以利于会员企业纠纷的及时调解。

第三，以党建凝聚人心，以慈善树立形象，营造企业发展的良好氛围。一些商会协会对党建工作认真投入，把它作为一项能够有效提升会员企业凝聚力的事业来开展。珠海常德商会视党组织为异地商会的政治生命。认为有一个好的党组织，就等于有一个好商会。对于“两边不着地”的异地商会来说，无地域界分的党建工作能起到有效凝聚其会员企业的积极作用。该商会党支部因此被评为全省的先进党支部。其他更多的商会协会则通过参与公益、开展慈善，甚至建立爱心专项基金等形式，以此树立商会协会良好的社会形象，为会员企业营造发展的有利条件。中山市古镇镇工商联每年发动捐款，额度均在 800 万元/年以上，其目的不仅在于让企业有社会责任感，也在于让他们能在政治和社会上树立良好形象。中山市黄圃食品腊味商会成立 20 多年来，团结会员企业积极参加黄圃经济社会建设，参与助老、助困、助学、助医、助残、助孤等社会公益事业，树立了良好的行业形象，彰显了该协会企业家高度的社会责任感。

第四，努力增强商会协会自身造血功能，力求实现以商养会，提升行业竞争能力。为适应政会脱钩带来的新挑战，许多商会协会正积极开阔视野，力图通过开展经营性业务，包括承接政府有关服务项目等方式，争取实现以商养会。珠海市民营企业商会在投融资方面积极努力，2013 年就已筹办成立了珠海横琴新区民商汇基金管理有限公司，为会员企业资本运作、抱团发展提供帮助。中山市古镇镇工商联在组织会员企业承接政府服务方面做得有声有色，已连续多年成功承办了本地的龙舟赛，2015 年又承办了第一届灯光文化节，实现了社会与经济效益的双赢。中山市门业协会则免收会员费，靠服务收取佣金，跳出协会做协会，真正实现了以商养会。该协会迄今已制定了 20 项行业标准，以标准引领产业升级，2015 年还成立了广东省首家设在协会的院士工作站——“中山市门业协会广东省院士专家企业工作站(2015～2018)”，极大地提升了行业的创新能力与品牌竞争力。

在此，特别值得一提的是，成立于 2005 年、现为全国工商联先进单位的中山市小榄镇工商联，其在积极开拓创新、多业态经营，从而实现以商养会的基层实践方面具有某种方向性意义。它以找准定位、明确目标、强化创新、不按套路的办会理念，以服务好企业为立会之本，自力更生，摆脱对会费的依赖。不仅一年里为政府做了 600 项工作，而且，2015 年底又成立了中山市第一家私募基金会——“广东菊城慈善基金会”，还搭建了一个公益平台——“公益菊城”，以确保企业慈善捐款透明、集约、高效地运作与可持续发展。此外，该协会于 2007 年就开始了协会的标准化规范管理，并已成功拿到了英国的一个管理标准体系认证，系此标准在中国的第一家。以此为契机，该协会正筹备向社会有偿输出其管理模式服务，从而进一步壮大商会实力，提升自主发展能力与行业竞争力。

（四）广东省政会关系现状对加强统战工作的挑战

结合广东省政会关系的历史阶段和具体实践，我们认为在推动习近平总书记“亲”、“清”政商和政会关系中，关键是要改变观念、创新思路，在工作抓手和工作方式上做出必要的调整，以适应当前新型政商关系的形势需要。从调研来看，目前加强商会协会的统战工作存在以下几方面挑战。

第一，如何衔接统战工作要求和社团管理底线原则。在调研中，有基层工商联的工作人员以及商会协会负责人反映，目前商会协会发展过程中出现了领导班子素质参差不齐、政治觉悟低下、组织混乱、会费负担沉重等现象，而统战工作也出现了缺乏抓手，无法影响商会协会领导班子换届等情况。因此，调研中很多基层工商联和商会协会负责人提出，工商联应通过推动统战工作全覆盖来强化对于商会协会的管理。在实践中，也有深圳和佛山南海等地方党委要求当地全部经济类社团全部加入工商联作为团体会员，广州市越秀区对于商会协会组织进行考核等实践。然而，在实际工作中，统战工作对于商会协会政治立场、组织水平、联系抓手的要求，与商会协会管理的底线原则存在一定的张力。一方面，考核商会协会、通过党政文件要求商会协会都加入工商联、干预商会协会领导人换届等，是对商会协会提出更高的统战要求，依靠政治行政手段实现，在法理上却缺乏一定的依据；另一方面，当商会协会出现组织瘫痪、财务混乱，抑或负责人政治立场不当等情况时，由于缺乏对于商会的相关立法，又往往没有以底线原则为基础的法律法规和制度去避免和约束这些情况。因此，构建协会管理的底线原则，并衔接统战工作新要求，是推动统战工作向商会协会全覆盖的重大挑战。

第二，如何探索统战工作新机制新形式。目前对于商会协会的管理权比较分散，民政部门管登记注册和年检，具体的业务指导在各政府职能部门，而工商联抓统战和政治引导。与民政部门登记注册和星级评定以及职能部门行政权相比，在政社脱钩后，统战工作的抓手进一步削弱。首先，政治安排的局限性。作为传统的工作抓手，由于政治资源有限，对于实现统战工作全覆盖目标的帮助无疑有限。并且，在新型政商关系之下，政治安排也需要探索更加制度化、程序化的实现方式，也避免其中存在的关系和腐败风险。其次，企业家社会回馈方式转变。工商联统战工作的重要部分在于推动企业家捐赠慈善救灾项目。调研发现，民营企业家大都乐意服务地方、回馈社会，为当地社会福利与社会服务事业筹款捐资。然而，不少民营企业家反映，政府职能部门在面对公共服务的财政短缺时，摊派捐款的现象时有发生。尤其在经济形势不好的情况下，为企业带来很大的压力，扭曲了慈善行为，伤害了企业家自愿履行社会责任的积极性。这对工商联创新工作形式提出了要求。最后，考核商会协会的不足。考核商会协会是基层工商联推动统战工作的新探索。不过，在调研中，我们也发现，这种形式仍然存在不足。除了缺

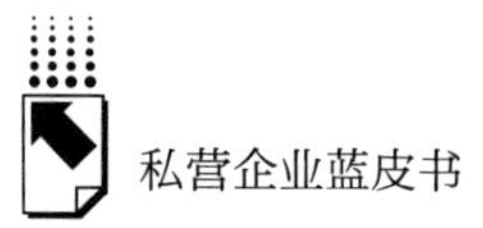

乏法律的约束性之外，最大的问题是工商联考核如何与协会会员的要求衔接的问题，如何避免考核后会员不参与和“不和你玩”的问题。因此，在新形势下，如何探索统战工作实现的新机制、新形式是现阶段的重大挑战。

第三，如何规范商会协会承接政府职能。调研发现，商会协会的负责人都非常愿意和希望承接政府职能，以此获取更多的资金补助并吸引会员。然而，很多会员却对政府向协会商会转移职能提出了质疑。不少会员反映，加入20多个协会，每年的会费达百万。而这种情况的出现，不仅仅是由于企业出于自身市场需要或者人脉关系需要而入会，而且是由于政府转移了很多职能给商会协会，不入会就难以达到政府职能部分设定的门槛。比如，不入会年检不了，不入会不能参加招投标，不入会不能参加评比，不入会不能参加定级等。一部分类似于“二政府”类型的商会协会承接了部分政府的职能，实际上沦为收费中介，引起企业反感。用企业主自己的话说，“行政化”倾向破坏了企业对于协会的“信任”。此外，对于没有承接政府转移职能的商会协会而言，它们又不得不面对一个不公平的竞争环境，在吸引会员和政府资金扶持方面处于弱势。因此，如何规范商会协会承接政府职能的工作也构成了新挑战。

第四，如何搭建统战工作新桥梁。在新形势下，搭建统战工作新桥梁有两个方面的挑战。一是如何搭建工商联与政府的制度化桥梁。调研中，许多基层工商联反映，政府吸纳工商联参与地方经济决策有限，政府经济工作会议等重大经济决策不吸收工商联参加。在有些情况下，政府又将工商联等同于一般的政府职能部门，看不到工商联作为桥梁纽带作用的特殊性。二是如何搭建工商联与商会协会的制度化桥梁。调研发现，不乏存在将桥梁作用理解为工商联领导为企业家站台背书和说好话的情况。如何探索工商联桥梁作用的制度化和程序化，推动统战工作从“给好处”到“靠制度”的转型，是搭建“清”、“亲”新型政商关系的重要挑战。

第五，如何保障基层工商联运作。在广东，大部分地方实现了工商联向镇街的全覆盖。然而，镇街工商联（商会）的运作仍然受到人财物和机构人员编制的严重掣肘。广东许多镇街商会的第一副会长都是由镇街分管经济的副主任兼任，秘书长由镇街经济办主任经济科科长兼任，副主席由经济部门的副局长们兼任。镇街工商联纷纷反映，在没有国家财政资金、没有机构人员编制的“三无”情况下难以有效开展工作，大量的协调和服务工作仅仅依靠兼职的商会协会和工商联的人员担任，负担相当沉重。相比较而言，工青妇等组织在镇街都有正式的编制设置。此外，在广东，地方行政体制的特殊性也使得出现了新情况。广东省的个别地级市，诸如东莞和中山实行市镇两级的体制。虽然大镇是区县级，但是大镇的工商联仍然是“三无”，也无法设立党组织。在全联推开的“五好”工商联评比规定中，大镇的工商联也不能参评。如何保障基层工商联的人财物并照顾地方行政体制的特殊性，对于完善工商联基层机构、有效实现统战机构向基层延伸，具有相当的重要性。

五　统战工作向商会协会全覆盖下一步工作方向

第一，党委政府加强对商会协会的统筹监管引导工作。首先，争取地方党委政府对统战工作的重视。在一业多会和政社脱钩的发展背景下，推动统战工作向商会协会全覆盖，要求党委政府重视工商联在新形势下的新作用，进一步充分发挥其桥梁和纽带作用。这需要党委政府将工商联定位为真正能够统筹和协调党和非公企业、非公企业组织和职能部门、商会协会之间关系的枢纽型组织，并拥有对商会协会进行工作评估的职能。在此基础之上，一方面，积极探索吸纳工商联参与政府重大经济决策的机制和方式；另一方面，完善工商联联络非公企业组织和商会协会的制度渠道和工作机制。在党和政府的重视下，通过两方面的工作，把工商联建成一个既贯彻党的政治方针、强化党的统战工作，又能反映商会协会利益诉求、提供经济服务的制度化平台。其次，推动党的统战工作与政府监管工作相衔接。当前，统战工作向商会协会全覆盖亟须党委和政府统筹协调，推动统战工作与监管工作相衔接。一方面，通过完善法律法规，构建商会协会统战工作的底线原则。建立和完善商会协会退出管理相关法律法规，将那些僵尸协会或者处于瘫痪的协

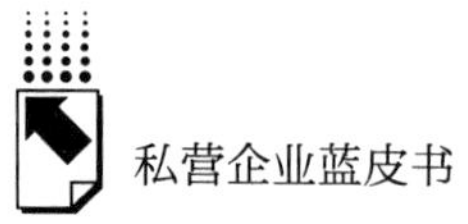

会及时依法进行清理；同时，及时依法规范以商养会的做法，规避以商养会失败对工商联、商会协会和企业带来的经济、社会和政治风险。另一方面，在构建底线原则的基础之上，切实推动工商联的统战能力建设，积极探索如何通过统战工作机制创新，充分发挥商会协会党组织带头人的引领作用，重视对商会协会党组织负责人的培养，使之能吸引商会协会向工商联靠近，成为党和政府非公经济工作的智囊和助手。最后，改善工商联及其挂靠商会协会的保障机制。争取党委政府的大力支持，为工商联及其会员协会发展创造良好的条件。对于基层工商联而言，探索镇街工商联机构人员和经费保障可行的办法；对于工商联挂靠商会协会而言，与政府部门积极协商，破除承接政府职能的不公平门槛，为挂靠会员在承接政府职能转移中寻求平等的待遇和机会。

第二，推动统战工作方式方法创新。首先，完善政治吸纳机制。继续做好非公企业人员的政治推荐和政治安排工作，鼓励非公经济人士通过提交人大议案和政协提案，向当地政府建言献策；同时，进一步推动政治推荐和政治安排工作具体实施细则的程序化和制度化，坚决避免其中可能存在的利益输送。其次，鼓励基层政策试验。在政企分离的情况下，推动统战工作向商会协会的全覆盖，需要不断探索新的实现方式。支持地方和基层党政部门开展政策试验。给予地方和基层进行各类统战工作创新的改革空间和自主性，做好优秀经验的总结、宣传和政策移植的工作。探索通过颁布“商会协会规范化建设指引”积极引导商会协会的组织建设；通过把好商会协会领导班子的政治关，积极引导商会协会的领导班子换届；总结和完善将经济类社团全部作为工商联团体会员的实践经验；创新引导企业家社会慈善扶贫事业的新形式和新做法，激发企业家回馈社会的社会责任感，推动企业社会责任建设。最后，探索统战工作新领域。新形势下，统战工作要积极探索青年企业家、企业家二代、社区商会等统战新领域的工作机制。尤其要把握新兴产业的非公经济人士、“传承二代”和“创业一代”的年轻非公经济人士的思想动态和利益诉求，有针对性地对特定人群进行引导和教育。统战工作要与时俱进，运用年轻人喜闻乐见的传播媒介和传播方式开展统战工作。

第三，强化商会自身建设，营造良性竞争环境。首先，完善商协会管理单行法规，建立有效的退出机制。尊重市场竞争和自然淘汰的规律，减少对商协会发展的政治干预，同时秉持“宽进严出”的原则，明确“僵尸组织”的评价标准，做好对无活动、无人员、无经费的商会协会的清理工作。其次，引导商协会差异化发展。一业多会之后，要注意尽量避免同业商会协会无序发展、恶意竞争、资源内耗和重复浪费等问题。要注意引导商会协会根据自身的人员和资源优势开展业务，创新工作形式，提升服务质量，为会员提供差异性、个性化服务。再次，规范商会协会发展，防止权力寻租和企业共谋。慎重对待职能转移，尤其要防止职能转移产生的“二政府”通过收费服务加重非公经济人士负担问题，规范商会协会发展应以放松管制、培养市场自律为主，当市场自律失效时通过完善机构设置和评估体系，要求在理事会引入固定比例的中小企业，通过工商联对会员反馈评估理事会和秘书处的运作，防止商会协会中大企业间共谋。最后，建立商会协会规范化建设指南。工商联应建立与民政部门对社团的星级评定不一样的评价体系。结合商会协会的特征，着眼于商会协会的实际运作，为商会协会提供一套能够帮助其有效开展活动和强化组织的规范性指南。

第四，注重舆论环境建设，树立优秀非公企业典型。各级党委政府要重视社会舆论引导，通过传播优秀非公经济人士的典型，在社会上塑造非公经济人士的正面形象，提升非公经济人士的社会荣誉感及对党和国家的认同感。

B.8
上海私营企业和私营企业家的传承与创新

孙 明　朱 妍　吕 鹏　范晓光*

摘　要： 本文使用第十二次全国私营企业调查上海地区的样本，对上海市私营企业和私营企业主的面貌做了一次全景式的分析。文章首先分析了上海市私营企业家的社会特征和主观地位认同，接着重点分析了年轻一代企业家在家族传承过程中的现状与挑战，包括治理结构变化、继承与培养模式、文化与知识偏好等多个领域。文章还分析了在“互联网+”经济兴起的背景下，上海市私营企业家互联网使用的行为特征，以及互联网使用对他们思想动态的影响。文章的最后展示了上海市私营企业家对营商环境的评价和态度。

关键词： 私营企业　私营企业家　传承　创新

2015年以来，我国非公有制企业特别是私营企业面临了一系列发展中的困难和问题。对此，党和国家高度重视，出台了一系列鼓励支持非公有制经济发展的政策举措。特别是2015年以来，在供给侧结构性改革这一思路的指引下，推出了一系列降低企业负担、促进民间投资、提升私营企业主获得感的举措，为非公有制经济发展创造了更为有利的政策环境和更为广阔的发展

* 孙明，同济大学国际关系与公共管理学院；朱妍，上海社会科学院社会学研究所；吕鹏，中国社会科学院社会学研究所；范晓光，浙江大学社会学系。

空间。本次抽样调查的目的，就是要在新形势和新背景下，整体了解和分析我国私营企业的经营状况、生存环境和发展趋势，为党和政府有关部门提供决策依据，更好地促进非公有制经济健康发展及非公有制经济人士健康成长。

2016 年 3 月上海市工商联开展了第十二次全国私营企业抽样调查上海地区的工作。上海市工商联根据各区县重点行业分布情况，要求各区县工商联抽取行业中的龙头企业、高科技企业，或成长性好、有发展潜力的企业进行调查。本次调查上海市样本量一共 377 份，包括了上海市工商联和上海市工商局两个执行团队分别搜集的数据。

一　主要社会特征

本次调查首次询问了被访者在企业的职务。如表 1 所示，分别有 46.7% 和 40.8% 的被访者担任的是企业的董事长或总经理。可以说，绝大多数的被访者都是企业的主要负责人。需要说明的是，企业职务是一道多选题，因此存在兼职的可能。比如，所有的党委书记，同时都是企业的董事长。

表 1　被访者在企业的职务

单位：%

	百分比		百分比
董事长	46.7	董事	4.0
总经理	40.8	部门负责人	13.8
企业副职（含副董事长、副总经理等）	5.6	其他	2.7
党委书记	1.9		

本次调查的有效样本中，上海的被访企业家中 77.8% 是男性，22.2% 是女性。从表 2 可以看到，男性与女性企业家在大学本科教育程度上并不存在显著差异。但相对来说，男性企业家在硕士以上学历中的比例更高（23.1%），女性只有 12.3%。

如表 3 所示，被访企业家以中青年为主体，36～45 岁的占 31.9%，46～55 岁的占 36.8%，合计占到了 68.7%。

表 2　男性与女性企业家的受教育程度

单位：%

	男	女	合计
初中及以下	4.2	3.7	4.1
高中/职高/中专/技校	11.1	12.3	11.4
大专	24.4	35.8	26.9
本科(含双学士)	36.2	35.8	36.1
硕士	21.3	12.3	19.3
博士	2.8	0	2.2
合计	100	100	100

表 3　被访企业家的年龄分组情况

单位：%

35 岁及以下	13.8
36～45 岁	31.9
46～55 岁	36.8
56～65 岁	15.7
66 岁及以上	1.9

表 4 显示了被访企业家在接受问卷调查时的教育程度。除了 66 岁以上的年龄组之外，不同年龄段的企业家中，大专以上学历都成为主体；而且，年纪越轻，大专以上学历的企业家的比例就越高，从 56～65 岁的 48.28% 到 35 岁以下的 72.55%。比较有意思的是研究生及以上学历，35 岁及以下的占到了 21.57%，而 56～65 岁年龄段的也有 25.86%。

表 4　接受访谈时企业主的受教育程度

单位：%

教育水平	年龄组				
	35 岁及以下	36～45 岁	46～55 岁	56～65 岁	66 岁及以上
高中及以下	5.88	9.32	17.04	25.86	85.71
大学和大专	72.55	72.88	60.74	48.28	14.29
研究生及以上	21.57	17.8	22.22	25.86	0
合计	100	100	100	100	100

这种现象可能是企业家继续教育的结果。由于本次调查询问了企业家的最后毕业时间，我们可以从表5看出，在创办企业时，年龄越小，研究生以上学历的被访者越多。

表5　创办企业时企业主的受教育程度

单位：%

教育水平	年龄组				
	35岁及以下	36～45岁	46～55岁	56～65岁	66岁及以上
高中及以下	15.79	12.63	21.78	34	50
大学和大专	71.05	75.79	70.3	60	50
研究生及以上	13.16	11.68	7.92	6	0
合计	100	100	100	100	100

表6显示，75.3%的被访者没有在境外接受过教育。有4.5%接受过境外大学本科教育，7.2%是硕士，0.3%是博士，还有0.3%是博士后。需要注意的是，由于这道题是多选题，因此接受本科以上教育的被访者可能重复计数。

进一步地分年龄组分析表明，一般来说，年龄组越小，接受境外教育的比例越高。例如，在36～45岁年龄组里，这一比例只有5.1%，而在35岁及以下年龄组里，这一比例上升到了11.8%。

表6　在境外接受的教育水平或经历情况

单位：%

年龄组	合计	35岁及以下	36～45岁	46～55岁	56～65岁	66岁及以上
没有	75.3	68.6	76.3	73.5	87.9	71.4
小学及以下	0	0	0	0	0	0
中学	0.8	0	0	1.5	0	0
大学本科含双学士	4.5	11.8	5.1	2.9	1.7	0
硕士	7.2	9.8	5.9	7.4	5.2	0
博士	0.3	0	0.8	0	0	0
联合培养或访问学者	0	0	0	0	0	0
博士后研究经历	0.3	0	0	0.7	0	0
短期培训、研修	3.7	3.9	3.4	5.1	0	14.3
其他	0.3	2.0	1.7	0	0	0

上海民营企业主的地位获得感经过短暂下滑后波动上行，在2016年有了较大幅度的提高。调查让被访者给自己的经济、社会和政治地位打分，10分最高，1分最低。调查每两年进行一次。在经济地位获得感上，2000年为6.179分，2002年略有下降，达到5.961。但在2004年后的十年中，经济地位获得感得分在5.050～5.810分的区间内徘徊，2006年降至最低点5.049，这表明上海民营企业主所认同的经济地位在平均水平上经历了2006年的小幅下降后，进入了持续螺旋上行阶段。相较于2014年的5.81，在2016年达到了6.11。

社会地位获得感方面，2000年为6.036分，相比同年的经济地位和政治地位，该得分居中，2002年增加到6.00分，之后又有所下降，2006年降至4.958分，比2000年低了17.37%，而后又略有反弹，2014年达到5.665分，2016年上升到6.04分。

政治地位获得感总体水平相对其他两类一直都较低，但三者的变化趋势一致。2000年的平均获得感得分为5.464，2006年降至4.337，2004～2014年间都低于5.0，基本在4.6上下波动。2016年大幅上涨到5.5（见图1）。

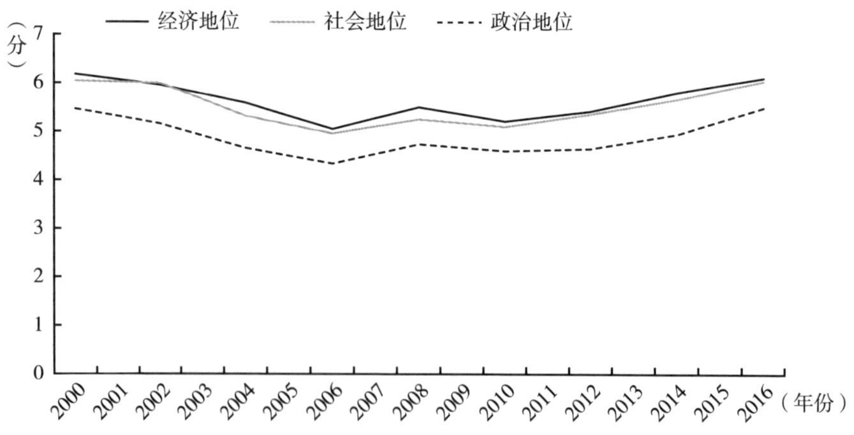

图1　主观地位评价（2000～2016）

二　年轻一代与家族传承

（一）企业资本构成

在此次调查中，有 81.64% 的被访者表示，自己就是企业的主要创办人，而有 18.36% 的人则表示“不是”。

比较最近三次调查可以看到，企业主本人或家族成员出资占净资产总额的比重从 2010 年的 74.27% 升至 2016 年的 78.44%（见表 7）。

表 7　企业资本构成

单位：%

	2016 年	2014 年	2010 年
企业主本人或家族成员出资	78.44	71.03	74.27
国有资本	0.64	1.13	1.14
外资、港澳台资本	1.89	1.8	2.21

如果区分不同所有制形式的企业，模式也没有太大的改变。由表 8 可见：

（1）合伙公司和有限公司（包括有限责任公司和股份有限公司）这两种类型的企业中，企业主本人和家族成员出资占净资产总额比例都有所提升。虽然 2014 年调查（即第十一次全国私营企业调查）数据显示，本人/家族占比有明显下降，与此同时，国资和外资占比有所提升，但到此次调查时，本人/家族占比再一次跃升，甚至超过 2010 年调查的情况。

（2）一人/独资公司这种类型的企业中，企业主本人和家族成员出资所占比例有些许下降，但并不明显。2010 年调查是 93.75%，2014 年调查骤降至 76.73%，但此次调查中这一比例又强势提升，回复至 90%。

因此，根据既有的信息，很难对私营企业资本结构的变化趋势做出稳健的判断：一方面，有些所有制类型的企业，在样本中数量过少，例如合伙制企业在历年调查中都仅有 20 家左右，根据这一数量计算出的百分比，推断起来需要特别谨慎；另一方面，在外部环境不确定性增大的情况下，资本构成的变化确实也需要格外审慎，这可能也是私营企业资本结构变迁存在黏性的原因。

表 8　不同类型私营企业的资本构成

单位：%

	2016 年			2014 年			2010 年		
	本人/家族	国资	外资/港澳台	本人/家族	国资	外资/港澳台	本人/家族	国资	外资/港澳台
一人/独资	90	0	2.94	76.73	0	7.46	93.75	0	6.25
有限公司	76.73	0.79	1.86	71.14	1.34	0.78	73.38	1.39	0.88
合伙公司	75.28	0	0	55.75	1.29	0	70.12	0	5.88

（二）企业中的机构设置

此次调查询问了企业内部的不同治理组织形式，有 43.24% 的企业建立了股东会，41.91% 建立了董事会，21.75% 建立了监事会；在职工权益保障方面，有 40.58% 建立了工会，31.56% 建立了党组织，25.73% 建立了职工代表大会。这几项制度的选择比例与历年调查相比都更低（如表 9 所示）。

表 9　组织机构的建立比例

单位：%

组织结构类型	2016 年	2014 年	2012 年	2010 年
股东会	43.24	48.99	46.36	46.56
董事会	41.91	46.67	50.91	52.50
监事会	21.75	25.51	26.97	27.50
中共党组织	31.56	41.16	39.39	44.06
工会	40.58	49.86	55.76	56.88
职工代表大会	25.73	29.28	31.82	30.00
家族委员会或类似机构	3.45	—	—	—
共青团组织	20.16	—	—	—
法律（务）部门	16.45	—	—	—
专职处理政府关系的部门	7.96	—	—	—
人力资源部或专人	41.91	—	—	—

这很有可能是此次调查中的小微企业占比较高的缘故。如果根据雇工人数区分，可以看到，2016 年调查中，20 人以下企业数量占 43%，而之前历次调查的这一比例都在三成甚至更低；百人以上企业，2016 年上海样本中不到 30%，而其他各年均超过这一比例，2014 年百人以上企业占到近四成（见表 10）。

表 10　受访企业的规模分布

单位：%

企业规模	2016	2014	2012	2010
8 人(含)以下	30.43	18.69	24.45	18.12
9～19 人	12.50	13.35	13.48	11.07
20～59 人	17.66	20.47	19.12	21.48
60～99 人	10.33	8.61	12.85	13.76
100～199 人	11.96	17.21	12.23	12.42
200 人及以上	17.12	21.66	17.87	23.15
合计	100	100	100	100

小规模企业在组织机构设置上往往较为简单，因此在企业治理结构现代化、劳工权益保障方面，如果对小微企业设立有针对性的监管与评价指标，平衡企业治理的正规性与灵活性，这也是值得进一步探索的问题。

从表 9 中还可以看到，此次调查除了历年几项组织机构设置之外，还增加了其他几项内容：有 41.91% 的企业设立了人力资源部门或专人，这一方面的工作越来越得到私营企业的重视。在调研中，我们也听到基层工会或劳动管理部门的工作人员反映，早年民营企业往往不太重视人力资源管理，甚至会随便派一个亲戚去处理相关事务，许多劳资纠纷、转工矛盾也就由此生发出来。近年来，企业主越来越意识到人力资源对于企业持续发展、长治久安、人才集聚的重要性，因此越发重视这一制度设置与运作。

除此之外，还有 16.45% 的企业设置了法律/法务部门或专员。在市场规则逐渐完善和明晰的过程中，依法经商、依法处理各种商业或劳动纠纷，已经摆上议事日程。尤其是年轻一代企业家掌舵后，法律的重要性将再次得到凸显。

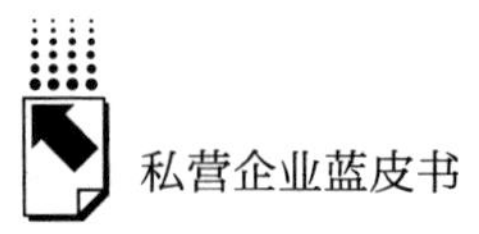

（三）私营企业中的决策与管理

此次调查显示，在有董事会的企业中，董事长由主要出资人担任的比例为89.93%，由主要出资人家庭成员担任的比例为8.21%。与此相比，2014年调查时，主要出资人担任董事长的比例是91.06%，主要出资人的家人担任的比例是7.23%；2012年调查中，这两项比例分别为90.76%和6.3%；2010年是93%和4%。比较历年变化，我们可以看到，董事长职位的选择并没有“花落旁家”，只是有限度地从主要出资人本人，转换到其家庭成员，而两项之和大约都在97%以上，也就是绝大多数情况下，私营企业的董事长都是由大股东或其家人来担任（见表11）。

表11　由谁担任董事长

单位：%

	2016年	2014年	2012年	2010年
主要出资人担任	89.93	91.06	90.76	93
主要出资人的家庭成员担任	8.21	7.23	6.3	4

那么，谁又是私营企业的主要决策者呢？此次调查显示，一半以上（51.5%）的企业，重大决策是由主要出资人做出的，考虑到主要出资人（或其亲友）大多数情况下担任董事长，因此，有半数企业的重大决策是由董事长拍板。这一比例在历年调查中变化不大，总体上都在50%左右。

有变化的是，由董事会或股东大会做出重大决策的比例在小幅下降，取而代之的是高层管理者会议。例如，董事会做重大决策的比例从2010年调查中的28.57%，下降至2016年的18.53%；股东会做重大决策的比例则从前几年的20%左右下降到2016年的16.35%。相比之下，高管会议做决策的比重，从2010年的2.92%一路上扬至2016年的11.44%。对此的解读是，私营企业正在出现一个越来越有能量的高级经理群体，而董事会和股东会的决策权有所弱化，从这个意义上说，所有权与管理权一定程度上出现了分离（见表12）。

表 12　企业重大决策由谁做出

单位：%

	2016 年		2014 年		2012 年		2010 年
主要出资人	51.50	主要出资人	49.70	主要出资人	53.42	企业主	47.4
董事会	18.53	股东会	21.96	股东会	22.05	董事会	28.57
股东会	16.35	董事会	19.82	董事会	18.63	股东会	20.78
高管会议	11.44	高管会议	6.71	高管会议	5.9	高管会议	2.92
职业经理人	1.63	职业经理人	1.83				

企业的日常管理又是如何进行的？此次调查的结果是，超过六成（61.89%）的企业，其日常管理由主要出资人负责，这一比例相比 2010 年和 2012 年有所下降；下降的部分并没有转移至职业经理人群体，由职业经理人来负责日常管理的比例大体与 2010 年调查持平，比 2012 年的比例更低；高管会议负责的比例有小幅提升，比 2010 年大约提高了 2 个百分点，达到 22.97%（见表 13）。

表 13　企业日常管理由谁负责

单位：%

	2016 年		2014 年		2012 年		2010 年
主要出资人	61.89	主要出资人	49.70	主要出资人	70.95	主要出资人	66.12
高管会议	22.97	股东会	21.96	职业经理人	14.68	高管会议	20.39
职业经理人	11.62	董事会	19.82	高管会议	13.46	职业经理人	11.84
家族其他成员	2.97	高管会议	6.71				
企业主子女	0.54	职业经理人	1.83				

（四）私营企业的继承者培养与企业交接班

企业接班人的培养一直是民营企业家关心的大问题。从全国范围看，民营企业的创立者都面临着企业交接班的重大挑战，交接班能否顺利，关乎企业的常青基业。根据近年的调查数据，上海的民营企业家中，年龄在 50 岁以上的约有 30%，这些企业正在或即将因创始人年龄问题而面临选择和培养接班人的压力。

根据2016年的调查，有57.56%的受访者表示，目前尚未考虑子女接班的问题，有20.42%则表示让子女自己决定未来发展，有8.75%已经明确表示让子女接班管理本企业，但也有一小部分表示不希望子女在本企业工作，或是仅仅让子女继承股权等。

对于子女有没有接班意愿，有48.54%的被访者表示不清楚，有33.95%明确表示没有，仅有11.14%表示子女有意愿接班。

企业家对子女交接班的态度，会显著受到自身生命周期的影响。较为年长的企业家，会更多考虑子女接班，45岁以下的年青企业家中有近七成（69.43%）表示尚未考虑接班问题，但56岁及以上的企业家群体表示未考虑过的仅为三成（36.07%）。随着企业家自身年龄的增长，对于子女接班的诉求也不断提升，最年轻群体中要求子女接班的比例仅为6.37%，但在最年长群体中，这一比例已经达到近二成（19.67%）（见表14）。

表14　不同年龄组企业家对子女接班的考虑

单位：%

	年龄组		
	45岁以下	46~55岁	56岁及以上
没考虑	69.43	63.08	36.07
让子女接班	6.37	7.69	19.67
不要子女在本企业工作	2.55	4.62	9.84
让子女自己决定	21.02	24.62	34.43

各级党团组织、工商联组织对年轻一代企业家的吸纳面较广。我们一般认为，子女的社会政治参与是接班人培养的重要组成部分。此次调查显示，在有成年子女的企业家中，子女加入中共党组织的比例是39.71%，加入民主党派的是4.41%，加入各级工商联组织的比例为16.18%，加入青年联合会的比例为32.35%，参加民间商协会的比例为10.29%，加入政府背景商协会的比例是4.41%，人大、政协的则是4.41%。对这一比例分布的直观

感受是，党团组织的覆盖与吸纳比例还是比较高的，青年联合会也因更能满足青年人社会交往与合作需求而备受欢迎。

相比之下，政府背景的商协会对企业家二代的吸纳还有待提升，民间商协会的入会比例为10.29%，而政府背景的商协会则只有4.41%。

进一步区分企业家对于子女交接班的不同诉求，可以看到，是否考虑过子女接班问题，与子女被各种组织吸纳的程度之间存在一定关联性（见表15）。

表15　交接班诉求与子女社会政治参与

单位：%

	没考虑过接班	考虑让子女接班	让子女自己决定
中共党组织	39.13	33.33	38.1
民主党派	0	6.67	4.76
各级工商联组织	21.74	6.67	23.81
青联	30.43	53.33	33.33
民间商协会	8.7	13.33	4.76
政府背景商协会	4.35	6.67	0
人大、政协	4.35	0	9.52

（五）私营企业主的文化与知识偏好

从总体上看，上海的民营企业家最希望了解企业营销与管理方面的知识信息，有71.88%选择了此项，其次是法律、国情社情和金融投资方面的知识，大约占到三成，较为不关心的是投资移民类、政治理论类和历史哲学类知识。

当然这其中存在较为明显的代际差异：一方面，年龄较大的企业家对于各种知识与信息的热衷程度表现得更高。与年轻企业家相比，年长企业家对各类知识的选择比例都较高。另一方面，年长企业家对于国情、民情与社会的知识信息关注程度显著高于较为年轻的企业家。年长企业家超过四成对了解国情、社情有兴趣，排名第二，相比之下，46～55岁区间的企业家只有三成表示感兴趣，到45岁及以下的青年企业家群体中，更是只有1/4表达了兴趣（见表16）。

表 16　上海企业家最希望获得哪些知识与信息

单位：%

		总体	45 岁及以下		46～55 岁		56 岁及以上	
1	企业营销与管理	71.88	企业营销与管理	69.23	企业营销与管理	74.26	企业营销与管理	75.38
2	法律	34.43	法律	28.99	法律	38.97	国情民情与社会	43.08
3	国情民情与社会	32.97	金融证券和投资	26.04	国情民情与社会	36.76	法律	32.31
4	金融证券和投资	28.69	国情民情与社会	24.85	金融证券和投资	28.68	金融证券和投资	32.31
5	国学与传统文化	20.44	国学与传统文化	20.12	科学技术	22.79	医疗养生与保健	26.15
6	科学技术	19.89	人际关系	17.76	国学与传统文化	20.59	科学技术	20
7	人际关系	17.44	科学技术	15.98	人际关系	16.91	国学与传统文化	20
8	医疗养生与保健	14.44	医疗养生与保健	12.43	医疗养生与保健	11.03	人际关系	15.38
9	历史与哲学	9.54	历史与哲学	9.47	历史与哲学	9.56	历史与哲学	9.23
10	政治理论	5.19	政治理论	6.51	政治理论	4.41	海外投资与移民	6.16
11	海外投资与移民	4.9	海外投资与移民	5.92	海外投资与移民	2.94	政治理论	1.54

企业家又是如何看待家族企业管理的各种理念呢？调查询问了被访企业家对于一些陈述的赞同情况（详见表 17）。表 17 将回答“赞同”与“比较赞同”的合并呈现，发现有 67.16% 的被访者赞成“家族应该拥有企业 50% 以上的股权”，也就是在所有权上的绝对控制。对于“企业的战略决策权必须由家族成员掌控”的赞同比例为 47.89%，未达到半数，而赞成“关键性岗位应该由家族成员担任”的，只有四成（41.87%）；对于“家族成员参与管理更有利于企业发展”，只有三成左右给了赞同意见。

比较不同年龄群体的态度，有几点发现：一是年轻的企业家群体并不见得比年长企业家更“去家族化”，有37.91%的45岁及以下企业家认为，家族成员参与管理更有利于企业发展，而这一比例显著高于另两个年龄群体。对于家族成员参与管理的态度很大程度上受制于企业的发展阶段。根据全国工商联2016年所做的“全国私营企业代际传承调查”，年轻的创业者相比于老一辈，甚至更依赖家族成员，因为他们面临更不确定的市场与用工环境。

二是中年企业家群体，即46～55岁群体，对于家族垄断所有权、重要的管理权特别看重，超过七成认为家族要占有50%以上的股权，也有相比更高的比例认可家族成员掌控企业战略决策与关键性岗位。

表17　对于家族企业管理理念的看法

单位：%

	总体赞成比例	45岁及以下赞成比例	46～55岁赞成比例	56岁及以上赞成比例
1. 家族应该拥有企业50%以上的股权	67.16	65.16	71.2	65
2. 企业的战略决策权必须由家族成员掌控	47.89	45.39	53.39	43.10
3. 企业关键性岗位应该由家族成员担任	41.87	40.52	45.30	37.93
4. 家族成员参与管理更有利于企业发展	31.93	37.91	29.06	22.41

三　互联网与思想动态

近年来，我国互联网技术及应用发展迅猛，对市场、用户、产品、企业价值链，乃至整个社会生产生活方式都产生了革命性的影响。2015年3月5日十二届全国人大三次会议上，李克强总理在政府工作报告中首次提出

"互联网+"行动计划，推动移动互联网、云计算、大数据、物联网等与现代制造业结合，促进电子商务、工业互联网和互联网金融健康发展，引导互联网企业拓展国际市场。那么上海的民营企业如何使用互联网，互联网给企业带来了哪些挑战呢？第十二次私营企业调查的最新数据在问卷中询问了企业使用互联网的情况，我们将通过对数据的分析来回答上述问题。

（一）目前企业如何使用互联网？

被问及"目前企业如何借助互联网"，有257位民营企业家回答此题目，全部使用了互联网，企业"触网率"高达100%。对互联网使用方式进行分析发现，66.2%的民营企业"建立企业网站"，48.6%的民营企业在"客户沟通与服务"中使用了互联网，另有48.3%的企业在"聘用人才"时使用了互联网。此外，在移动互联网时代，以用户为主导的精准推送、互动式营销正逐渐成为主流。有40.5%的被访企业"建立企业微博、微信公众号"，在拥有海量用户的社交平台上进行企业的营销。另有28.4%的被访企业"与互联网企业合作"。而备受社会关注和诟病的"搜索引擎竞价排名"比例则不高，仅有9.3%的企业采用这种方式（见表18）。

表18　企业如何使用互联网

单位：%

建立企业网站	66.2	与互联网企业合作	28.4
开设网店	19.8	建立企业微博、微信公众号	40.5
投放广告、进行企业宣传	27.6	搜索引擎竞价排名	9.3
聘用人才	48.3	客户沟通与服务	48.6

我们进一步分析了产业差异与互联网的使用。统计结果表明，在"建立企业网站"、"投放广告、进行企业宣传"等多个方面，第二产业的企业使用互联网的比例都比第三产业的企业更高。第三产业的企业更加注重在"客户沟通与服务"中使用互联网，比例达到51.8%（见表19）。

表 19　不同产业如何使用互联网

单位：%

	第二产业	第三产业
建立企业网站	71.8	61.2
开设网店	20.0	19.4
投放广告、进行企业宣传	30.9	23.0
聘用人才	48.2	46.0
与互联网企业合作	29.1	28.1
建立企业微博、微信公众号	41.8	38.9
搜索引擎竞价排名	13.6	6.47
客户沟通与服务	43.6	51.8

说明：由于属于第一产业的企业数量过少，因而没有进行统计。

大型企业更倾向于利用互联网进行宣传，小微企业则更青睐使用互联网进行客户沟通与服务。雇工规模在200人及以上的民营企业，有86.7%建立了企业网站，36.7%通过互联网来“投放广告、进行企业宣传”，55%“建立企业微博、微信公众号”，13.3%参与了“搜索引擎竞价排名”，都显著高于小微企业。而在“客户沟通与服务”方面，雇工规模在200人及以上和雇工100～199人的民营企业，使用互联网的比例仅为45.0%和44.7%。相比之下，雇工8人及以下和雇工9～19人的小微企业使用互联网进行客户沟通与服务的比例高达72.7%和61.3%（见表20）。

表 20　不同规模的企业如何使用互联网

单位：%

	8人及以下	9～19人	20～59人	60～99人	100～199人	200人及以上
建立企业网站	42.4	71.0	55.6	62.9	73.7	86.7
开设网店	24.2	29.0	14.8	28.6	13.2	15.0
投放广告、进行企业宣传	12.1	25.8	29.6	31.4	15.8	36.7
聘用人才	39.4	58.1	37.0	42.9	57.9	55.0
与互联网企业合作	30.3	45.2	27.8	22.9	23.7	25.0
建立企业微博、微信公众号	24.2	38.7	38.9	40.0	36.8	55.0
搜索引擎竞价排名	6.1	9.7	7.4	8.6	7.9	13.3
客户沟通与服务	72.7	61.3	40.7	45.7	44.7	45.0

在企业经营过程中使用互联网，不同年龄组的民营企业家没有明显的“数字鸿沟”。56 岁及以上的民营企业家，他们的企业中有 64.3% 建立了企业网站，45.2% 在聘用人才的过程中使用了互联网，38.1% 建立了企业微博、微信公众号，在这些方面与更年轻的民营企业家相比差别不大。但年轻的民营企业家更倾向于“与互联网企业合作”，例如 35 岁及以下的民营企业家中这一比例高达 44.4%，明显高于其他年龄组的企业家。同时，80 后企业家不喜欢“搜索引擎竞价排名”，只有 3.7% 的企业使用了这一业务。最后，企业家越年轻，越倾向于使用互联网进行“客户沟通与服务”（见表 21）。

表 21　不同年龄组的企业家如何使用互联网

单位：%

	35 岁及以下	36～45 岁	46～55 岁	56 岁及以上
建立企业网站	70.4	65.1	67.7	64.3
开设网店	14.8	26.7	16.2	16.7
投放广告、进行企业宣传	22.2	31.4	26.3	28.6
聘用人才	44.4	47.7	51.5	45.2
与互联网企业合作	44.4	38.4	16.2	26.2
建立企业微博、微信公众号	33.3	46.5	38.4	38.1
搜索引擎竞价排名	3.7	12.8	7.1	11.9
客户沟通与服务	55.6	50.0	46.5	45.2

有境外工作经历的民营企业家在“投放广告、进行企业宣传”、“与互联网企业合作”、“建立企业微博、微信公众号”三个方面，使用互联网的比例明显高于没有境外工作经历的企业家，分别高出 20.8 个、13.7 个、7.1 个百分点（见表 22）。

表 22　企业家境外工作经历与互联网的使用

单位：%

	有	无
建立企业网站	64.7	66.3
开设网店	23.5	19.6

续表

	有	无
投放广告、进行企业宣传	47.1	26.3
聘用人才	52.9	47.9
与互联网企业合作	41.2	27.5
建立企业微博、微信公众号	47.1	40.0
搜索引擎竞价排名	5.9	9.6
客户沟通与服务	52.9	48.3

（二）企业未来将如何使用互联网？

企业未来对互联网的使用，“开设网店”（21.2%）和“搜索引擎竞价排名”（17.7%）比例相对较低。其他六种互联网的使用方式，均有近1/3的企业计划在未来使用。尤其是在“投放广告、进行企业宣传”（30.3%）、“聘用人才”（29.0%）、“客户沟通与服务”（29.0%）等方面（见表23）。

表23 企业未来如何使用互联网

单位：%

建立企业网站	27.6	与互联网企业合作	26.3
开设网店	21.2	建立企业微博、微信公众号	26.0
投放广告、进行企业宣传	30.3	搜索引擎竞价排名	17.7
聘用人才	29.0	客户沟通与服务	29.0

第二产业的民营企业不仅在当前而且在未来都比第三产业的企业更积极地使用互联网。处于第三产业的民营企业未来对互联网的使用更倾向于“建立企业网站”，比例达到了31.7%。而处于第二产业的民营企业在“开设网店”、“聘用人才”、“与互联网企业合作”、“搜索引擎竞价排名”四个方面，未来使用互联网的企业比例都明显高于第三产业的企业，分别比后者高出了11.4个、11.8个、22个、9.4个百分点（见表24）。

表 24　不同产业未来如何使用互联网

单位：%

	第二产业	第三产业
建立企业网站	22.6	31.7
开设网店	28.0	16.6
投放广告、进行企业宣传	28.3	30.2
聘用人才	35.5	23.7
与互联网企业合作	39.3	17.3
建立企业微博、微信公众号	25.5	25.9
搜索引擎竞价排名	22.4	13.0
客户沟通与服务	29.9	28.1

注：属于第一产业的企业数量过少，因而没有进行统计。

（三）互联网给企业带来了哪些挑战？

44.0%的民营企业家认为互联网导致“行业边界越来越模糊，竞争加剧”，43.6%的企业家认为“客户挑选空间机会多，忠诚度下降”，36.1%的企业家认为“思维跟不上互联网的发展步伐”（见表25）。

表 25　互联网给企业带来的挑战

单位：%

思维跟不上互联网的发展步伐	36.1
不确定性增加，越来越看不清未来方向	24.5
权力要求下放，责任却下放不了	25.5
客户挑选空间机会多，忠诚度下降	43.6
行业边界越来越模糊，竞争加剧	44.0
沟通方式增多，效率并没有提高	11.6
人与人、人与组织之间的关系在重新组合，但关系越来越松散	15.4

第二产业的民营企业家危机意识更强，认为互联网带来的挑战更大。除了“客户忠诚度下降”，在其他各个方面，与第三产业相比第二产业中的企

业家认为互联网带来挑战的比例都更高。第二产业的首要挑战是“行业边界越来越模糊，竞争加剧”，比例高达56.8%。第三产业的首要挑战是“客户挑选空间机会多，忠诚度下降”，比例达46.8%，超过了第二产业企业家的36.0%（见表26）。

表26　互联网给不同产业带来的挑战

单位：%

	第二产业	第三产业
思维跟不上互联网的发展步伐	37.8	34.1
不确定性增加，越来越看不清未来方向	34.2	17.5
权力要求下放，责任却下放不了	28.8	22.3
客户挑选空间机会多，忠诚度下降	36.0	46.8
行业边界越来越模糊，竞争加剧	56.8	34.5
沟通方式增多，效率并没有提高	16.2	8.7
人与人、人与组织之间的关系在重新组合，但关系越来越松散	20.7	11.5

大型民营企业危机意识更强，认为互联网带来的挑战更大。200人及以上的民营企业认为“思维跟不上互联网的发展步伐”的比例达到41.9%，明显高于雇工8人及以下的小企业的30.3%；认为“不确定性增加，越来越看不清未来方向”的比例达33.9%，高于小企业的21.9%；“权力要求下放，责任却下放不了”和“行业边界越来越模糊，竞争加剧”分别达到33.9%和53.2%，比小企业分别高出了25.1个和20.8个百分点，差异非常明显（见表27）。

表27　互联网给不同规模企业带来的挑战

单位：%

	8人及以下	9~19人	20~59人	60~99人	100~199人	200人及以上
思维跟不上互联网的发展步伐	30.3	34.4	34.0	40.0	31.6	41.9
不确定性增加，越来越看不清未来方向	21.9	18.8	24.5	28.6	15.8	33.9

续表

	8人及以下	9~19人	20~59人	60~99人	100~199人	200人及以上
权力要求下放，责任却下放不了	8.8	9.4	30.2	28.6	34.2	33.9
客户挑选空间机会多，忠诚度下降	32.4	37.5	47.2	60.0	44.7	37.1
行业边界越来越模糊，竞争加剧	32.4	34.4	41.5	37.1	57.9	53.2
沟通方式增多，效率并没有提高	8.8	12.9	11.3	5.7	15.8	14.5
人与人、人与组织之间的关系在重新组合，但关系越来越松散	14.7	21.9	11.3	20.0	21.1	11.3

（四）企业家了解重大事件的渠道

中央电视台最受青睐，网络媒体全面超越传统媒体，传统的纸媒影响力微乎其微。当国内发生重大事件时，民营企业家首选的信息渠道中，47.4%是“中央电视台”；其次是“国内新闻门户网站、客户端”，比例达22.2%；排名第三的是“微信群、朋友圈”，比例达8.2%，超过了“地方电视台”的7.4%、广播电台的1.1%以及“晚报、都市报”的0.7%。选择网络新媒体的比例总计达到40%。由此可见，互联网时代的新媒体对民营企业家的影响力（见表28）。

表28　企业家了解国内重大事件的首选渠道

单位：%

中央电视台	47.4	境外报纸	0
地方电视台	7.4	微博	2.6
凤凰电视台	2.6	境外网络媒体	0
境外电视台	0	国内新闻门户网站、客户端	22.2
广播电台	1.1	微信公众号、订阅号	7.0
党报	0.7	微信群、朋友圈	8.2
晚报、都市报	0.7	人际交流	0

境外媒体和传统的人际交流不受青睐。国内发生重大事件时，没有一位被访企业家将“境外电视台”、“境外报纸”、“境外网络媒体”作为首选的信息渠道，也没有一位企业家选择“人际交流”。

年龄越大的民营企业家越倾向于首选“中央电视台”，越年轻的民营企业家越喜欢“国内新闻门户网站、客户端”和“微信群、朋友圈”。35 岁及以下企业家首选中央电视台的比例仅有 25.0%，而 56 岁及以上的企业家这一比例高达 70.8%；相反，35 岁及以下企业家首选“国内新闻门户网站、客户端”和“微信群、朋友圈”的比例达到 35.7% 和 17.9%，而 56 岁及以上的企业家首选这两个渠道的比例仅仅是 10.4% 和 4.2%（见表 29）。

表 29　不同年龄段企业家了解国内重大事件的首选渠道

单位：%

	35 岁及以下	36～45 岁	46～55 岁	56 岁及以上
中央电视台	25.0	41.9	46.7	70.8
地方电视台	7.1	4.7	11.4	2.1
凤凰电视台	3.6	4.7	1.9	0
境外电视台	0	0	0	0
广播电视台	3.6	1.2	0	2.1
党报	0	1.2	0	2.1
晚报、都市报	0	1.2	1.0	0
境外报纸	0	0	0	0
微博	0	0	0	0
境外网络媒体	0	0	0	0
国内新闻门户网站、客户端	35.7	24.4	22.9	10.4
微信公众号、订阅号	7.1	7.0	6.7	8.3
微信群、朋友圈	17.9	11.6	4.8	4.2
人际交流	0	0	0	0

学历越高的民营企业家首选“中央电视台”的比例越低，学历越高的民营企业家越喜欢“国内新闻门户网站、客户端”。研究生学历的企业家首选中央电视台的比例仅有 39.7%，而高中及以下学历的企业家这一比例达 57.6%；研究生学历的企业家首选“国内新闻门户网站、客户端”的比例高达 27.4%，而高中及以下学历的企业家首选这一渠道的比例仅为 12.1%（见表 30）。

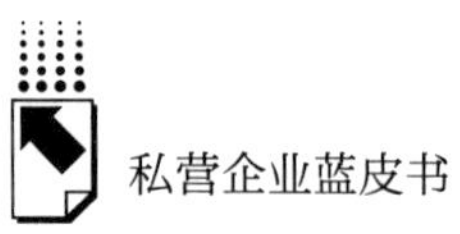

表 30　不同教育程度的企业家了解国内重大事件的首选渠道

单位：%

	高中及以下	大专	本科	研究生
中央电视台	57.6	53.0	45.9	39.7
地方电视台	6.1	4.6	8.2	9.6
凤凰电视台	6.1	6.1	0	1.4
境外电视台	0	0	0	0
广播电视台	0	0	3.1	0
党报	3.0	0	1.0	0
晚报、都市报	0	0	1.0	1.4
境外报纸	0	0	0	0
微博	3.0	3.0	3.1	1.4
境外网络媒体	0	0	0	0
国内新闻门户网站、客户端	12.1	19.7	23.5	27.4
微信公众号、订阅号	6.1	4.6	8.2	8.2
微信群聊、朋友圈	6.1	9.1	6.1	11.0
人际交流	0	0	0	0

没有境外教育经历的企业家更青睐“中央电视台”，比例达到48.8%，明显高于有境外教育经历的企业家（32.5%）；有境外教育经历的企业家更喜欢“微信公众号、订阅号”，有15.0%的被访者将其作为首选信息渠道，而没有境外教育经历的企业家首选它的比例只有6.1%，相差近9个百分点（见表31）。

表 31　境外教育经历与了解国内重大事件的首选渠道

单位：%

	无	有
中央电视台	48.8	32.5
地方电视台	6.5	12.5
凤凰电视台	2.8	2.5
境外电视台	0	0
广播电视台	1.4	0
党报	0.9	0

续表

	无	有
晚报、都市报	0.5	2.5
境外报纸	0	0
微博	2.8	2.5
境外网络媒体	0	0
国内新闻门户网站、客户端	21.9	25.0
微信公众号、订阅号	6.1	15.0
微信群、朋友圈	8.4	7.5
人际交流	0	0

政治面貌为中共党员的企业家更信赖“中央电视台”，有62.7%的被访者将其作为首选渠道，民主党派企业家这一比例大幅下降至32.4%，甚至不如未参加任何党派的企业家的40.7%。民主党派企业家更倾向于“国内新闻门户网站、客户端”，比例达到29.4%，明显高于中共党员企业家的13.3%，略高于未参加任何党派的企业家的26.2%。对“凤凰电视台”的选择上，政治面貌不同的企业家差异明显，民主党派企业家中有11.8%首选“凤凰电视台”，而中共党员企业家和未参加任何党派的企业家首选“凤凰电视台”的比例仅为1.2%和0.7%（见表32）。

表32　政治面貌与了解国内重大事件的首选渠道

单位：%

	中共党员	民主党派	未参加任何党派
中央电视台	62.7	32.4	40.7
地方电视台	6.0	5.9	9.0
凤凰电视台	1.2	11.8	0.7
境外电视台	0	0	0
广播电视台	2.4	2.9	0
党报	1.2	0	0.7
晚报、都市报	0	2.9	0.7
境外报纸	0	0	0
微博	0	2.9	4.1
境外网络媒体	0	0	0

续表

	中共党员	民主党派	未参加任何党派
国内新闻门户网站、客户端	13.3	29.4	26.2
微信公众号、订阅号	7.2	5.9	7.6
微信群、朋友圈	6.0	5.9	10.3
人际交流	0	0	0

（五）企业的转型方向

高达83%的民营企业为了适应2015年环境的变化，对企业做出了转型。就转型内容而言，近一半的企业进行了“提升技术”（49.6%）和“降低成本”（49.6%）的转型。19.9%的企业“转进其他行业”，18.1%的企业“调整销售”。选择“搬迁厂址”的企业比例较低，只有4.2%（见表33、34）。

表33　做出重要的转型的企业比例

	频次	比例(%)
未做出转型	45	17.0
转　　型	220	83.0
总　　计	265	100

表34　企业做出了哪些转型

单位：%

提升技术	49.6
降低成本	49.6
搬迁厂址	4.2
调整销售	18.1
转进其他行业	19.9

处于第二产业的企业转型力度远远超过第三产业的企业。第二产业中有高达75%的企业进行了“提升技术”的改革，69.9%的企业进行了“降低

成本”的改革，而第三产业的企业中进行这两项改革的比例仅为 29.4% 和 34.0%，相差了 45.6 个和 35.9 个百分点，差异非常明显。此外，第二产业中有 25.7% 的企业转进了其他行业，第三产业中转行企业的比例是 15.3%（见表 35）。

表 35　不同产业中的企业做出哪些转型

单位：%

	第二产业	第三产业
提升技术	75.0	29.4
降低成本	69.9	34.0
搬迁厂址	8.0	1.4
调整销售	17.7	17.4
转进其他行业	25.7	15.3

大型企业转型力度更大，重视提升技术和降低成本；小微企业的转型集中在调整销售。雇工 200 人及以上的民营企业中有高达 70.5% 的企业进行了“提升技术”的改革，67.7% 的企业进行了“降低成本”的改革，而雇工 8 人及以下的企业中进行这两项改革的比例仅为 22.9% 和 28.6%，相差了 47.6 个和 39.1 个百分点，差异非常明显。此外，雇工 200 人及以上的民营企业中有 27.4% 的企业转进了其他行业，而雇工 8 人及以下的企业转入其他行业的比例是 8.6%。相较而言，雇工 8 人及以下的企业“调整销售策略”的比例稍高，达到 22.9%，高于大型企业的 17.7%（见表 36）。

表 36　不同规模的企业做出了哪些转型

单位：%

	8 人及以下	9 ~ 19 人	20 ~ 59 人	60 ~ 99 人	100 ~ 199 人	200 人及以上
提升技术	22.9	20.6	45.5	57.1	65.0	70.5
降低成本	28.6	26.5	50.0	40.0	67.5	67.7
搬迁厂址	0	3.0	3.6	2.9	5.0	6.5
调整销售	22.9	14.7	16.1	17.1	20.0	17.7
转进其他行业	8.6	20.6	10.7	28.6	25.0	27.4

四　政商关系与营商环境

（一）对营商环境的评价

被访的上海企业家对营商环境给出了较为积极的评价。在表 37 列出的各项评价内容里，绝大多数指标选择“非常满意”和“满意”，两者合计大都超过了 70%。

相对来说，贷款难、融资难和招工难这三大难的满意度较低。这其实是民营经济发展中的老问题。“企业从银行贷款的难易程度”的满意度合计只有 60.46%，“企业从民间渠道筹资的难易程度”满意度合计 56.43%，“在当地找到需要的熟练工人的难易程度”满意度合计 44.24%。此外，在这三项当中，“非常满意”的比例相对于其他选项来说，也是较低的，在 13% ~ 16% 之间徘徊，没有超过 20% 的。这说明上海在这三个方面还可以做出更多的工作。

此外，“当地律师、会计师等市场服务条件”虽然满意度合计达到了 75.19%，但选择“非常满意”的只有 19.55%，略低于其他选项。对“行政审批手续方便、简捷”和“基础设施条件”非常满意的比例也略低。

被访上海企业家对政府部门和安全环境的满意度较高。

表 37　对营商环境的评价

单位：%

	非常满意	满意	一般	不满意	非常不满意
行政审批手续方便、简捷	20.45	55.02	21.56	1.49	1.49
政府官员廉洁守法	24.54	58.74	15.61	0.74	0.37
政府官员勤政、积极服务企业	24.63	53.68	19.85	1.1	0.74
工商行政机关公正执法	24.81	56.67	17.04	1.11	0.37
司法机关公正执法	24.54	55.76	17.47	1.86	0.37
知识产权保护	21.93	53.90	20.45	2.6	1.12
经营者和家人的人身安全保障	26.12	61.19	11.94	0.75	—

续表

	非常满意	满意	一般	不满意	非常不满意
经营者财产的安全保障	25.65	58.36	15.24	0.74	—
基础设施条件	20.07	57.99	20.07	1.86	—
当地律师、会计师等市场服务条件	19.55	55.64	23.68	1.13	—
地方政府对企业的干预	20.45	54.17	24.24	0.76	0.38
企业从银行贷款的难易程度	15.97	44.49	32.32	4.56	2.66
企业从民间渠道筹资的难易程度	15.18	41.25	37.74	4.28	1.56
在当地找到需要的熟练工人的难易程度	13.38	30.86	44.98	9.29	1.49

（二）“亲”、“清”政商关系的建构

有六成左右的被访上海企业家认为上海当地的营商环境是积极的。分别有19.05%和38.83%的被访者认为“完全不需要”或“一般不需要”在办事时和官员打招呼，合计占到了57.88%。有28.57%和2.56%的被访者分别认为“有时需要”和“不搞不行”，合计占到了31.13%。有10.99%的人没有表态。

在给官员请客送礼这个更加严重的行为上，分别有26.64%和45.62%的被访者认为“完全不需要”或“一般不需要”，合计占72.26%。有16.42%和0.73%的被访者分别认为“有时需要”和“不搞不行”，合计占到了17.15%。有10.58%的人没有表态（见图2）。

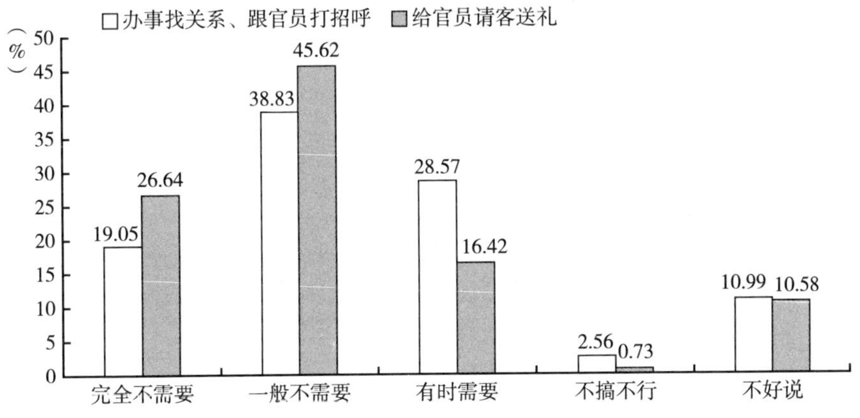

图2 对给官员送礼、打招呼的评价

在接近七成的被访上海企业家看来，上海的“懒政”现象并不明显。选择“不太明显”和“很不明显”的分别为48.35%和18.68%，合计占到了67.03%。认为非常明显的有1.83%，比较明显的有12.45%。还有18.68%的选择了“不好说”（见图3）。

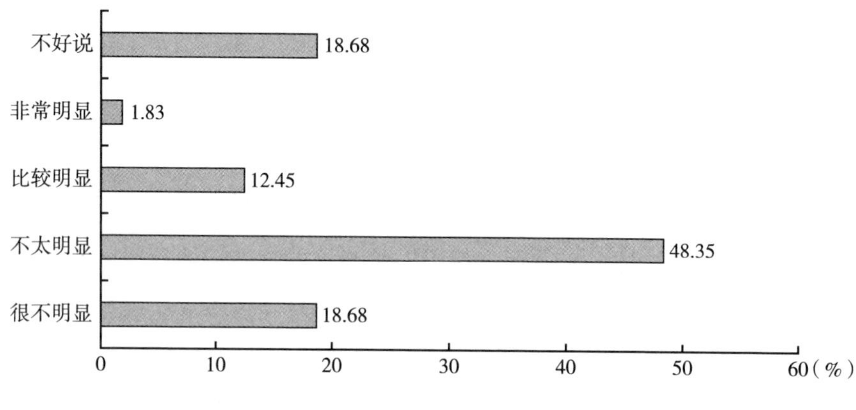

图3　对“懒政”的评价

有接近六成的被访上海企业家认为企业内部的腐败行为不太严重（56.55%），认为比较严重和非常严重的，只有7.49%和1.12%。但有意思的是，有34.83%的被访者表示“不好说”（见图4）。

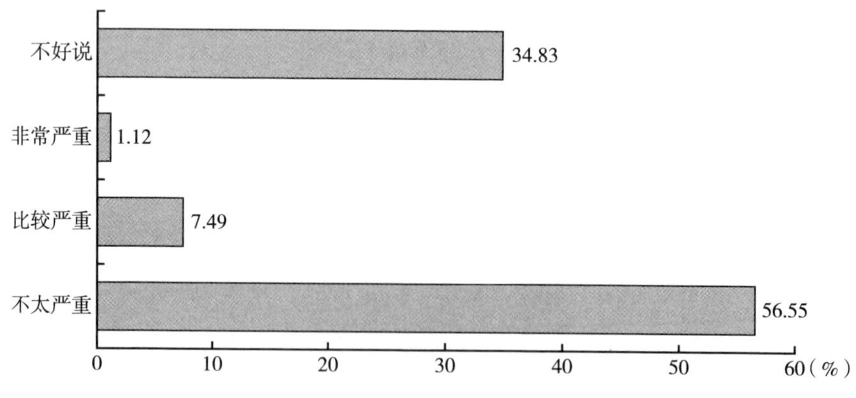

图4　对商业腐败的看法

被访企业家对当地的产业政策和扶持给予了较为积极的评价。有46.94%的受访企业家表示“当地政府给了本企业很多特殊优惠和资金扶持”，有56.35%的表示“比较充分享受了国家的各项优惠政策”。但表示“说不清”的也分别占到了24.49%和26.19%，这说明各项优惠扶持政策的落地还需要走完最后一公里，加强企业家的获得感。

有21.58%的企业主表示“曾经成功地劝说官员调整或修改相关政策”，这反映了企业主的游说能力。

虽然有超过六成的被访企业家表示，当地政府领导曾经到本企业考察或现场办公，但与政府官员熟悉的企业主并不多。有35.12%的被访者认为“与当地政府和有关部门领导很熟悉”，但有41.63%的认为自己“很少接触政府官员”（见表38）。

表38　对政府官员的评价

单位：%

	符合	不符合	说不清
当地政府领导曾经到本企业考察或现场办公	61.98	19.22	18.82
曾经成功地劝说官员调整或修改相关政策	21.58	53.11	25.31
当地政府给了本企业很多特殊优惠和资金扶持	46.94	28.57	24.49
比较充分享受了国家的各项优惠政策	56.35	17.46	26.19
与当地政府和有关部门领导很熟悉	35.12	33.06	31.82
很少接触政府官员	41.63	30.61	27.76

表39则显示，被访企业主对于未来的发展抱有较强的危机意识，但相对于2014年选择“很有可能”和“较有可能”的比例有了大幅的降低。有50.57%（2014年为71.17%）的被访者认为未来很有可能和较有可能发生物价大幅上涨的危机。认为就业会越来越困难的占到了35.02%（2014年为72.81%）。有39.08%的（2014年为56.71%）认为房地产“泡沫”很有可能或较有可能破裂。认为经济会陷入低迷的比例合计则有48.12%（2014年是53.23%）。被访企业家对生态环境恶化的危机感为29.61%（2014年为68.18%）。

企业主们认为社会危机爆发的可能性则要低得多。有 5.81% 的被访者认为很有可能社会矛盾会激化，选择较有可能的有 15.89%，合计达到了 21.7%（2014 年是 47.21%）。认为未来五年会爆发战争或恐怖主义引发灾难的比例很低。选择很有可能的仅有 2.35%，较有可能的有 7.06%，合计仅有 9.41%（2014 年是 15.46%）。

表 39　对未来五年的信心

单位：%

	很有可能	较有可能	不好说	不太可能	不可能
经济陷入低迷	18.8	29.32	35.71	12.03	4.14
工人大规模失业	10.12	24.9	38.52	20.23	6.23
物价大幅上涨	18.77	31.8	31.8	12.64	4.98
房地产泡沫破裂	11.11	27.97	39.85	15.71	5.36
局部金融危机爆发	9.65	27.8	42.08	15.44	5.02
地方政府债务破产	5.45	15.18	40.08	28.02	11.28
生态环境严重恶化	10.38	19.23	31.54	30.77	8.08
社会矛盾激化	5.81	15.89	39.15	29.84	9.3
战争或恐怖主义引发灾难	2.35	7.06	29.02	33.73	27.84

为了更直观比较 2014 年和 2016 年被访者对未来五年的信心，我们还比较了均值。按照 1 ~5 分赋值后，分数越高，表明可能性越大，因此信心越低。通过 2014 年和 2016 年调查数据的对比，我们可以发现，2016 年除了经济陷入低迷的均值高于 2014 年外，所有其他选项的可能性都在降低，包括了工人大规模失业、发生战争或恐怖主义灾难、物价大幅上涨、房地产泡沫破裂、生态环境恶化、社会矛盾激化等（见表 40）。

表 40　对未来五年的信心（2014 年和 2016 年比较）

单位：%

	2014 年	2016 年
经济陷入低迷	3.24	3.48
工人大规模失业	3.65	3.14
物价大幅上涨	3.72	3.55

续表

	2014 年	2016 年
房地产泡沫破裂	3.54	3.25
生态环境严重恶化	3.45	3.01
社会矛盾激化	2.97	2.83
战争或恐怖主义引发灾难	2.28	2.25

表 41 表明，被访企业家对于工商联在各个方面的工作总体上是满意的。所有选项的“非常满意”都在 32% 以上，“满意”都在 43% 以上（见表 41）。

表 41　对工商联工作的满意度

单位：%

	非常满意	满意	一般	不满意	非常不满意
代表企业共同利益，维护合法权益	35.82	52.24	11.57	0.37	—
帮助企业增加与政府有关方面的沟通	35.82	53.36	9.7	1.12	—
传达大政方针、提供政策解读的服务	39.1	51.88	9.02	—	—
协调同行业企业的经营行为	33.46	43.98	21.8	0.75	—
健全行规、行约，加强自律、维护信誉	32.96	47.57	18.73	0.75	—
提供信息、咨询、教育培训等服务	35.45	51.49	11.94	0.75	0.37
为企业个案提供法律援助	33.21	47.17	18.49	0.75	0.38
组织国内外投资考察、论坛、联谊活动	32.21	49.06	17.23	1.5	—
引导舆论呵护尊重民营企业家	37.83	46.82	14.23	1.12	—

五　对策建议

对 2016 年数据汇总分析后发现，上海民营企业主既有积极的一面，也有需要引起重视的问题。为了从总体上提升民营企业主群体内各个阶层全方位的获得感，我们提出以下几点建议。

（一）以中国特色社会主义理论统领非公经济人士思想政治工作，高举旗帜，确立核心指导思想

深刻理解党的十八大以来中国特色社会主义的理论、方针和政策，坚持政治上的主导性，确立非公经济思想政治工作核心指导思想，引导非公经济人士队伍把握正确的政治方向，同心同德、坚定信心，走具有中国特色的社会主义道路。

1. 以社会主义核心价值观引领民营企业文化建设

贯彻落实党的十八大报告精神，以社会主义核心价值观为根本，“倡导富强、民主、文明、和谐，倡导自由、平等、公正、法治，倡导爱国、敬业、诚信、友善”，“三个倡导”与中国特色社会主义发展要求相契合，与中华优秀传统文化和人类文明优秀成果相承接，为着力发展中国特色民营企业文化，兴起民营企业文化建设新高潮，提高企业软实力，为增强企业的自主创新能力、竞争能力，提供坚实的文化支撑力。

2. 以“理想信念”教育实践活动为引领汇聚力量形成共识

在教育实践活动中充分发挥非公有制经济人士主体作用，将教育实践活动与“两个健康”工作主题调研有机结合。通过教育实践活动进一步转变形象，树立典型，坚定企业发展的信心，将个人梦、企业梦、上海梦和中国梦凝聚在一起。树立正确的理想信念，坚定道路自信、理论自信和制度自信。同时，将理想信念转化为实际行动，加强企业诚信建设，加强企业文化建设，加强感恩教育，积极向党和政府提出好的意见和建议。

（二）以促进“两个健康”作为工商联工作的主要任务，围绕大局，构建非公经济内外和谐

继续发挥思想政治工作这一我党的优良传统和政治优势，全面推进非公经济人士的思想政治工作，做到工作深入再深入，靠前再靠前，努力以有效的思想政治工作保证民营经济的健康发展和民营企业家的健康成长。

1. 充分发挥思想政治工作的导向功能,引导民营企业家树立“大局观”，把握好企业发展与国家经济社会发展的关系

党的十八届三中全会指出，全面深化改革的总目标是完善和发展中国特色社会主义制度，推进国家治理体系和治理能力现代化。经济体制改革是全面深化改革的重点，核心问题是处理好政府和市场的关系，使市场在资源配置中起决定性作用和更好发挥政府的作用。在这一变革之际，要充分发挥思想政治工作的导向功能，做好宣传和引导。

2. 引导民营企业家树立“人本观”和“共富观”，构建和谐的劳动关系，共同创建和谐稳定、有利于长远发展的社会秩序

充分发挥思想政治工作的调节功能，加强形式多样的教育活动，综合运用大众传媒、企业报刊、网站等各种载体，把握舆论导向，引导民营企业家正确认识改革开放和建立社会主义市场经济体制过程，就是许多经济关系、利益关系重新调整和重新确立的过程，从而树立起正确的“人本观”，处理好企业与员工的关系，构建新型的、和谐的劳动关系。发挥思想政治工作的保障功能，大力倡导公平、正义、宽容的社会理念，引导非公经济人士树立一个正确的“共富观”，在自身发展的同时兼顾社会公平，处理好先富帮后富的关系，建立起良好的社会形象和社会关系，并为缩小贫富差距和地区差距做出贡献。

（三）以主动服务作为非公经济人士工作的实效方法，坚持全面长效，充分履行好工商联的政治使命

按照“贴近非公实际、贴近非公人士、贴近非公生活”的要求，树立起“经营保护、发展铺路、纳税服务、困难帮助”的服务观念，主动服务民营企业和非公经济人士，履行好党中央赋予的“鼓励新的社会阶层人士积极投身中国特色社会主义建设”的政治使命。

1. 加强队伍建设，全力培养非公有制经济人士的中坚力量

针对非公有制经济人士来源广泛、构成复杂的特点，按照思想品质优、社会贡献大、公众形象好、参政议政能力强的要求，培养选拔有较高政治素

质、有较大社会贡献、有较强参政议政能力、在所联系阶层中有较大影响的非公经济人士，逐步建立一支数量充足、素质优良、结构合理，具有更广泛的代表性的非公有制经济代表人士队伍。

2. 注重教育培训，正确引导非公有制经济人士做合格的中国特色社会主义事业建设者

加强非公经济人士的教育培训工作，将非公经济人士教育培训与党的重大战略思想与现代化建设的新知识结合起来，不断丰富教育培训的内容，提高非公经济人士思想政治工作的科学化、知识化和信息化程度，引导非公经济人士开阔视野、正视差距，增强应对困难和挫折的能力，坚定信心，做合格的中国特色社会主义事业建设者。

3. 积极引导非公经济人士有序参与政治，切实增强非公有制经济人士的凝聚力和向心力

通过对代表人士队伍的引导教育，以点带面，积极引导全体非公有制经济人士通过理性、合法、有序的方式表达政治诉求。要进一步发挥各级工商联组织在非公经济人士政治参与和社会事务中的主渠道作用，积极建立反映非公有制经济人士呼声、诉求的新机制，为他们能够更及时、更快捷地反映情况、建言献策、政治参与打造广阔的平台。要认真做好吸收非公有制经济人士中的优秀分子加入中国共产党的工作，通过发挥执政党的执政能力，规范非公有制经济人士政治参与行为。同时作为民间商会，工商联还应组织开展企业与政府部门的沟通对话，以及与不同群体的利益协调对话，在工商、税务、金融、行业准入、权益保护等众多方面反映企业呼声，从而整合和影响组织成员的价值观与利益表达方式，拓展新的社会阶层人士有序政治参与的广度和深度。

（四）以改革创新作为工商联工作的不竭动力，进一步解放思想，开创工作新局面

1. 不断创新党建，促进非公有制经济企业转型升级

从巩固执政党的执政地位的高度，充分认识非公有制经济企业党建工作

的重要性和紧迫性。一是在非公有制经济企业中建立健全党组织。按照“积极稳妥，创造条件，因地制宜，分类实施”的要求，采取灵活多样的形式设置非公经济企业党组织，并进一步理顺非公有制企业党组织的属地、行业或归口管理的程序和关系，坚持“谁主管、谁负责”的原则，落实工作责任制，努力使非公有制经济组织党建工作进入科学化、规范化和有序化的轨道。特别要注重发挥统战部、工商联等统一战线优势，推动非公有制经济组织党建工作的有效覆盖。二是依据企业生产经营的实际开展党务工作。依据非公有制经济企业的性质和管理的特殊性不断开拓创新，寻求党建工作与生产经营活动的最佳结合点、切入点，明确非公有制企业党组织的定位、作用等，使非公有制企业党建体现非公有制企业特性、促进非公有制企业发展。

2. 扩大舆论宣传，全面营造促进非公有制经济人士健康成长的社会环境

向社会广泛宣传非公有制经济的重要地位和作用，使人们充分认识到新的社会阶层是构建社会主义和谐社会不可忽略的基础力量，充分认识到非公有制经济是在党的改革开放政策和一系列富民政策指引下发展起来的，其本质是把蕴藏在广大人民群众中巨大的社会生产力释放出来。同时也要加大非公经济优秀企业家的形象宣传，提高非公经济人士的社会地位，通过榜样的力量更好地影响和带动非公有制经济人士，营造非公经济人士健康成长的社会环境。

B.9
浙江小微企业创新成长的现状与趋势

吴宝 程聪*

摘 要： 近年来，浙江小微企业转型发展进入新阶段，小微企业新设数量持续攀升，创新动力日益增强，就业贡献更加突出，开放发展更加凸显。通过对前期发展的梳理，本文发现小微企业创新发展是实现转型升级的重要推力。具体地，小微创业活力释放，实现创业主体更替；小微产业布局优化，推动产业结构升级；小微升级步伐加快，增强转型升级动力；小微转型绩效提升，加速新旧动能转换。另外，本文还探讨了特色小镇等小微创新发展的新模式和浙江后续的扶持小微发展的政策动态。

关键词： 小微企业 创新发展 转型升级 新旧动能

浙江是小微企业大省，也是小微企业强省。小微企业是浙江经济的特色、活力和优势之所在，是全面实施“八八战略”和“创业富民、创新强省”战略，实现“两富两美”的重要依托，是推动经济转型升级的主力军。在此背景下，浙江促进小微企业发展各项工作全面铺开，小微企业呈现出全面发展、全面繁荣的态势，小微企业发展环境不断优化，各种新兴业态层出不穷，新载体新模式不断涌现，小微企业“提质增效”成效明显。

* 吴宝、程聪，浙江工业大学中国中小企业研究院。

一　浙江小微企业发展现状与趋势

（一）小微企业新设数量持续攀升

2014 年末，浙江在册企业 127.05 万户，同比增长 17.12%；2015 年末，在册企业 144.67 万户，同比增长 13.87%；截至 2016 年 9 月底，在册企业 161.9 万户，同比增长 15.76%，持续保持高增长态势。新注册企业大多数为小微企业。2016 年第三季度浙江新增内资私营企业数量 226809 家，其中新增注册资本在 500 万元以下的小微企业数量 181432 家，占比 80%。近年来，浙江小微企业新设数量持续攀升，经济贡献也逐年增强。根据浙江省统计局的数据测算，2015 年浙江规上小微企业和规下小微企业产值约占全省企业总产值的 51%。2016 年前三季度全省规模以上小微企业实现工业增加值 4130.6 亿元，同比增长 6.7%，占规上工业企业增加值比重达到 41.1%。

（二）小微企业创新动力日益增强

数据显示，浙江高新技术产业企业快速增加，截至 2016 年 9 月，全省累计认定科技型中小微企业 2.7 万家，市级以上科技孵化器数量 88 个，入驻上述科技孵化器企业 8481 家。科技小微企业活力显现，新设七大万亿产业小微企业累计 35.4 万家，其中信息经济、环保、高端装备制造业等同比增速显著。与此同时，市场清出力度加大，随着去产能、调结构、补短板等转型升级举措的持续推进，小微企业发展更加注重创新能力培育。

（三）小微企业就业贡献更为突出

统计数据显示，2015 年全省规上和规下工业小微企业从业人员 650.2 万人，就业贡献率为 49.9%；个体工商户 309.7 万人，就业贡献率为 23.7%。加上注册资本 500 万元以下的大量小微企业和个体商业户，全省小微企业和个体工商户对于社会就业的贡献率总体超过 73%，规下小微企业就业贡献率连续五年维持在22%以上。特别是在“个转企”和“小升规”工作方面，规上小微企业就业人数占比增速显著，从2011年的20.9%上升至2015年的27.7%。小微企业在振兴浙江实体经济、缓解就业压力、维护社会稳定方面起到了不可替代的重要作用。

（四）小微企业开放发展更加凸显

浙江大中型企业出口交货值占比从2011年的63.8%下降至2015年的59.7%，而规上小微企业出口交货值相应地由36.1%上升至40.3%，增速远超大中型企业。浙江出口型小微企业数量增速明显加快，2016年1～9月，浙江进出口经营权备案登记的企业新增1.1万家，同比增长18.5%，有出口实绩的企业超过5.7万家；小微外贸企业出口总额累计1555.3亿元，同比增长20.7%，比全省出口总额平均高出15个百分点。浙江小微企业积极参与“一带一路”倡议，利用双边多边合作机制，积极开展国际化经营，为浙江出口创汇和发展开放型经济做出了突出贡献。

二　浙江小微企业创新发展与产业转型升级

近年来，浙江传统产业加速转型，新兴产业加快发展，为数众多的创新型小微企业在互联网、云计算、大数据、物联网等新兴领域大显身手，主动将互联网技术、移动支付、跨境电商、智能制造等新兴技术与传统产业有机结合，形成了物联网、新能源、新材料、新装备、“互联网+”等一系列新产业、新业态、新模式，持续催生了以多品种、小批量、柔性化的个性定制生产为特征的小微企业业态创新热潮。在大众创业的热潮中，小微企业创新层出不穷，不胜枚举，小微企业助力转型升级成为新旧动能转换加速器。

（一）小微创业活力释放，实现创业主体更替

浙江“大众创业、万众万新”氛围浓厚，新增小微企业连续保持两位数增长，全省创业活力得到释放。小微企业创业活跃，创业主体实现了新旧

主体之间的代际更替，为浙江经济发展注入了后劲。根据2016年前两个季度的调查，浙江省新创企业法人平均年龄为36岁，其中40岁以下占比超过65%，“80后”、“90后”逐步成为创新创业主力军（见表1和表2）。特别是“90后”创客不断增加，占2016年上半年增量的14.3%。浙大系、浙商系、阿里系、海归系等创业“新四军”成为浙江小微创业的新生力量。

表1　2016年度浙江省创业主体年龄分布情况

单位：家，%

项目	第一季度	占比	第二季度	占比
新成立的小微企业法人代表年龄在40周岁以下的（“75后”，1976年1月1日后生）	35900	66.35	51951	74.89
新成立的小微企业法人代表是“80后”的（1980年1月1日后生）	29350	54.24	43046	62.05
新成立的小微企业法人代表是“90后”的（1990年1月1日后生）	6845	12.65	10752	15.50

数据来源：浙江省工商局。

表2　浙江省创业主体年龄分布情况

单位：家，%

年龄	2014年			2015年		
	小微企业	全部企业数	占全部企业比重	小微企业	全部企业数	占全部企业比重
20岁以下	13	13	100.00	24	25	96.00
20～30岁	23357	25472	91.70	32714	36187	90.40
30～40岁	68272	75953	89.89	72598	83210	87.25
40～50岁	53857	62510	86.16	47013	57798	81.34
50岁以上	34353	40219	85.41	26305	32919	79.91

数据来源：浙江省工商局。

随着创业主体实现新旧更替，小微企业创业形态日新月异，创业质量稳步提升。新一代信息产业、电子商务和大数据产业、智能装备制造、生物和现代医药、新能源、新材料产业等成为小微创业热点领域，新的商业模式不断涌现，打破了诸多传统的固有格局，为浙江加快转型升级注入了新动力。

（二）小微产业布局优化，推动产业结构升级

浙江在册小微企业数量中，第三产业占比逐步提高（见表3），从2014年末的58.3%提高到2016年第三季度末的64.26%。浙江小微企业的一、二、三次产业分布为2∶34∶64，紧密契合浙江产业结构升级的主流趋势。

表3　浙江省在册小微企业数量与产业结构分布状况

单位：万户，%

在册时间（月末累计）	小微企业	第一产业	占比	第二产业	占比	第三产业	占比
2014年12月	100.31	2.29	2.28	39.54	39.41	58.48	58.30
2015年6月	109.20	2.43	2.23	41.56	38.06	65.21	59.72
2015年12月	118.97	2.57	2.16	43.39	36.47	73.01	61.37
2016年6月	131.87	2.73	2.07	45.68	34.64	83.47	63.29
2016年9月	136.53	2.78	2.03	46.54	34.09	87.73	64.26

注：根据浙江省工商行政管理局数据汇总。在册小微企业数为注册资本500万元以下的企业数据汇总（不含个体工商户）。

高科技、新兴产业成为新设小微企业增长热点，不断为浙江产业转型注入新动力。科学研究和技术服务业、信息行业和文娱行业的比重也分别达到9.29%、7.79%和3.77%，新兴与高成长行业的比重持续上升。重点培育的七大万亿产业中的小微企业快速增长，为转型升级提供更多活力。2016年1~9月浙江新增七大万亿产业小微企业4.3万家，占新增小微企业总量的22.2%，其中信息经济产业、金融产业和时尚产业的新增量最多，分别占33.97%、21.54%和21.05%，加快促进形成以信息经济、现代服务业和高端制造业为主体的产业结构，推动全省经济转型升级（见表4）。

（三）小微升级步伐加快，增强转型升级动力

浙江小微企业在“个转企、小升规、规改股、股上市”政策体系的培育下，经营主体升级步伐加快，实现了自我革新和能力再造，增强了企业转型升级的动力，推动了新旧动能转换。截至2016年9月底，全省个体户342.4万

表4　2016年前三季度七大万亿产业小微企业数量

单位：家，%

	第一季度	第二季度	第三季度	总计
高端装备制造	845	881	848	2574
环保	342	377	400	1119
健康	1434	1725	1470	4629
金融	3667	2889	2632	9188
旅游	559	617	504	1680
时尚	2988	3290	2700	8978
信息经济	4690	5223	4578	14491
总计	14525	15002	13132	42659
2015年同期数据	10923	12879	12094	35896
同比增长	32.98	16.48	8.58	18.84

数据来源：浙江省工商局。

户，在各类市场主体中占66.93%，较2014年底下降了1.26个百分点。长期以来浙江个体户占比过高的局面正在逐步改善，市场主体结构持续优化。2015年全省新增“个转企”1.9万家，其中新增公司制企业1.74万家，占比为91%；全省累计完成“个转企”18.1万家，其中公司制企业8.66万家，占比为47.8%，比2013年提高27.3个百分点。具体可参见图1。

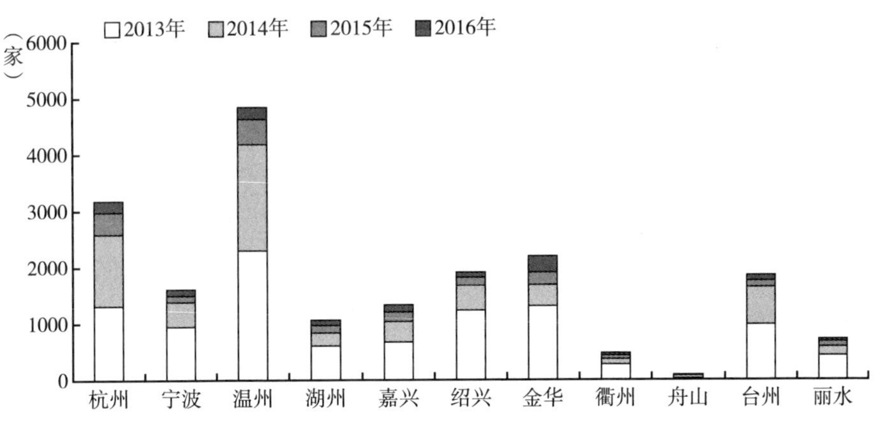

图1　浙江省各地市“个转企”逐年工作成绩

同时，“规改股”和“股上市”工作也扎实推进，取得了较好的工作实绩。自2013年以来，全省累计完成“小升规”12694家。2014年全省共新增695家股份公司，2015年新增股份公司684家，2016年前三季度新增139家。自2013年以来，浙江A股上市公司（境内）累计291家，位居全国第二；截至2016年前三季度全省累计实现新三板上市企业达752家，位居全国第五。

同时，全省共注销企业8.8万家，注销个体户39万户，其中相当一部分是重污染、高耗能的低端制造企业和占用违章违建的加工作坊。全省累计整治提升“脏乱差”和“低小散”企业（作坊）2.6万家，注销小微企业6.4万户。小微经营主体结构得到大幅改善后，企业转型升级动力更强，绩效更为突出。

（四）小微转型绩效提升，加速新旧动能转换

全省小微企业数量增速在2015年底触底后强势反转，2016年上半年，较2014年末增长27.4%。1～6月，小微企业总量逐月递增，同比增速由9.8%攀升至30%以上。“90后”创客不断增加，占上半年增量的14.3%。跟踪监测显示，自2015年四季度以来，小微企业主要经营指标均呈现上升趋势，市场需求指数由58.1上升至73.7，利润指数由30.81上升至44.83。

在浙江省委省政府主导的“五水共治”、“三改一拆”、股权改革、“小微企业三年成长计划”等“组合拳”下，小微企业转型升级成效可观，不断由“低、散、弱”向“高、精、优”迈进。目前，全省共有小微企业创业创新园205家，各类省级众创空间141家，其中21家被纳入国家级科技企业孵化器，小微企业成为创新创业的动力涵养源。2015年规上小微企业实现新产品产值6636.80亿元，规上小微企业平均新产品产值为1800万元（见图2）；2013～2015年新产品产值的增长率分别为21.37%、27.87%、19.61%（见图3）；2015年规上小微企业实现工业总产值30046.45亿元，近三年的平均增长率约为6%（见表5）。

表 5　规上小微企业新产品产出情况

单位：家，亿元

指标项目	2012 年	2013 年	2014 年	2015 年
规上小微企业数量	31256	34348	35822	36375
新产品产值	3575.34	4339.21	5548.55	6636.80
工业总产值	24715.07	27305.07	29882.57	30046.45

数据来源：浙江省统计局。

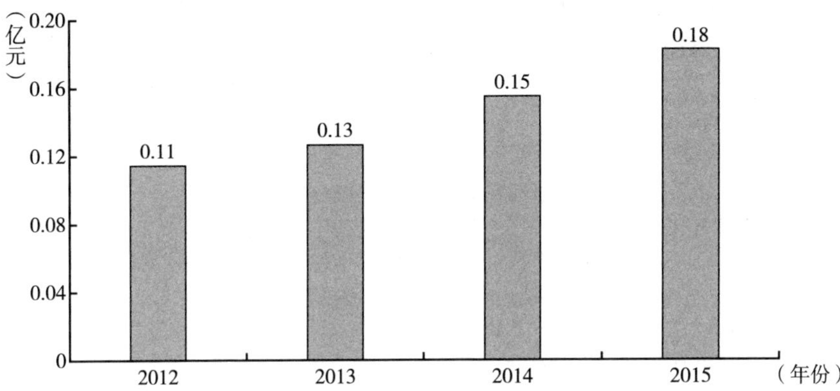

图 2　规上小微企业平均新产品产值

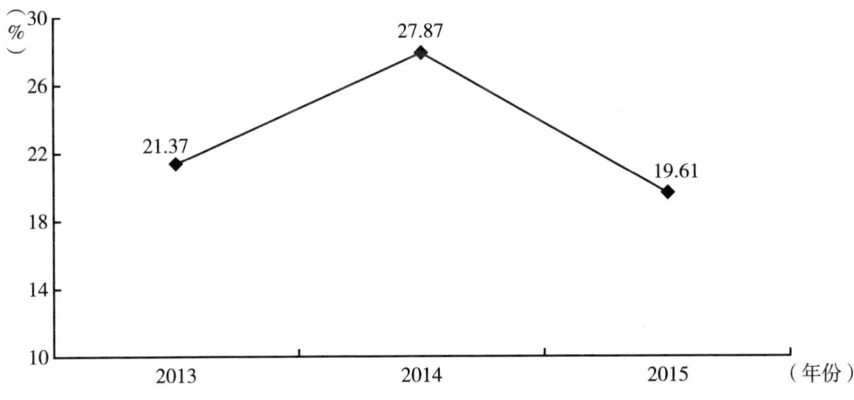

图 3　规上小微企业新产品产值增速

三　浙江小微企业创新成长与特色小镇新模式

打造“特色小镇”是浙江省委省政府立足于浙江块状经济和新兴产业发展实际，利用浙江信息经济、山水资源和历史人文资源优势，适应和引领经济新常态下小微企业成长的重大战略选择。特色小镇的建立打破了传统行政区划、产业园区等传统意义上的经济地理范畴，而是打造一个具有明确产业定位、文化内涵、旅游特色和一定社区功能的空间发展平台。特色小镇这一新型产业集聚模式是近三年来浙江省委省政府推动浙江小微企业成长的重要举措之一。

表6　浙江省79个特色小镇基本信息

产业导向	小镇名称	产业基础或发展条件
信息产业	江干丁兰智慧小镇、梦想小镇、西湖云栖小镇、富阳硅谷小镇、德清地理信息小镇、下城跨贸小镇、滨江物联网小镇、萧山信息港小镇、桐庐智慧安防小镇、桐乡乌镇互联网小镇、江山光谷小镇、衢州循环经济小镇	依托原有产业基础和领导企业
健康产业	桐庐健康小镇、奉化滨海养生小镇、富阳药谷小镇、瓯海生命健康小镇、嘉兴马家浜健康食品小镇	依托自然资源
旅游产业	嘉善巧克力甜蜜小镇、武义温泉小镇、龙游红木小镇、常山赏石小镇、开化根缘小镇、仙居神仙氧吧小镇、莲都古堰画乡小镇、景宁畲乡小镇、杭州湾新区滨海欢乐假期小镇、文成森林氧吧小镇、平湖九龙山航空运动小镇、柯桥酷玩小镇、上虞e游小镇、朱家尖禅意小镇、天台山和合小镇、杭州湾花田小镇	依托自然资源或文化资源
金融产业	上城玉皇山南基金小镇、梅山海洋金融小镇、南湖基金小镇、义乌丝路金融小镇、拱墅运河财富小镇、鄞州四明金融小镇	依托原有金融产业基础
历史经典产业	西湖龙坞茶镇、湖州丝绸小镇、南浔善琏湖笔小镇、越城黄酒小镇、磐安江南药镇、龙泉青瓷小镇、青田石雕小镇、东阳木雕小镇、永康赫灵方岩小镇、定海远洋渔业小镇、普陀沈家门渔港小镇、龙泉宝剑小镇、庆元香菇小镇、松阳茶香小镇	依托地域历史文化、地区传统文化产业

续表

产业导向	小镇名称	产业基础或发展条件
高端装备制造产业	临安云制造小镇、江北动力小镇、苍南台商小镇、海盐核电小镇、黄岩智能模具小镇、路桥沃尔沃小镇、建德航空小镇、天子岭静脉小镇、余姚模客小镇、宁海智能汽车小镇、新昌智能装备小镇、长兴新能源小镇、秀洲光伏小镇、金华新能源汽车小镇、温岭泵业智造小镇、缙云机床小镇	依托已有制造业基础
时尚产业	余杭艺尚小镇、瓯海时尚智造小镇、海宁皮革时尚小镇、桐乡毛衫时尚小镇、诸暨袜艺小镇、余杭梦栖小镇、平阳宠物小镇、吴兴美妆小镇、安吉天使小镇、西湖艺创小镇	依托原有传统产业基础进行产业链延伸

资料来源：根据相关资料整理。

为了促进浙江省特色小镇的发展，浙江省委省政府及相关下属部门也陆续出台了《关于加快特色小镇规划建设的指导意见》、《关于推进电子商务特色小镇创建工作的通知》、《关于加快推进特色小镇建设规划工作的指导意见》等一系列政策建议。到目前为止，浙江省围绕以七大万亿产业为核心，历史经典、文化遗产为辅的特色小镇共有79个（见表7）。其中，2015年6月4日，共有涵盖了全省10个地市的37个特色小镇被列入浙江省首批省级特色小镇名单；2016年1月29日，浙江省第二批42个省级特色小镇名单也正式出炉。

总体来看，浙江省79个省级特色小镇涵盖了浙江10个地级市，覆盖了浙江七大万亿产业的所有行业类型，并在浙江传统文化、历史经典产业上进行了布局，对于浙江小微企业成长起到了巨大推动作用。从目前省级特色小镇创建统计来看，涵盖七大产业的特色小镇共有62个，占特色小镇总数的78.5%，其中信息产业12个，金融产业6个，高端装备制造业16个，凸显了浙江省经济发展的核心力量，基本上代表了浙江产业结构优化升级的发展方向。历史经典产业特色小镇12个，占总数的15.2%，也反映了在深挖历史经典文化产业方面的布局。浙江省特色小镇打造以高端、经典产业发展为基础的综合性发展空间平台，其内涵可以概括为：在浙江省政府的大力支持下，充分发挥了市场主体的主导作用，坚持以高端要素、创新为导向，以小微企业和特色产业孵化、培育和发展为关键，以深厚的历史文化底蕴为依托，并把创建一流生态文化环境作为保障（如图4所示）。

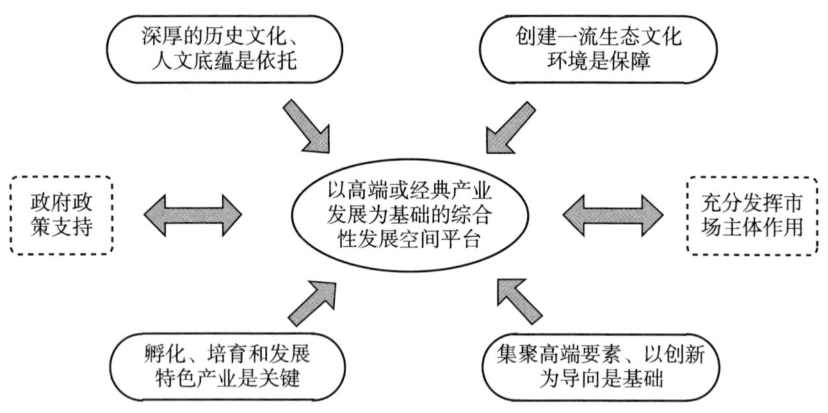

图4　浙江省特色小镇核心内涵

四　浙江扶持小微发展的政策趋势

一直以来，小微企业都是浙江经济发展的重要力量，“小微兴、浙江兴，小微强、浙江强”正是浙江经济发展的真实写照，充分说明了浙江小微企业在提高创新创业活力、增强发展动力方面的重要作用，也充分概括了浙江小微企业发展取得的成就。在加快转型升级、提升发展质量方面，浙江也出台了一系列针对小微企业的政策措施，例如通过“个转企、小升规、规改股、股上市”政策的实施，全面促进浙江小微企业增效提质。以“大众创业、万众创新”为指导，大力推进小微企业创新创业，淘汰落后产能、整治低小散，实现浙江小微企业由“低、散、弱”向“高、精、优”迈进。总体上来看，自浙江省“小微企业三年成长计划（2015～2017）”实施以来，浙江小微企业的发展取得了显著的成绩，但仍然有诸多方面需要加强。今后政策供给将突出以下几个方面。

第一，加强小微企业梯度培育。遵循“个转企、小升规、规改股、股上市”的发展路径，构建重点企业培育库，形成结构合理的小微企业发展梯队。进一步促进浙江规模以下小微企业转型升级为规模以上企业，科技型小微企业发展成为高新技术企业。推动小微企业在浙江股权交易中心挂牌和融资，尝试小微企业在沪深交易所、新三板、区域股权交易市场、港交所等境内外资本市场挂牌上市。

第二，培育壮大小微创新主体。强化小微企业创新主体地位，鼓励大、中企业加强与小微企业协同创新，支持有条件的小微企业建立专业实验室、技术中心、工程技术研究中心等研发机构，增强小微企业科技创新活力与核心竞争力。推进小微企业协同创新，鼓励企业、高校、科研院所产需对接，建立官产学研用联盟。

第三，鼓励小微企业国际合作。鼓励有条件的小微企业开展国际合作，引进国外高新技术企业、科研机构、高层次海外华人在浙江落户。支持社会组织、企业在浙江举办国际产业、技术交流活动，开展多种形式的合作交流，加大引进国外高新技术的力度与步伐。进一步开展跨境电子商务，搭建跨境电子商务平台，通过与“平台型”大企业合作，“以大带小”合作出海。鼓励小微企业发挥各自优势，联合抱团走出去。

第四，发挥社会化服务机构作用。以小微企业服务联合会为平台，联合汇聚各类优质服务资源，培育发展一批社会化、专业化、市场化的小微企业服务机构，推进分类指导和服务。研究制定小微企业服务标准，规范企业服务市场，提升社会服务机构能力，拓展服务领域和服务内容，组织开展优秀小微企业服务机构评价认定，树立一批小微企业公共服务示范平台。

第五，加强公共政策扶持力度。抓好各项公共扶持政策贯彻落实，指导小微企业用足用好各项扶持政策。重点围绕小微企业创业创新这一主线，进一步完善和贯彻落实创业创新、融资担保、财政支持、税费优惠、市场开拓、公共服务体系建设等方面的专项扶持政策，切实加大对小微企业创业创新的引导扶持力度。加大各级财政对小微企业发展的资金支持，突出支持重点，完善支持方式。

B.10 台资企业在大陆产业投资报告

吴维旭　周小柯*

摘　要： 目前，两岸逐渐形成以台资企业（台商）为纽带的产业合作关系，整体而言，台商大陆投资的项目规模普遍较小，中小企业是主体。根据对台湾资讯电子、半导体、石油化工、机械这四项台商主力产业在大陆投资的简要分析，可以发现两岸目前的产业合作主要是两岸台商之间的垂直分工，台商在大陆的技术溢出效应是有限的。台湾产业的大陆布局多集中于生产制造环节，大陆内需市场重要性上升，两岸在技术研发部分合作有待提高。随着大陆经济的快速成长，两岸产业合作原有的台湾提供技术与资金，大陆提供原材料与半成品、劳动力的结构已经发生变化，两岸产业间要素互补性降低，竞争面增大，大陆台资企业运营成本升高，台商原有的代工经营模式难以为继，这些均为当前两岸“政冷经温”阶段台商大陆投资的挑战。

关键词： 两岸关系　台资企业　产业投资　垂直分工

1980年代末至今，两岸经贸关系逐渐热络，与台商大规模进入大陆相伴的是，两岸逐渐形成了以台商为纽带的产业合作关系，台商对大陆

---

* 吴维旭，清华大学台湾研究院；周小柯，北京联合大学台湾研究院。

投资，不仅直接或间接促进了大陆经济发展（特别是在改革开放初期），也顺承了东亚产业的梯度转移，延续了台湾多数产业的生命力，少数台湾企业经由大陆生产基地与市场成为“进击的巨人”。本报告首先主要概述台商对大陆投资的基本状况，并分别简要呈现资讯电子、半导体、石油化工、机械四项台商大陆投资主力产业的大陆投资状况，之后对台资企业在大陆经营的部分挑战做简要介绍，并以两岸政经结构下的台资企业发展简单做结。

一　台商大陆投资的总体情况

1980年代初期，由于受到台湾当局的系列限制，早期台商对大陆投资多经过香港等第三地进入，1990年7月台湾当局正式开放台商赴大陆间接投资，台商对大陆投资开始进入快速发展期。2000年后两岸加入WTO，台湾厂商在大陆的布局与产业集聚越趋成熟，促成“台湾接单、大陆当地加工生产出口”的区域产业分工格局与互补贸易模式，大陆（含香港）逐渐成为台湾最大的投资地与海外生产基地，根据大陆商务部统计，从1989年到2015年，大陆累计批准台资项目数95298个，累计实际使用台资为626.9亿美元；而台湾地区“经济部投资审议委员会”统计数据显示，从1991年到2015年，台湾核准对大陆投资总金额达1543.55亿美元。台商对大陆投资占台湾对外投资比例在2010年最高达到85.2%，2015年该比例虽下降至52.8%，但依旧超过半数（见图1）。台湾借由对大陆投资带动两岸贸易获得巨大顺差（见图2），另一方面通过“台湾—大陆—欧美日”的三角贸易创造了可观的服务贸易盈利。自1990年代至今，台湾外贸对美国的依存度逐渐降低，对大陆的出口依存度逐年升高，至2010年达到最高的41.8%，由于大陆产业结构调整以及全球性金融海啸等影响，近年有些微下降，但2015年仍高达39.4%（见图3）。

从项目（单项）投资规模看，1989年以来，单个项目年均投资规模最

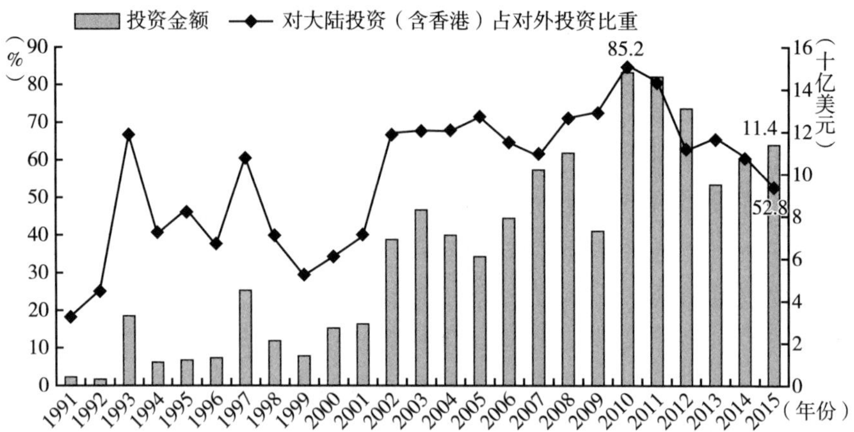

图1　对大陆投资（含香港）占台湾海外投资比重变化

资料来源：台湾地区“经济部投资审议委员会”。

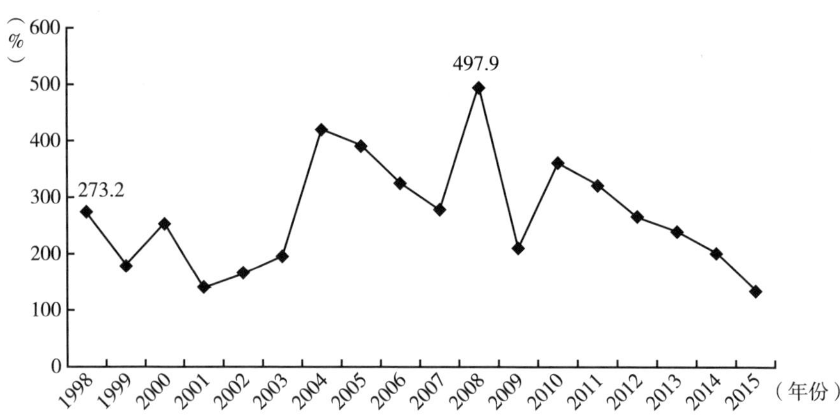

图2　台湾对大陆与香港顺差占台湾对全球顺差的比例

资料来源：台湾“陆委会”，“两岸经济统计月报”。

高为2013年的127.86万美元，最低为1992年的16.33万美元，1989年至2016年9月整体平均为65.54万美元，表明台商大陆投资的项目规模普遍较小，中小企业是台商大陆投资的主体。

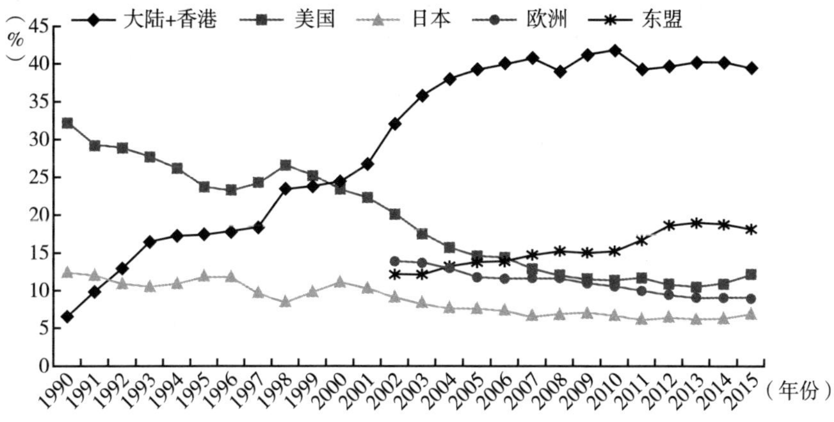

图3　台湾对各国（地区）出口比例

资料来源：台湾“行政院主计处”、“经济部国贸局”。

说明：由于台湾对香港出口中大部分为经香港转口大陆，故1991～1997年台湾对大陆出口数据系“陆委会”综合估算值，1997年香港回归后数值为台湾出口大陆与出口香港的比例叠加。

二　台商对大陆投资的主要产业分析

由于台商对大陆投资主要体现于具体的产业，因此特选择台湾资讯电子、半导体、石油化工、机械这四项台商大陆投资的主力产业，概述这些产业在大陆投资的基本情况。

1. 资讯电子产业

20世纪90年代尤其是进入21世纪以来，资讯电子工业一直是台商投资大陆的重点领域，在两岸经贸交流合作中扮演了领头羊角色。整体来看，表1显示，1991～2014年，台湾核准台商对大陆电子信息制造业投资金额累计为468.25亿美元，占同期全部核准对大陆投资金额1439.57亿美元的32.53%。其中，电子零组件业累计核准投资金额为274.24亿美元，占全部核准对大陆投资总额的19.05%；电脑、电子产品及光学制品制造业累计核准投资金额为197.01亿美元，占全部核准对大陆投资总额的13.69%。

表 1　1991～2016 年台商对大陆电子信息制造业投资情况

年份	核准投资金额(亿美元)				核准投资额所占比重(%)		
	全部产业	资讯电子工业	电子零组件制造业	电脑、电子产品及光学制品制造业	资讯电子工业	电子零组件制造业	电脑、电子产品及光学制品制造业
1991	1.74	0.19	0.05	0.14	10.87	2.87	8.00
1992	2.47	0.13	0.02	0.11	5.18	0.62	4.56
1993	31.68	2.52	1.11	1.41	7.93	3.49	4.44
1994	9.62	0.89	0.41	0.48	9.26	4.24	5.02
1995	10.93	1.57	1.02	0.55	14.37	9.32	5.05
1996	12.29	2.03	0.88	1.15	16.55	7.19	9.36
1997	43.34	5.98	2.84	3.14	13.78	6.54	7.24
1998	20.35	6.23	2.81	3.42	30.62	13.83	16.79
1999	12.53	4.26	1.54	2.72	33.96	12.29	21.67
2000	26.07	11.11	4.12	6.99	42.62	15.82	26.80
2001	27.84	10.94	6.01	4.93	39.28	21.57	17.71
2002	67.23	21.51	10.88	10.63	31.99	16.18	15.81
2003	76.99	17.92	8.16	9.76	23.28	10.60	12.68
2004	69.41	26.22	14.82	11.4	37.78	21.36	16.42
2005	60.07	20.93	8.5	12.43	34.85	14.15	20.70
2006	76.42	30.91	16.19	14.72	40.44	21.18	19.26
2007	99.71	41.14	24.26	16.88	41.26	24.33	16.93
2008	106.91	38.35	20.52	17.83	35.87	19.19	16.68
2009	71.43	28.2	18.01	10.19	39.49	25.22	14.27
2010	146.18	60.89	48.54	12.35	41.66	33.21	8.45
2011	143.77	50.18	34.67	15.51	34.91	24.12	10.79
2012	127.92	34.7	19.48	15.22	27.13	15.23	11.90
2013	91.9	22.02	10.27	11.75	23.95	11.17	12.78
2014	102.77	29.43	16.13	13.3	28.64	15.70	12.94
2015	109.25	23.39	12.31	11.08	21.41	11.27	10.14
2016	96.71	36.62	15.73	20.89	37.87	16.27	21.60
总计	1645.93	528.27	299.28	228.99	32.10	18.18	13.91
1991～1999	16.11	2.65	1.19	1.46	16.45	7.39	9.06
2000～2010	75.3	28.01	16.36	11.65	37.20	21.73	15.47
2011～2016	112.05	32.72	18.10	14.63	29.20	16.15	13.05
总体平均	63.31	20.32	11.51	8.81	32.10	18.18	13.91

资料来源：根据台湾“经济部投审会”资料整理得到（表中 1991～1999、2000～2010、2011～2016 是平均值）。

说明：表中采用的是台湾的行业分类标准，资讯电子工业为“电子零组件制造业”和“电脑、电子产品及光学制品制造业”相加得出，基本上与大陆的“计算机、通信和其他电子设备制造业”相对应。

若分阶段考察，大体上可以将1990年代以来台商对大陆电子信息制造业投资分为以下三个阶段（见图4）。1991～1999年的起步阶段：整体上呈现出明显的上升态势，尤其是1998年和1999年，在台商对大陆投资大幅下降背景下，台湾资讯电子业显现出向大陆大规模转移的趋势。2000～2010年的规模化投资阶段：此阶段一些大型台资IC、IT项目纷纷到大陆布局，形成了以IC、IT投资为特征的投资潮，新一轮投资以电脑、半导体、精密机械等资本与技术密集行业为主导。2011年至今的调整优化阶段：随着《海峡两岸经济合作框架协议》（*Economic Cooperation Framework Agreement*，简称ECFA）的签署以及大陆服务业的扩大开放，服务业逐渐成为台商投资的主要行业，但从投资绝对数额，尤其是2016年两岸关系整体趋冷形势下，台商在资讯电子领域的投资金额及所占比重都有显著增加，也间接凸显出岛内资讯电子产业生存环境的进一步恶化，以及大陆市场的吸引力。

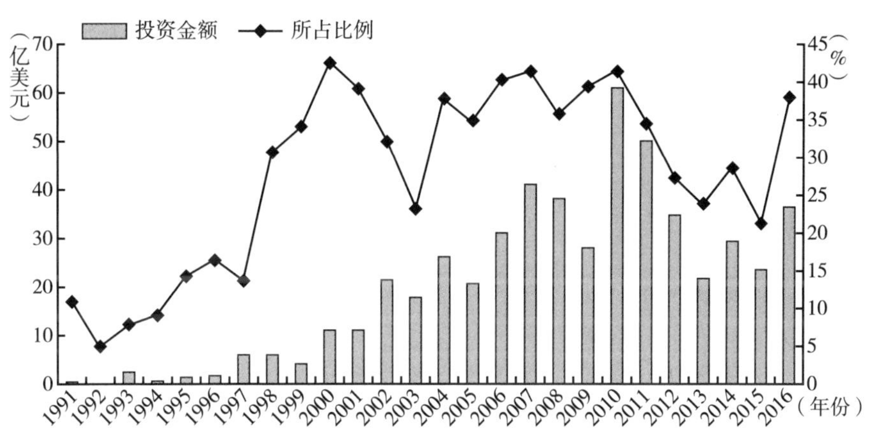

图4　1991～2016年台湾核准资讯电子业对大陆投资金额及其占全部核准投资额比重

由两岸电子产品产业链来看，台商生产所需的上游产品（原材料、零组件和半成品）相当大比例来自台湾母公司，而且生产的产品也有相当比例返销台湾。图5与图6显示，2004～2015年，电子零组件产业，电脑、电子产品及光学制品产业回台采购原材料、零组件与半成品的比例在多数年份都维持在1/3以上。因此，以台商投资为纽带，两岸在资讯电子产业领域已经形成较为稳定的产业链合作关系。但是，这种产业链合作关系很大程度上是两岸台商之间的合作，台商与大陆本土企业的产业关联性并不密切，在两岸产业结构趋同、发展差距日趋缩小背景下，这种情形带来了两岸产业正面竞争加剧。

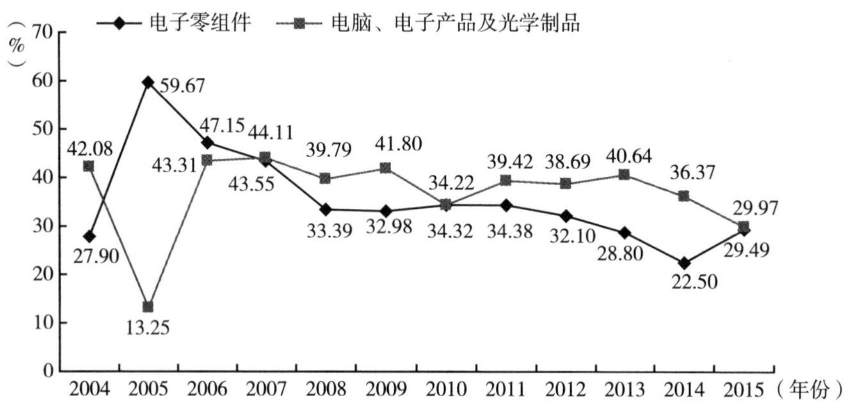

图5　资讯电子领域台商回台采购原材料、零组件与半成品的比例

资料来源：根据台湾“经济部投审会”2005～2007年“中国大陆投资事业运营状况调查分析报告”及2008～2016年“对海外投资事业营运状况调查分析报告”相关项目计算整理。

图6　资讯电子领域台商产品返台销售比率

资料来源：根据台湾“经济部投审会”2005～2007年“中国大陆投资事业运营状况调查分析报告”及2008～2016年“对海外投资事业营运状况调查分析报告”相关项目计算整理。

从台商大陆投资企业主要技术或专业技能来源看，2016 年《对海外投资事业营运状况调查分析报告》（选项可复选）显示，2015 年电子零组件与电脑、电子产品及光学制品业台资企业技术半数以上来源于台湾母公司，可见在大陆投资的资讯电子台资企业的技术多为母公司技术的内部转移（可参见图 7、图 8）。

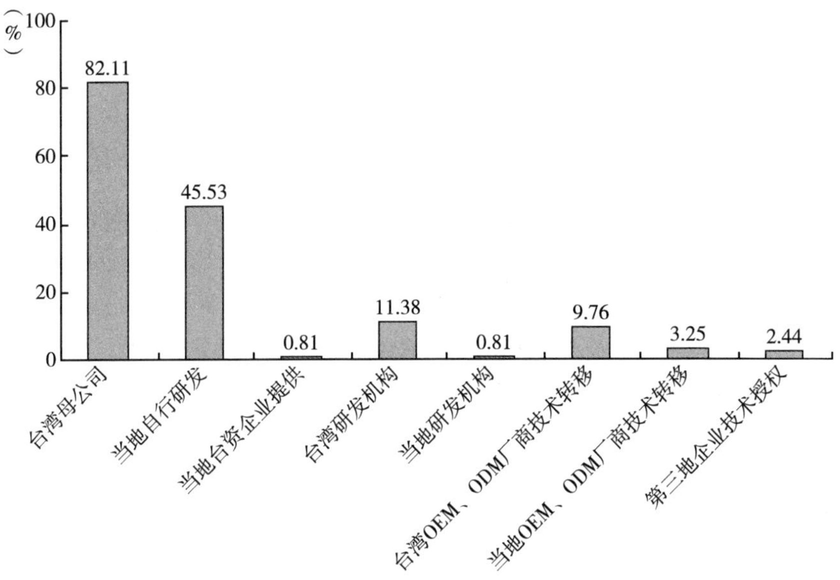

图 7　2015 年度电子零组件台资企业主要技术或专业技能来源

资料来源：“中华经济研究院”，2016 年《对海外投资事业营运状况调查分析报告》，2016 年 12 月。

说明：本项调查为多选题，故各选项比例相加大于 100%。

另外调查发现，电子零组件行业，电脑、电子产品及光学制品制造行业台资企业依赖母公司销售的比例仍然较高。从台资企业内部所设部门看，2015 年度，电子零组件行业，电脑、电子产品及光学制品制造行业台商对大陆投资企业所设立部门比例最高的均为制造生产中心（比例分别为 82. 93%、75. 47%），即在大陆的台资电子企业主要扮演其台湾母公司全球生产基地的角色。

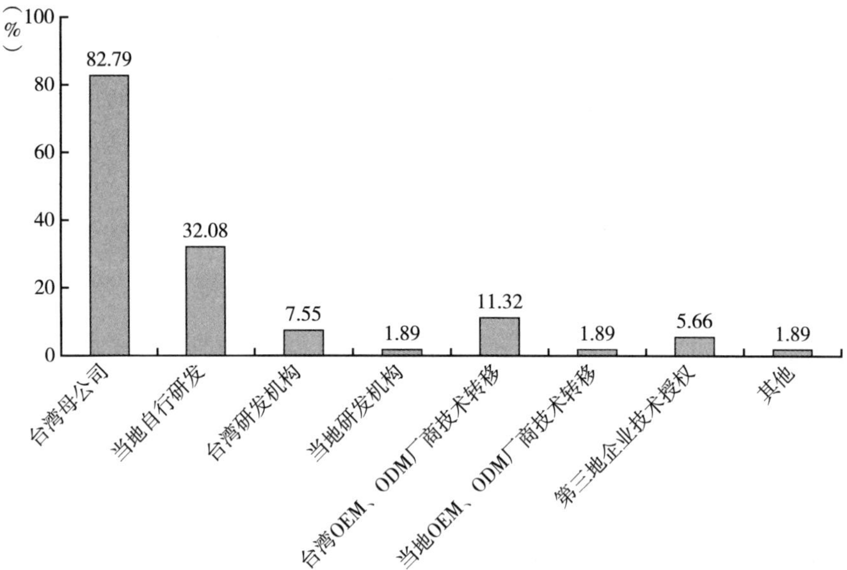

图 8　2015 年度电脑、电子及光学制品台资企业主要技术或专业技能来源

资料来源："中华经济研究院"，2016 年《对海外投资事业营运状况调查分析报告》，2016 年 12 月。

说明：本项调查为多选题，故各选项比例相加大于 100%。

2. 半导体（IC）产业

半导体产业包括集成电路（integrated circuit，IC）、分离式元件以及光电元件，其中 IC 产业是台湾半导体产业的核心，包括 IC 设计、IC 制造和 IC 封装测试等环节。这三大环节中，台湾又以代工模式为主的 IC 制造最为著名，拥有台积电、联电、世界先进、元隆、汉磊、茂硅等一批国际知名企业。

台湾 IC 产业对大陆投资以 IC 制造环节为主。从细分行业看，表 2 显示，自 2003 年至 2016 年 8 月，台湾 IC 产业（不含 IC 设计）赴大陆投资金额达 39 亿美元，其中集成电路制造业的投资金额为 31 亿美元，占 IC 产业投资总额的 80.2%；半导体封装与测试的投资金额为 7.7 亿美元，约占 19.8%。

就台湾 IC 产业赴大陆投资的地区分布来看（见表 3），长三角地区因为 IC 产业布局完整，仍旧是台湾 IC 厂商在中国大陆投资布局的最重要区域，无论是IC制造还是封测，均为台商投资首选，其次为中部地区、环渤海区域，再次是珠三角区域。因此，台商IC产业投资趋势与中国大陆IC产业的产业聚集发展具有一致性。

表2　2003～2016年台湾IC产业在大陆投资统计

单位：万美元

年份	集成电路制造 金额	半导体封装与测试 金额	合计 金额
2003	5600	280	5880
2004	31500	7900	39400
2005	0	6900	6900
2006	0	10320	10320
2007	40825	7260	48085
2008	80	19175	19255
2009	55	5220	5275
2010	31883	207	32090
2011	51270	8087	59357
2012	20914	879	21793
2013	1221	1516	2737
2014	2980	0	2980
2015	25057	9300	34357
2016	101592	100	101692
合计(比例)	312977(80.2%)	77144(19.8%)	390121(100%)

资料来源：台湾“投资审议委员会”。

表3　2003～2016年台湾IC产业在大陆各地的投资金额

单位：万美元

<table>
<tr><th colspan="2">地区</th><th>省市</th><th>集成电路制造</th><th>半导体封装与测试</th><th>合计</th></tr>
<tr><td rowspan="9">东部地区</td><td rowspan="4">环渤海</td><td>天津</td><td>3423</td><td>0</td><td rowspan="4">19350</td></tr>
<tr><td>北京</td><td>5727</td><td>0</td></tr>
<tr><td>山东</td><td>200</td><td>10000</td></tr>
<tr><td>小计</td><td>9350</td><td>10000</td></tr>
<tr><td rowspan="5">华东地区</td><td>上海</td><td>121005</td><td>18736</td><td rowspan="5">329107</td></tr>
<tr><td>江苏</td><td>145941</td><td>36172</td></tr>
<tr><td>浙江</td><td>5153</td><td>0</td></tr>
<tr><td>福建</td><td>2100</td><td>0</td></tr>
<tr><td>小计</td><td>274199</td><td>54908</td></tr>
<tr><td></td><td>珠三角</td><td>广东</td><td>5103</td><td>0</td><td>5103</td></tr>
<tr><td>中部</td><td>中部</td><td>安徽</td><td>23319</td><td>0</td><td>23319</td></tr>
</table>

续表

<table>
<tr><th colspan="2">地区</th><th>省市</th><th>集成电路制造</th><th>半导体封装与测试</th><th>合计</th></tr>
<tr><td rowspan="4">西部</td><td>西南</td><td>四川、重庆</td><td>1649</td><td>0</td><td rowspan="4">6287</td></tr>
<tr><td rowspan="3">西北</td><td>陕西</td><td>0</td><td>4500</td></tr>
<tr><td>甘肃</td><td>138</td><td>0</td></tr>
<tr><td>小计</td><td>138</td><td>4500</td></tr>
<tr><td colspan="3">合计</td><td>313758</td><td>69408</td><td>383166</td></tr>
</table>

资料来源：台湾“投资审议委员会”。

在技术上，台湾厂商布局 IC 设计产业，以掌握规格走向，意图保持两岸垂直分工的形态。台湾 IC 厂商布局大陆主要是看重大陆庞大的内需市场，在技术上并未将最先进的生产制造工艺引入大陆，而是保持母公司对大陆投资公司的技术领先，以此维持和提升台湾 IC 产业的核心竞争力。

3. 石化产业

台湾石化产业对岛外的投资合作绝大多数集中在大陆，台湾石化企业对大陆的投资在台商大陆投资中也占有相当的比例。表 4 显示，1991 ~ 2016 年，台商大陆投资中，分布在石化行业的比例总体上为 10. 43% 。2012 年，台商对大陆石化业投资额为 16. 14 亿美元，达到最高点，占当年台商大陆全部投资比例及制造业投资比例分别为 12. 62% 和 21. 47% 。截至 2016 年，台湾核准台商对大陆石化产业投资项目累计 4989 项，金额累计达到 171. 69 亿美元，平均每项 3441 万美元。其中，在化学材料制造业的投资项目累计 873 项，金额累计为 76. 05 亿美元，平均每项 8711 万美元，表明台湾石化产业在上游环节企业投资规模较大。

表 4　1991 ~ 2016 年台湾石化业对大陆投资情况

单位：亿美元，%

年份	石化行业	制造业	全部产业	石化/制造业	石化/全部
1991	0. 52	1. 73	1. 74	30. 00	29. 81
1992	0. 55	2. 46	2. 47	22. 41	22. 36
1993	4. 56	29. 56	31. 68	15. 44	14. 40
1994	1. 68	8. 86	9. 62	18. 92	17. 43
1995	1. 84	9. 99	10. 93	18. 42	16. 84

续表

年份	石化行业	制造业	全部产业	石化/制造业	石化/全部
1996	1.77	11.16	12.29	15.87	14.41
1997	6.02	39.03	43.34	15.43	13.90
1998	2.56	18.31	20.35	14.01	12.60
1999	2.44	11.66	12.53	20.94	19.49
2000	3.02	23.84	26.07	12.65	11.57
2001	3.70	25.14	27.84	14.71	13.29
2002	9.77	60.78	67.23	16.08	14.54
2003	10.59	68.08	76.99	15.56	13.76
2004	8.04	62.85	69.41	12.80	11.59
2005	7.17	52.82	60.07	13.57	11.94
2006	8.24	66.49	76.42	12.39	10.78
2007	9.56	87.66	99.71	10.90	9.58
2008	11.18	87.61	106.91	12.76	10.45
2009	6.78	58.92	71.43	11.51	9.50
2010	7.49	108.41	146.18	6.91	5.12
2011	15.16	103.75	143.77	14.61	10.54
2012	16.14	75.19	127.92	21.47	12.62
2013	6.14	51.21	91.90	11.99	6.68
2014	8.10	65.79	102.77	12.31	7.88
2015	4.54	64.86	109.65	7.00	4.14
2016	14.13	71.12	96.71	19.87	14.61
1991～2016	171.69	1267.27	1645.93	13.55	10.43

数据来源：根据台湾“经济部投审会”统计数据整理计算。

从投资区域分布看，图9给出了2011～2016年台湾核准台商对大陆石化产业投资累计金额的区域分布情况。可以看出，江苏为第一大投资聚集地，占38.35%；广东、福建和浙江分别为第二、第三和第四位的投资聚集地，所占比重依次为12.44%、12.09%和11.01%，4省市合计占比为73.88%。显然，台湾石化业对大陆的投资高度集中在珠三角、长三角和福建省等东南沿海地区。

若分行业看，台湾石化业对大陆投资涵盖了石油及煤制品制造业、化学材料制造业、化学制品制造业、橡胶制品制造业、塑胶制品制造业5个领域，初步形成了上、中、下游全产业链的合作态势，位于石化产业上游环节的化学材料制造业是两岸石化业合作的重点领域（见图10）。

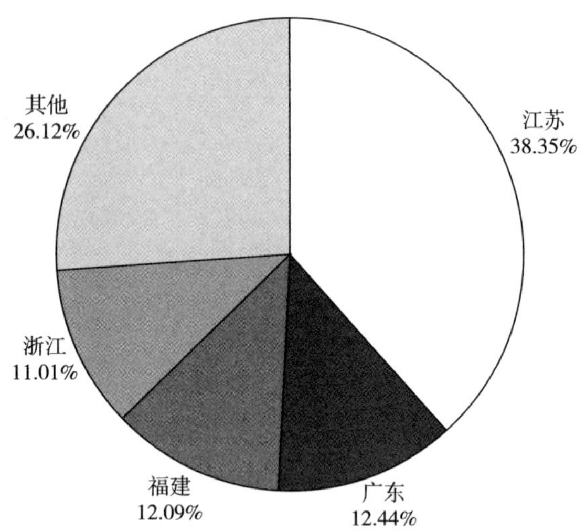

图 9　2011 ~ 2016 年台商对大陆石化产业投资区域分布

数据来源：根据台湾“经济部投审会”统计数据整理计算得出。

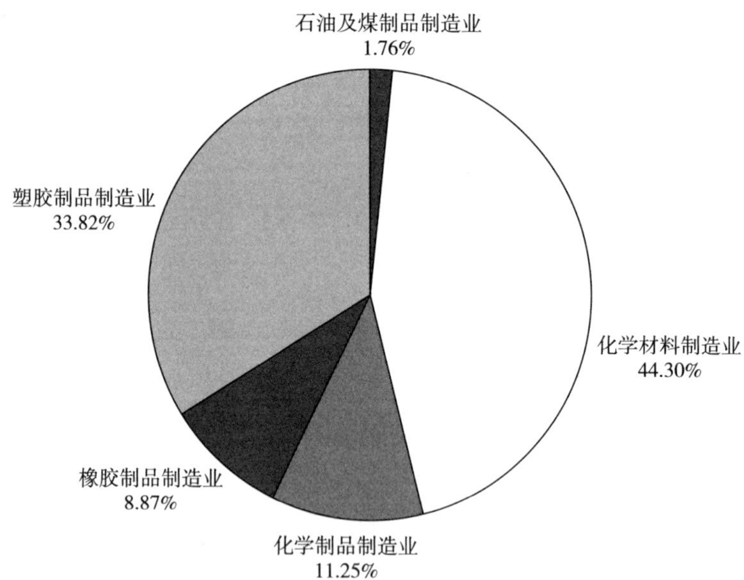

图 10　1991 ~ 2016 年台湾石化企业对外投资行业分布

资料来源：根据台湾“经济部投审会”统计数据整理计算得出。

台湾石化企业到大陆投资，主要是将生产制造环节转移到大陆，研发创新仍在很大程度上保留在母公司，由母公司为在大陆的台资企业提供技术支持，由此形成了台湾石化业在两岸的垂直分工。

从产业链分工层面看，到大陆投资的台湾石化企业主要将生产制造部分布局大陆，而研发创新仍主要留在台湾。根据“中华经济研究院”编撰的2016年《对海外投资事业营运状况调查分析报告》中的相关调查数据，2015年度石化行业台商对大陆投资企业所设立部门比例从高到低前三位依次是制造生产中心（82.35%）、行销中心（62.75%）和采购中心（45.10%），设立研发部门的比例仅有13.73%。由此大体上可以看出石化业台商在两岸形成的产业链垂直分工。

从技术依赖层面看，同样根据2016年《对海外投资事业营运状况调查分析报告》中对53家石化类台资企业的调查数据（见图11），2015年高达

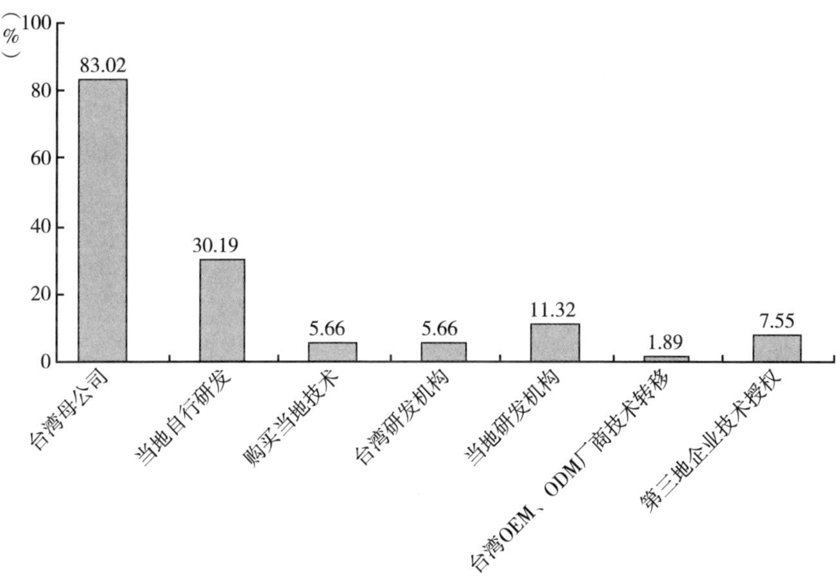

图11　2015年度石化业台资企业主要技术或专业技能来源

资料来源：“中华经济研究院”，2016年《对海外投资事业营运状况调查分析报告》，2016年12月。

说明：本项调查为多选题，故各选项比例相加大于100%。

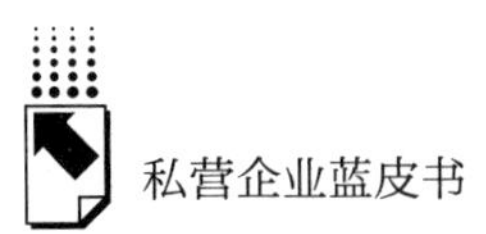

83.02%的石化台资企业技术来源于台湾母公司，遥遥领先于其他选项，可见在大陆投资的石化台资企业的技术多为母公司技术的内部转移，这与台资企业在大陆整体上的技术来源情况是一致的，也表明石化业台商在两岸形成了技术层面的垂直分工。

由于石化产业资本高度密集的特性，产业及企业必须达到一定规模才能生存和发展，而台湾岛内石化业的生存环境日趋严峻，其生产能力的维持与扩大离不开与大陆的合作。根据“中华经济研究院”编撰的2015年《对海外投资事业营运状况调查分析报告》，台湾石化企业也有很强的拓展大陆市场的意愿，这是他们扩大产品销路的现实选择。台湾化学材料制造业对大陆投资的动机调查中，排前三位的依次是：当地市场发展潜力大（29.63%）、配合公司整体营运策略（17.59%）和配合上、下游厂商外移（14.29%）。化学制品制造业对大陆投资的动机调查中，排前三位的依次是：当地市场发展潜力大（34.69%）、配合岛内外客户要求（16.33%）和劳动成本低廉（13.89%）。橡胶制品制造业对大陆投资的动机调查中，排前三位的依次是：当地市场发展潜力大（37.93%）、配合公司整体营运策略（20.69%）和劳动成本低廉（20.69%）。塑胶制品制造业对大陆投资的动机调查中，排前三位的依次是：当地市场发展潜力大（28.57%）、配合公司整体营运策略（22.22%）和配合岛内外客户要求（15.87%）。

4. 机械产业

机械产业是台湾制造业的重要支柱，是台湾少数以自有品牌行销国际的重要行业之一。台湾机械设备行业对岛外投资合作的绝大多数分布在大陆，两岸机械产业之间存在着密切关联性。根据台湾“经济部投审会”统计数据，从1991年到2015年，台湾共核准机械设备制造业企业对岛外投资2299项，投资额66.60亿美元，其中核准对大陆投资2085项，投资金额59.61亿美元，所占比重分别为90.69%和89.50%；核准对大陆之外地区投资214项，投资金额6.99亿美元，分别占9.31%和10.50%。分年度看，大多数年份台湾机械设备制造业90%以上的对外投资金额都集中在大陆，2010年更是高达99.54%；2011年对大陆的投资金额达到5.34亿美元的历史新高，

其后开始下降，到2015年降至2.59亿美元，所占比重在2015年也有较明显下降，降至69.06%（见表5）。

表5　1991～2015年台湾机械设备制造业对岛外投资情况

单位：项，亿美元，%

年份	大陆		大陆之外区域		岛外合计		大陆占比	
	项数	金额	项数	金额	项数	金额	项数	金额
1991	9	0.09	0	0.00	9	0.09	100.0	100.0
1992	4	0.06	0	0.00	4	0.06	100.0	100.0
1993	303	0.86	7	0.04	310	0.90	97.74	95.69
1994	57	0.49	7	0.03	64	0.52	89.06	94.80
1995	21	0.45	5	0.06	26	0.51	80.77	87.62
1996	23	0.55	5	0.02	28	0.57	82.14	95.78
1997	424	2.03	5	0.15	429	2.18	98.83	92.98
1998	88	1.19	20	0.24	108	1.43	81.48	83.27
1999	27	0.44	8	0.04	35	0.48	77.14	90.96
2000	38	0.73	4	0.02	42	0.74	90.48	97.80
2001	73	1.30	7	0.06	80	1.36	91.25	95.94
2002	200	2.86	11	0.03	211	2.90	94.79	98.87
2003	245	3.28	15	0.11	260	3.39	94.23	96.83
2004	129	2.14	14	0.17	143	2.30	90.21	92.75
2005	99	3.53	10	0.29	109	3.82	90.83	92.47
2006	75	2.15	8	0.14	83	2.29	90.36	93.73
2007	56	5.04	23	2.01	79	7.05	70.89	71.52
2008	20	4.74	17	0.70	37	5.44	54.05	87.04
2009	32	3.95	5	0.19	37	4.13	86.49	95.41
2010	31	5.03	5	0.02	36	5.05	86.11	99.54
2011	34	5.34	2	0.69	36	6.03	94.44	88.61
2012	36	4.46	5	0.12	41	4.59	87.80	97.33
2013	20	3.15	5	0.35	25	3.50	80.00	89.96
2014	28	3.18	14	0.35	42	3.53	66.67	90.04
2015	13	2.59	12	1.16	25	3.74	52.00	69.06
累计	2085	59.61	214	6.99	2299	66.60	90.69	89.50

数据来源：根据台湾“经济部投审会”统计数据整理计算。

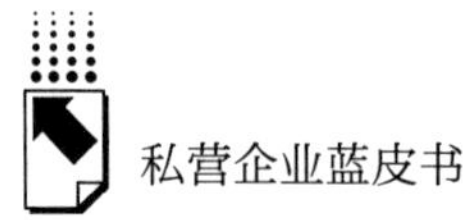

通过对在大陆投资的机械产业厂商进行调查，一定程度上可以反映与大陆关联密切的机械厂商与大陆的技术和要素资源的联系。根据台湾学者的抽样调查，由表6可见，在大陆投资的机械产业厂商技术首先来自台湾母公司，其次是当地自行研发，这一定程度上也证明了既有的事实，即在大陆投资的台湾企业其技术溢出效应（针对大陆厂商）是有限的。

表6　台湾机械产业在大陆投资主要技术来源调查（可复选）

单位：%

年份(调查企业数)	2014(24)	2015(26)
台湾母公司	75	73.08
当地自行研发	45.83	38.46
购买当地技术	0	3.85
当地合资企业提供	0	0
台湾研发机构	12.5	3.85

资料来源：2014、2015年《对海外投资事业营运状况调查分析报告》。

表7中，在大陆投资的台湾机械产业厂商在机器设备采购方面，当地采购连续三年超过60%，向台湾采购居第二位，在原料零件与半成品方面，当地采购维持在60%～70%，这表明在大陆投资的台湾机械厂商在设备、原材料采购方面具有明显的在地化，若联系表6台湾企业技术主要来源是台湾母公司，则可以推论出，台湾机械产业与大陆合作（投资）方面，台湾母公司提供技术与资金，大陆方面提供原材料与半成品、劳动力，由于大陆整体工业具有较好的基础（领域全），且机械产业也在向中高端延伸，因此在机器设备采购方面也可以看到本地化的比例较高，超过向台湾采购。但鉴于表6显示大陆台湾机械产业技术主要来自母公司，则一定程度上或可推测，机器设备的当地采购包括向台资企业的采购以及在大陆外资企业的采购。在关键性原料零件与半成品采购方面，在大陆的台湾机械厂商还是会向台湾（母公司或台资配套厂商）采购。

表7 台湾机械产业在大陆投资设备采购、原料零件与半成品来源调查（可复选）

单位：%

年份(调查企业数)		2013(16)	2014(11)	2015(14)
机器设备	向台湾采购	21.88	30.09	35.93
	当地采购	68.56	62.36	61.21
	自其他国家进口	9.56	7.55	2.86
原料零件与半成品	向台湾采购	19.81	20.91	33.93
	当地采购	73.56	77.82	62.79
	自其他国家进口	6.63	1.27	3.29

资料来源：2013、2014、2015年《对海外投资事业营运状况调查分析报告》。

由台湾机械产业厂商在大陆设立投资事业部门的调查看（见表8），最为普遍的是在大陆设立制造生产中心，此项三年调查的比例均超过80%，其次是在大陆设立售后服务部门，比例超60%，行销中心比例超50%，采购中心比例超35%，营运总部、财务筹资中心、品管中心、研发与设计中心比例均未超过50%，这也表明台湾机械产业厂商更多地是将大陆作为生产基地、销售市场，以及部分设备与零组件的采购区域。随着大陆整体经济与科技的提升，研发与营运部分比例有望继续上升。

表8 台湾机械设备制造业在大陆投资事业设立部门调查（可复选）

单位：%

年份(调查企业数)	2013(28)	2014(21)	2015(27)
营运总部	0	19.05	16
行销中心	50	76.19	56
制造生产中心	82.14	80.95	84
财务筹资中心	17.86	23.81	24
品管中心	25	47.62	32
研发及设计中心	21.43	42.86	36
售后服务部门	60.71	61.91	64
采购中心	35.71	61.91	44

资料来源：2013、2014、2015年《对海外投资事业营运状况调查分析报告》。

就台湾机械产业在大陆接单与出货地区调查看（见表9），主要订单是来自台湾地区（超过50%），大陆地区其次（2014年与2015年均超过30%），而由出货地区看，大陆地区的份额稳定在35%左右，台湾地区的份额有所下降，其他地区（海外）出货持续上升，这一定程度上表明在大陆的台湾机械产业厂商与母公司或台湾内部的机械产业存在着密切的联系与互动，部分产品是在大陆生产，经由台湾接单再出口至台湾与海外其他地区。当然，大陆接单与出货的比例稳定也表明大陆是台湾机械产业的重要市场。

表9　台湾机械产业在大陆投资外销订单、接单、出货地区调查（可复选）

单位：%

年份(调查企业数)		2013(34)	2014(25)	2015(30)
接单	台湾地区	68.82	60.61	52.46
	大陆地区	21.56	31.55	32.95
	其他地区	9.63	7.84	14.59
出货	台湾地区	51.15	45.14	36.44
	大陆地区	36.92	34.58	38.01
	其他地区	11.94	20.28	25.55

资料来源：2013、2014、2015年《对海外投资事业营运状况调查分析报告》。

从企业层面看，根据2015年《对海外投资事业营运状况调查分析报告》，台湾机械设备制造业企业也有强烈的拓展岛外市场的意愿。在其对大陆投资的动机调查中，排前三位的依次是：当地市场发展潜力大（36.24%）、配合公司整体营运策略（17.45%）和劳动力成本低廉（8.05%）以及原材料供应方便/价格便宜（8.05%）；其对大陆之外国家和地区投资的动机调查中，排前三位的依次是：当地市场发展潜力大（27.78%）、配合公司整体营运策略（25.0%）和提升公司及产品知名度（13.89%）。从机械产业的技术联系看，大陆投资的台湾企业其技术溢出效应（针对大陆厂商）是有限的。在大陆投资的台湾机械厂商在设备、原材料采购方面具有明显的在地化，一般是台湾母公司提供技术与资金，大陆方面提供原材料与半成品、劳动力。

三 大陆台资企业发展所面临的挑战

回顾两岸关系发展历程，大陆经济是推动两岸经贸发展的强大动力，未来大陆经济发展仍然是决定两岸经济合作发展前景的关键因素。大陆经过40多年改革开放与经济快速发展，目前进入“新常态”时期，处于经济转型的十字路口，其主要特征是结构性减速，即经济增长速度从高速（两位数增长或平均9%左右）向中高速（7%～8%）转变。在新常态下，大陆投资、出口贸易与内需呈现整体下降趋势，加之世界经济整体不景气，使得台资企业也在大陆的经营出现整体环境层面的限制（相关调查参见表10）。台商目前面临的现实处境是，旧有累积性问题尚未纾解，而新挑战纷至沓来。根据调研及访谈资料，台资企业面临的问题大致可归纳为以下方面。

表10 台湾对大陆投资企业所面临的主要困难

单位：家，%

项目	2008年	2009年	2010年	2011年	2012年	2013年	2014年
样本数量	603	682	534	641	673	638	569
当地政府行政效率不彰	5.63	5.90	5.38	5.57	6.00	4.92	5.29
法规不明确、地方摊派多、隐含成本高	16.25	15.38	14.81	15.34	14.16	14.86	15.23
当地基础建设不足	1.55	1.00	1.03	0.97	1.00	0.59	0.69
内销市场开拓困难	9.36	9.20	8.74	9.94	11.73	12.42	12.75
同业竞争激烈	17.77	18.24	19.36	19.48	20.79	22.33	23.20
物料存货成本高	2.04	2.10	2.86	2.76	2.59	2.46	2.17
海关手续繁复	7.85	6.45	5.81	5.87	4.74	3.89	3.37
融资困难	8.46	7.84	7.77	6.87	5.86	5.96	6.17
利润不易汇出	3.47	4.14	4.15	3.56	3.56	2.97	3.34
货款不易收回	4.61	3.75	3.52	3.34	3.90	4.06	4.44
合同、劳资纠纷	0.64	0.39	0.30	0.56	0.24	0.50	0.28
劳动成本持续上升	22.02	24.82	25.27	24.94	24.53	24.09	22.54
其他	0.35	0.79	1.00	0.80	0.90	0.95	0.54

资料来源：根据“中华经济研究院”2009～2015年编撰的《对海外投资事业营运情况调查分析报告》整理。

1. 大陆台资企业运营成本的升高

在相当长的时间内，两岸生产要素高度互补，大陆拥有土地资源和廉价劳动力优势，台湾拥有资本和技术优势，台商到大陆投资主要就是将两岸的优势有机结合起来，也由此两岸经济在这种要素禀赋基础上形成了高度互补合作模式。

然而，随着大陆经济的快速发展，两岸经济发展差距日趋缩小，两岸要素禀赋结构也发生了明显变化，两岸要素互补性随之明显降低，其原因之一便是大陆经济环境变化导致的运营成本的提升，这主要包括：一是生产成本高；二是用工成本高；三是融资成本高；四是税收负担重；五是土地政策和环保标准等衍生高成本。经营用地权属不清晰，土地用途变更困难。台商普遍反映，由于受大陆土地政策的约束，台资企业在转型升级过程中会经常遇到经营用地权属模糊、土地性质转变难等问题，如有些地方由于城市高速发展，原批准用地“退二进三”，政府要求台资企业迁至更远的地方，这在一定程度上影响了企业的正常运作和合法权益，制约了企业发展，甚至造成台资企业撤资、转移等现象。

多数制造业台资企业面临招工用工困境。大陆人口结构改变、区域迁移，人口老化及城镇化的持续发展，中坚劳动力数量减少，缺工问题日益严重。大陆在十二五规划加速提高工资政策，各地薪资普遍上涨，再加上员工流动率高，培训成本大幅增加；大陆着力推动包容性经济增长，以回稳社会贫富差距、带动内需市场成长，五险一金基数不断上调，部分社保追溯问题刺激职工罢工抗争，而各地追溯标准不统一，使部分台商无所适从，造成营商环境的不确定性风险增加。同时大陆加强依法治国，劳动法规范愈发严格，连带使劳资纠纷风险增加。

由于大陆投资增长后劲不足，大陆呈现融资规模与货币信贷大幅回落现象，大陆银行正紧缩银根，使中小台资企业融资困难。出口型台商转为内销后，资金回笼时程多有拖延，或出现三角债情况，缺乏扩厂升级、人才竞争的资金支持。受能源、大宗产品价格波动影响，大陆资源消耗增长方式受到强硬约束，环保意识抬头，在有限的土地及资源下，大陆提出“腾笼换鸟”

政策，提高对台资、外资的投资与经营要求。大陆营商环境的变化，使台商经营压力增大。少数台资企业出现破产、停业、外移现象。

2. 两岸产业间竞争面增大

一方面，随着大陆经济快速发展，资本积累与技术提升，大陆第三产业从 2012 年再度进入快速发展期，并在当年超出第二产业在国民经济中的比重，标志着大陆经济开始进入工业化的后期，越发接近台湾所处的经济后工业化时期，重视工业化与信息化的融合发展。另一方面，大陆不断吸收全球生产要素，完善自身产业链的组合，而同时期台湾产业发展颇有停滞，台湾的优势产业与大陆同类产业之间的技术差距不断缩小，台湾为走出金融危机后的经济低迷，尤其在近两年推出一系列举措，大力吸引资金回流岛内，实施“再工业化”，两岸在部分产业领域已出现重复投资的同质竞争，特别是在新兴产业领域，两岸同步切入发展的产业领域增多，两岸原有的产业关系正变成“竞争替代合作”或“竞争大于合作”。

根据《中国制造 2025》规划，大陆未来将大力推动一系列重点产业，如新一代信息技术产业、高档数控机床和机器人、航空航天装备、海洋工程装备及高技术船舶、先进轨道交通装备、节能与新能源汽车、电力装备、农机装备、新材料、生物医药及高性能医疗器械等领域。而台湾地区蔡英文当局提出“五大创新研发计划”，将绿能科技、物联网、生物医药、精密机械、防务航太等产业作为优先发展的重点。从内容上，大陆未来重点发展的产业基本上涵盖了台湾“五大创新研发计划”所涉及的领域，且大陆可凭市场、技术人才以及配套资源等优势在竞争中处于优势地位。

3. 传统的台商代工经营模式难以为继

长期以来，台湾的经济发展与产业结构演进基本遵循动态比较优势原则进行，台湾通过对大陆贸易与投资途径，实现了两岸间的产业转移，两岸的贸易金额、生产能力与技术水平的逐步提升也推动了两岸经济关系的实质性发展。在台湾数十年的经济成长历程中，产业结构历经变迁，主导产业不断更替，代工模式的重要性则始终如一，并形成代工模式的“路径依赖”，此代工依赖也是大陆台商经营的重要特征。

近几年来，随着经济形势的变化，过去台资企业依托大陆丰富且廉价劳动力的代工经营模式日益难以匹配变化了的新环境。一方面是如前所述的，大陆土地、劳动力以及原材料等的上涨从供给面推动生产成本上升；另一方面，全球经济持续低迷，台资企业传统上所高度依赖的欧美市场需求下滑甚至萎靡不振，从需求面在降低对台资企业产品消费需求的同时，也倾向于压低这些产品的价格。供需两个层面的因素都在挤压代工经营模式的利润空间。尽管相关企业可以通过产业空间转移的方式降低成本，但这种转移本身也存在较大的风险，毕竟适应一个新的环境需要一个过程；而且在当前全球新一轮工业革命已经兴起的背景下，台资企业继续采用空间转移模式至多能勉强维持若干年的生存，迟早还将面临被市场淘汰的结局。

四　结语：既有政经关系结构下的大陆台资企业发展

一方面，台资企业在大陆的营运以及两岸产业的竞合中出现的诸多新情况、新问题，理应通过两岸产业之间的进一步合作，尤其是两岸产业政策的沟通、协调，创新两岸产业交流与合作方式，进行合理产业布局，建立产业链合作关系。两岸产业的经济关系在市场层面看正处于关键转型期，不进则退，传统的经济合作动力在弱化，而新动力受阻于岛内政治因素（蔡当局拒不承认“九二共识”、“一中原则”）短期内难堪重任，两岸“政冷经温”的持续尚需观察台湾内部政治形势的变动情况。

另一方面，在台湾产业西进大陆过程中，台资企业在大陆呈现在地化群聚特征，大陆地方政府在两岸经济整合过程中一直扮演比较特殊的角色。改革开放以来，大陆地方政府被中央赋予更多的权力（辖区内的事权与裁量权）来管理地方经济事务，地方政府呈现出高度的经济发展主义。在分权化的中央—地方政府权力结构下，“经济发展”（“招商引资”）成为地方政府的首要目标。从整个大陆来看，台商投资占外部投资的份额已非关键，但从部分地方着眼会有不同的解释，这就加强了部分区域地方政府与台商加强交流的动力，部分地方政府会更为积极地执行中央的“对台政策”，尤其是部分吸引台商的经贸投资政策，会出现地方利益的考量。

虽然当前两岸关系整体进入“政冷经温”阶段，两岸高阶政治矛盾亦尚未实质解套，但是大陆地方层级因此在对台经贸整合的分量会显著提升，特别是在台商占据重要比重的地方政府加强两岸经贸关系的“升温”运作会在区域范围内减弱大环境下的经济压力，并实现次区域合作的突破。

Abstract

"Report on the Development of China's Private Enterprises" is a blue book compiled by Institute of Sociology, Chinese Academy of Social Sciences, and Research Center for Private Entrepreneurs, Chinese Academy of Social Sciences. It has 6 volumes since first published in 1999. As an academic blue book, with detailed information, systematic data, and typical cases, it records the development process of private enterprises faithfully, describes the development of private enterprises objectively, analyzes the characteristics of the development of private enterprises comprehensively. This book is volume 7 of "Report on the Development of China's Private Enterprises", with the support of the Department of Sociology of Zhejiang University. The purpose of editing and publishing this series of reports is to better understand the private enterprises, as well as raise the awareness of the status and role of private enterprises in the social structure in the process of building China's socialist market economy.

This book provides a basis for the formulation of policies and regulations for management departments at all levels, it can also be used as a reference for theoretical studies, as well as a reference for people to understand private enterprises. Since the publication, it has been well received by academics and practitioners. Many articles have been widely reported and cited.

Unlike many other books which focus only on the economic aspects of the private economic development, "Report on the Development of China's Private Enterprises" focuses more on the social and political aspects of the private economy and private entrepreneurs, therefore it always stands out from various documentations. This book relies on the large-scale survey data collected by the All-China Federation of Industry and Commerce and the United Front Work Department of CPC Central Committee. It also uses data collected by various surveys of the Institute of Sociology of the Chinese Academy of Social Sciences.

Consequently, this book is also in the leading position in terms of data authoritativeness and timeliness.

China's private economy has become an important part of the national economy, and the flourishing development of private enterprises has also spawned a new social group—private entrepreneurs. Not only have they grown stronger in economic strength, but they have also raised more and more new demands in the social and political fields. Moreover, they have changed the way to express their demands in recent years. To summarize and predict the development of the private economy, private enterprises and private entrepreneurs will have great theoretical significance in the fields of economics, sociology and political science, and more importantly, it will also serve as a policy reference for China's economic development and social progress.

Keywords: Private Enterprise; Private Economy; Private Entrepreneur; High Quality Development

Contents

Ⅰ General Report

Abstract: This article reviews the historical process about the establishment and development of China's private economy since the Reform and Opening-up until the passage of the "Property Law" in 2007. The article focuses on the difficult process of the legalization of China's private economy, as well as highlights the key role of the party and state leaders' open-minded attitude and political wisdom to the development of the private economy in the early days of the Reform and Opening-up. The article also analyzes three debates about the problem of employment during the development of private economy and discusses the causes and consequences of the three debates in detail.

Keywords: private economy; private enterprise; property protection

Ⅱ Special Reports

Abstract: This paper uses the official data of the State Administration for

Industry and Commerce, the national survey data of individual and private economy and employment relations, and the data of Chinese Private Enterprise Survey. The paper depicts the change of number and structure of entrepreneurs and individual industrial and commercial households during the historical process of China's individual and private economy from its birth to explosive growth. In terms of the behavior of entrepreneurs, the article analyzes the features of Internet behavior of private entrepreneurs and puts forward suggestions on how to achieve the United Front of private entrepreneurs in this Internet environment. The article also introduces the attitude of private entrepreneurs and individual industrial and commercial households to a series of commercial system reform policies, as well as emphasizes the importance of improving the sense of gain of market participants.

Keywords: private entrepreneurs; individual industrial and commercial households; structure; action

Abstract: This article focuses on the status of the private sector labor relationship in China, systematically sort out the various laws and regulations and policy documents issued in recent years in the field of building harmonious labor relationship. This paper uses the latest government statistics, the historical data of Chinese Private Enterprise Survey (1993 -2014) and the Individual and Private Economy and Employment Relationship Survey Data (2014). From the perspectives of the basic conditions of employees, enterprise recruitment and labor contracts, working conditions and labor safety, social insurance and institutional guarantees, labor and personnel disputes and arbitration, and the construction of employee interest representative organization and mechanism, this article makes a more comprehensive description and analysis of the labor relations of private enterprises in China in the past ten years. The study found that there are still some deficiencies and dilemmas in the labor relationship of the private sector and the individual economy, including the low proportion of labor contracts, insufficient salary and welfare, inadequate working conditions and labor protection, and social insurance and institutional guarantees lack national co-ordination and top-level design. Looking ahead, we should continue to stick on the work of laws and regulations and supportive system construction, while focus on the implementation of central policies, laws and regulations, and departmental regulations, in order to build a more harmonious, healthy and sustainable private enterprise labor relationship.

Keywords: private enterprise; labor relationship; social transformation; interest expression; dispute and arbitration

Abstract: The reform of the commercial system effectively stimulated the vitality of the market. The newly established market entities maintained a sustained and rapid growth trend, and the average number of newly registered enterprises per day was over 10000, which provided strong support for economic development. This paper introduces the current findings of the national newly established small and microenter prise activity survey conducted by the China Private-Owned Business Association. This survey informs the public of changes in the small and micro enterprise annual activity index, and the performance of small and micro enterprises activity in different areas. The article also focuses on the performance of college students' entrepreneurial enterprises.

Keywords: newly established enterprises; small and micro enterprises; activity

Abstract: Based on the investigation of entrepreneurs and government officials in an administrative region in central China, this paper analyzes the business environment and the political and business relationship of technology enterprises. The article describes the influence of the organizational size, organizational structure and the institutionalization and safety of the business environment on the closeness and transparency of political and business relationship. It is found that, overall, the relationship between politics and business is tending to be stable and transparent, showing the characteristics of "complementary symbiosis". However, in practice, the grassroots political and business relationship also presents some characteristics that are not conducive to the construction of a close and incorrupt type of political and business relationship. These characteristics including: (1) the phenomenon of "neglecting business" and "lazy government" is still relatively obvious within a certain scope; (2) the government attention allocation mechanism leads to the Pattern of Difference Sequence in political and business contacts; (3) the lack of effective platforms to serve enterprises lead to the still existing political and business estrangement; (4) there is a certain degree of information asymmetry and a time lag for information acquisition in the communicationbetweenenterprises and government deposit; (5) The difference in corporate influence leads to the differentiation of political and business relationships among different enterprises. The article concludes with a discussion of the reasons and makes some suggestions.

Keywords: new type of political and business relationship; grassroots government; technology enterprise

B. 6 Social Responsibility of Private Enterprises: Development and Dilemma

Yang Dian, Ouyang Xuanyu / 170

Abstract: In 2014, China's economy was in a "new normal" period of strategic opportunities, the overall national economy maintained growth at a reasonable range, the private economy is outstanding in the challenge, not only its economic benefits increased, it also improvedthe performance in social responsibility area such as environmental protection and public welfare. This survey comprehensively analyzes how the scale of private enterprises, their industries, the stage of enterprise development and the characteristics of entrepreneurs affect the social responsibility behavior of enterprises. Although there are still some problems and room for improvement, the survey points out that private enterprises have achieved the following achievements in social responsibility area: a large increase in environmental protection expenditures, and the pollution prevention awareness was prominent; social donation developed rapidly, and public welfare participation was high; labor relationship became more harmonious. Finally, the article gives corresponding policy recommendations on the shortcomings of the private economy in terms of social responsibility.

Keywords: private enterprise; corporate social responsibility; corporate pollution control; public welfare donation; harmonious labor relationship

Ⅲ Regional Studies

B. 7 Coverage, Governance and Challenges of Chamber of Commerce and Industry Associations in Guangdong

Huang Dongya, Dong Ming and Huang Jingyang / 185

Abstract: In order to understand the development of the chamber of commerce and industry associations in Guangdong, and the basic situation about the coverage of the United Front towards them, the Guangdong Federation of Industry and Commerce conducted a survey on the province's chambers of commerce and industry associations and an in-depth research in four cities. This paper reviews the historical process of the development of the chamber of commerce and industry associations in Guangdong. Then, by presenting the data and interview information, it analyzes the situation about coverage and challenges of the united front towards the chamber of commerce and industry associations. The paper summarizes the current situation and problems of the political-association relationship in Guangdong and suggests the next step of work to be done for the full coverage of the united front.

Keywords: chamber of commerce; industry association; Guangdong province; full coverage

Abstract: This article uses the sample of the 12th Chinese Private Enterprise Survey of Shanghai and makes a panoramic analysis of the private enterprises and private entrepreneurs in Shanghai. The article first analyzes the social characteristics and subjective status identity of private entrepreneurs in Shanghai, then it analyzes the current situation and challenges of the younger generation of entrepreneurs in the process of inheritance, including the changes in the governance structure, mode of inheritance and training, and cultural and intellectual preferences. In the context of the rise of the Internet plus economy, the article also analyzes the Internet using behavioral characteristics of private entrepreneurs in Shanghai, and the impact of Internet using on their state of minds. The article finally shows the evaluation and attitude of private entrepreneurs in Shanghai on the business environment.

Keywords: private enterprise; private entrepreneur; inheritance; innovation

B.9 The Status Quo and Trends of the Innovation-driven Development of Zhejiang Small and Micro Enterprises

Wu Bao, *Cheng Cong* / 246

Abstract: In recent years, the transformation and development of small and micro enterprises in Zhejiang has entered a new stage, the number of new small and micro enterprises continues to rise, their motive power of innovation continues to increase, their contribution to employment becomes more prominent, and their development becomes more opening. By analyzing their previous development, this paper finds that the innovation-driven development of small and micro enterprises is an important impetus for them to achieve transformation and upgrading. Specifically, the energy of small and microenterprises is released, the main body of entrepreneurs is replaced; the small and microindustry layout is optimized, and the industrial structure is upgraded; the pace of upgrades of small and micro enterprises is accelerated, and the motive power of transformation and upgrading is enhanced; the performance of small and micro enterprises' transformation is improved, and the conversion from old to new motive power is accelerated. In addition, the paper also discusses the new mode of small and micro innovation-driven development such as characteristic towns, as well as the follow-up policies of Zhejiang to support small and micro development.

Keywords: small and micro enterprises; innovation-driven development; transformation and upgrading; new and old motive power

B.10 The Industry Investment Report of Taiwan-funded Enterprises in the Mainland China

Wu Weixu, *Zhou Xiaoke* / 258

Abstract: Taiwan and mainland China have gradually formed an industrial cooperation relationship with Taiwan-funded enterprises (Taiwanese entrepreneurs) as a link. Overall, the scale of projects invested by Taiwanese entrepreneurs in the mainland is generally small, and the small and medium-sized enterprises are the main body. According to a brief analysis of the main Taiwan-funded industries, including information and electronic, semiconductor, petrochemical, and machinery, it can be found that in the current cross-strait industrial cooperation, the vertical division of labor of Taiwanese entrepreneurs between Taiwan and mainland is the mainstream, and the spillover effect of Taiwanese entrepreneurs in mainland is limited. Taiwan's industrial layout in mainland is concentrated in manufacturing sectors, with the rise of the importance of the mainland domestic demand market, the cross-strait cooperation in technology research needs to be improved. With the rapid growth of the mainland economy, the previous structure of cross-strait industrial cooperation that Taiwan provides technology and capital, and mainland provides raw materials, semi-finished products and labor has changed. The complementarity of elements between Taiwan and mainland is reduced, and their competition is increasing. The operating costs of Taiwan-funded enterprises in mainland China have risen, and the previous foundry business model of Taiwanese companies is difficult to sustain. All of these are the challenges of Taiwanese investment in the mainland China in the current cross-strait relations.

Keywords: Cross-strait Relations; Taiwan-fundedenterprises; Industrial investment; Vertical Division of Labor

✧ 皮书起源 ✧

“皮书”起源于十七、十八世纪的英国，主要指官方或社会组织正式发表的重要文件或报告，多以“白皮书”命名。在中国，“皮书”这一概念被社会广泛接受，并被成功运作、发展成为一种全新的出版形态，则源于中国社会科学院社会科学文献出版社。

✧ 皮书定义 ✧

皮书是对中国与世界发展状况和热点问题进行年度监测，以专业的角度、专家的视野和实证研究方法，针对某一领域或区域现状与发展态势展开分析和预测，具备原创性、实证性、专业性、连续性、前沿性、时效性等特点的公开出版物，由一系列权威研究报告组成。

✧ 皮书作者 ✧

皮书系列的作者以中国社会科学院、著名高校、地方社会科学院的研究人员为主，多为国内一流研究机构的权威专家学者，他们的看法和观点代表了学界对中国与世界的现实和未来最高水平的解读与分析。

✧ 皮书荣誉 ✧

皮书系列已成为社会科学文献出版社的著名图书品牌和中国社会科学院的知名学术品牌。2016 年，皮书系列正式列入“十三五”国家重点出版规划项目；2013~2019 年，重点皮书列入中国社会科学院承担的国家哲学社会科学创新工程项目；2019 年，64 种院外皮书使用“中国社会科学院创新工程学术出版项目”标识。

中国社会发展数据库（下设 12 个子库）

全面整合国内外中国社会发展研究成果，汇聚独家统计数据、深度分析报告，涉及社会、人口、政治、教育、法律等 12 个领域，为了解中国社会发展动态、跟踪社会核心热点、分析社会发展趋势提供一站式资源搜索和数据分析与挖掘服务。

中国经济发展数据库（下设 12 个子库）

基于“皮书系列”中涉及中国经济发展的研究资料构建，内容涵盖宏观经济、农业经济、工业经济、产业经济等 12 个重点经济领域，为实时掌控经济运行态势、把握经济发展规律、洞察经济形势、进行经济决策提供参考和依据。

中国行业发展数据库（下设 17 个子库）

以中国国民经济行业分类为依据，覆盖金融业、旅游、医疗卫生、交通运输、能源矿产等 100 多个行业，跟踪分析国民经济相关行业市场运行状况和政策导向，汇集行业发展前沿资讯，为投资、从业及各种经济决策提供理论基础和实践指导。

中国区域发展数据库（下设 6 个子库）

对中国特定区域内的经济、社会、文化等领域现状与发展情况进行深度分析和预测，研究层级至县及县以下行政区，涉及地区、区域经济体、城市、农村等不同维度。为地方经济社会宏观态势研究、发展经验研究、案例分析提供数据服务。

中国文化传媒数据库（下设 18 个子库）

汇聚文化传媒领域专家观点、热点资讯，梳理国内外中国文化发展相关学术研究成果、一手统计数据，涵盖文化产业、新闻传播、电影娱乐、文学艺术、群众文化等 18 个重点研究领域。为文化传媒研究提供相关数据、研究报告和综合分析服务。

世界经济与国际关系数据库（下设 6 个子库）

立足“皮书系列”世界经济、国际关系相关学术资源，整合世界经济、国际政治、世界文化与科技、全球性问题、国际组织与国际法、区域研究 6 大领域研究成果，为世界经济与国际关系研究提供全方位数据分析，为决策和形势研判提供参考。

法律声明

“皮书系列”（含蓝皮书、绿皮书、黄皮书）之品牌由社会科学文献出版社最早使用并持续至今，现已被中国图书市场所熟知。“皮书系列”的相关商标已在中华人民共和国国家工商行政管理总局商标局注册，如LOGO（）、皮书、Pishu、经济蓝皮书、社会蓝皮书等。“皮书系列”图书的注册商标专用权及封面设计、版式设计的著作权均为社会科学文献出版社所有。未经社会科学文献出版社书面授权许可，任何使用与“皮书系列”图书注册商标、封面设计、版式设计相同或者近似的文字、图形或其组合的行为均系侵权行为。

经作者授权，本书的专有出版权及信息网络传播权等为社会科学文献出版社享有。未经社会科学文献出版社书面授权许可，任何就本书内容的复制、发行或以数字形式进行网络传播的行为均系侵权行为。

社会科学文献出版社将通过法律途径追究上述侵权行为的法律责任，维护自身合法权益。

欢迎社会各界人士对侵犯社会科学文献出版社上述权利的侵权行为进行举报。电话：010-59367121，电子邮箱：fawubu@ssap.cn。

社会科学文献出版社